Esta é uma publicação Principis, selo exclusivo da Ciranda Cultural
© 2020 Ciranda Cultural Editora e Distribuidora Ltda.

Traduzido do original em inglês
The story of the Bible

Revisão
Fernanda R. Braga Simon

Texto
Hendrik Willem van Loon

Produção editorial e projeto gráfico
Ciranda Cultural

Tradução
Monteiro Lobato

Imagens
Helen Stebakov/Shutterstock.com

Preparação
Cleusa S. Quadros

Diagramação
Fernando Laino Editora

Dados Internacionais de Catalogação na Publicação (CIP) de acordo com ISBD

V217h	van Loon, Hendrik Willem
	A história da Bíblia / Hendrik Willem van Loon ; traduzido por Monteiro Lobato. - Jandira, SP : Principis, 2020. 272 p. ; 15,5cm x 22,6cm. - (Clássicos da literatura cristã)
	Tradução de: The story of the Bible ISBN: 978-65-5552-213-6
	1. Literatura cristã. 2. Bíblia. I. Lobato, Monteiro. II. Título. III. Série.
2020-2698	CDD 242 CDU 244

Elaborado por Vagner Rodolfo da Silva - CRB-8/9410

Índice para catálogo sistemático:
1. Literatura cristã 242
2. Literatura cristã 244

1ª edição em 2020
www.cirandacultural.com.br
Todos os direitos reservados.
Nenhuma parte desta publicação pode ser reproduzida, arquivada em sistema de busca ou transmitida por qualquer meio, seja ele eletrônico, fotocópia, gravação ou outros, sem prévia autorização do detentor dos direitos, e não pode circular encadernada ou encapada de maneira distinta daquela em que foi publicada, ou sem que as mesmas condições sejam impostas aos compradores subsequentes.

SUMÁRIO

Uma herança literária 7

Criação 14

Os pioneiros 21

Rumo Oeste 36

Os judeus no Egito 45

Fuga à escravidão...48

Errantes no deserto 55

Procurando pastagens novas...62

A conquista de Canaã 69

A história de Rute...87

Um reino israelita...90

Guerra Civil.. 116

A advertência dos profetas.. 123

Queda e exílio 150

O retorno 160

Os livros miscelânicos.. 174

O advento dos gregos... 180

Judeia, província grega... 183

Revolução e Independência 187

O nascimento de Jesus 204

João Batista... 217

A infância de Jesus.. 224

Os discípulos.. 228

O novo mestre.. 232

Os velhos inimigos 238

A morte de Jesus.. 243

A força duma ideia 257

O triunfo dum ideal 260

A Igreja estabelecida 266

Uma Herança Literária

Como o Velho e Novo Testamento vieram a ser escritos, e o que com eles aconteceu no decurso de muitos séculos.

As pirâmides já eram velhas de milhares de anos. Babilônia e Nínive haviam-se tornado centro de vastos impérios. Dois, o Eufrates e Tigre, fervilhavam de gente operosa. Por esse tempo uma pequena tribo do deserto, movida de razões lá suas, decidiu abandonar a velha querência, nas areias desérticas da Arábia, e rumar a norte, em procura de solo mais fértil. Iriam ser esses homens o que o Futuro chamaria "os judeus", e dariam à humanidade o mais importante dos livros humanos, a *Bíblia*. E de uma de suas mulheres viria mais tarde ao mundo o maior e mais bondoso dos mestres.

Não obstante – é curioso! – tudo ignoramos das origens desse grupo humano, que se originou não sabemos onde, que desempenhou o maior papel jamais representado por uma raça, e depois se exilou entre todas as nações do mundo.

O que temos a dizer neste capítulo é de caráter vago e pouco veraz nos detalhes. Os arqueólogos, entretanto, cavam com ânsia o solo da Palestina e cada dia aprendem uma coisa nova. Procurarei dar ao leitor a fiel exposição dos poucos fatos incontestes que a história reuniu.

A Leste da Ásia correm dois caudalosos rios, com o nascedouro nas altas montanhas do norte e a foz no golfo Pérsico. Ao longo das margens destes rios barrentos a vida era agradável e fácil. Daí o empenho dos habitantes das frias montanhas do norte e dos comburentes desertos do sul, em tomar pé nos vales do Eufrates e do Tigre. Sempre que tinham ensejo, deixavam os pagos tradicionais para tentativas de penetração na planura fértil.

Lutavam entre si e conquistavam-se uns aos outros, e fundavam civilizações novas sobre as ruínas das destruídas. Construíram grandes cidades, como Babilônia e Nínive; e, há mais de quarenta séculos de hoje, tornaram essa região um verdadeiro paraíso, de vida invejada por todos os povos da época.

Mas se olhais para o mapa vereis também milhões de afanosos servos cultivando os campos de outro poderoso país, o Egito. Esses campos separavam-se da Babilônia e da Assíria por uma estreita faixa de terra. Muita coisa de que eles necessitavam só podia vir dos países distantes, situados nas planuras férteis. E muita coisa necessitada pelos babilônios e assírios só podia vir do Egito. Consequentemente, os dois povos mantinham intercâmbio comercial, através de estradas abertas na faixa que os separava.

Damos hoje a denominação de Síria a essa parte do mundo. No passado teve muitos nomes. É composta de montanhas baixas e vales amplos. Pouco arvoredo. Chão cozido pelo sol esturricante. Mas um certo número de pequenos lagos e numerosos ribeiros dá um toque de graça à monotonia das montanhas pedreguentas.

Desde os tempos mais remotos tal zona de trânsito vinha sendo habitada por diferentes tribos dos desertos da Arábia, todas da raça semita.

A HISTÓRIA DA BÍBLIA

Falavam a mesma língua e adoravam os mesmos deuses. Frequentemente lutavam entre si, firmavam tratados de paz e lutavam de novo, com recíprocas conquistas de cidades, rapto de mulheres, pilhagem de rebanhos – o comportamento usual, em suma, das tribos errantes que seguem os caprichos dos seus impulsos ou de momentânea superioridade de força.

Dum modo vago, reconheciam a autoridade dos reis do Egito, da Síria e da Babilônia. Quando os coletores de impostos desses reinos apareciam na zona com soldadesca atrás, os brigões mostravam-se muito humildes. Cheios de reverências, reconheciam a soberania do faraó de Mênfis ou do rei de Akkad. Mas, quando Sua Excelência o Governador mais o séquito de soldados partiam, a velha vida tribal retomava o seu curso, tão livremente como antes.

Não tomemos muito a sério essas lutas de tribos. Não passavam do esporte mais sedutor a que podiam se dedicar, e eram geralmente leves os danos causados. Vantagem: conservar os moços na desejada rigeza.

Os judeus, destinados a desempenhar tão importante papel no mundo, começaram a sua carreira como uma dessas tribos errantes, briguentas, pilharengas, hostis aos grupos menores que tentavam manter-se na zona das Estradas Reais. Infelizmente nada sabemos de positivo dos começos históricos desse povo.

Só dispomos de engenhosas hipóteses – e a hipótese histórica não substitui o fato. Quando lemos que os judeus vieram originalmente das terras do Ur, no golfo Pérsico, podemos estar diante de uma verdade – ou de uma falsidade. E, portanto, em vez de pôr neste livro coisas que tanto poderão ter sido como não ter sido, apenas mencionaremos os fatos sobre os quais todos os historiadores andam acordes.

Os mais remotos ancestrais dos judeus viveram provavelmente nos desertos da Arábia. Não sabemos em que século deixaram os pagos nativos para a penetração nas planícies férteis. Só sabemos que por muitos séculos erraram em procura duma terra que pudessem ter como sua. Também sabemos que por algumas vezes cruzaram o deserto do Monte Sinai, e que durante vários anos viveram no Egito.

De certo ponto em diante, porém, os velhos textos egípcios e assírios começam a lançar alguma luz sobre os acontecimentos consignados no Velho Testamento. E o resto da história nos é familiar – como os judeus deixaram o Egito, e como, depois da penosa peregrinação pelo deserto que lhes criou a solidariedade tribal, conquistaram a pequena parte das terras das Estradas Reais chamada Palestina e aí fundaram uma nação; como essa nação lutou pela independência e sobreviveu por vários séculos, até ser absorvida pelo império de Alexandre e mais tarde vir a constituir uma das menores províncias do império romano.

Mas ao mencionar essas ocorrências históricas cumpre ao leitor ter em mente que não estou a escrever um livro de história. Não pretendo dizer o que realmente aconteceu – apenas direi o que certo povo, de nome "os judeus", admitia ter acontecido.

Como todos sabemos, há uma grande diferença entre os "fatos" e o que "supomos ter sido fato". Cada história dum certo país narra a vida do povo dum certo jeito; mas se cruzarmos a fronteira veremos que a propósito desse povo o vizinho já pensa de maneira diversa. Em criança os homens se abeberam nos livros da história pátria e admitem-nos como a verdade até o fim dos seus dias.

Aqui e ali, entretanto, um historiador ou um filosofo, ou uma pessoa dada a ler os livros básicos de todos os países, talvez possa, a respeito dum povo qualquer, ter ideias que realmente se aproximem da verdade. Mas, se é homem amigo da paz, conservará consigo, escondida no poço, a verdade que adquiriu.

O que vale para o resto do mundo vale também para os judeus. Os judeus de trinta séculos atrás, bem como os de hoje, não passavam, e não passam, de criaturas comuns, como eu ou o leitor. Não eram, nem são, melhores (como eles se dizem), nem piores que os outros (como dizem seus inimigos). Possuem, é certo, virtudes bem pouco vulgares, e também defeitos bastante comuns. Mas tanto se há escrito sobre os judeus – a favor, contra ou neutralmente – que se torna difícil dar-lhes o lugar certo na história.

A mesma dificuldade experimentamos na tentativa de apreender o valor histórico das crônicas que os judeus fixaram e nas quais nos dizem de suas aventuras entre os egípcios, os povos da Canaã e da Babilônia.

Raramente são bem vistos os ádvenas – e nos países em que os judeus estacionaram durante os longos anos de peregrinação eram eles ádvenas. Os velhos habitantes dos vales do Nilo e dos pedrouços da Palestina, ou das margens do Eufrates, não os acolhiam de braços abertos. Bem ao contrário disso, murmuravam "nós apenas temos espaço para nossos próprios filhos e filhas; os de fora que se vão para fora", e eram inevitáveis os choques.

Quando os historiógrafos judeus olham para os velhos dias da raça, procuram colocar os antepassados à melhor luz possível. Nós na América fazemos a mesma coisa. Louvamos as virtudes dos puritanos estabelecidos em Massachusetts e descrevemos os horrores dos tempos em que os brancos viviam expostos ao cruel flechaço dos índios. Mas raro nos detém a atenção o fado dos aborígenes, igualmente expostos à crueldade dos tiros dos brancos invasores.

Uma história honesta, escrita do ponto de vista dos índios, constituiria leitura de bastante edificação. Mas os índios já lá se foram; nunca saberemos que impressão os estrangeiros do ano 1620 lhes causaram – e é pena.

Por muito tempo o Velho Testamento foi a única história da Ásia que nossos avós podiam ler e entender. Mas no século passado começamos a decifrar os hieróglifos do Egito, e há cinquenta anos descobrimos a chave da misteriosa escrita ungular dos babilônios. Isso nos dá hoje pontos de vista diferentes para a análise da história dos judeus.

Vemos que cometeram os mesmos erros de todos os historiadores patriotas, e verificamos como pervertiam a verdade para bem da glória e do esplendor da raça.

Mas nada disso, repito, tem algo que ver com este livro. Não me proponho a escrever nenhuma história do povo judeu. Não vou defendê-los, nem atacá-los, mas simplesmente repetir o que eles tinham como a verdade sobre si mesmos e os vizinhos. Não compulsarei textos críticos de sábios investigadores. Tomarei uma pequena Bíblia de dez centavos e nela encontrarei todo o material necessário ao meu estudo.

Se falássemos em "Bíblia" para um judeu do século primeiro da nossa era, ve-lo-íamos abrir a boca. Essa palavra é relativamente nova. Foi inventada no século quarto por João Crisóstomo, o patriarca de Constantinopla, quando se referiu à coleção dos livros sagrados dos judeus como a "Bíblia" – ou "Os Livros".

A coleção foi crescendo durante mil anos. Com poucas exceções, quase todos os capítulos foram traçados em hebreu. Mas o hebreu já não era língua viva quando Cristo veio ao mundo. Por esse tempo a língua aramaica (muito mais simples e mais largamente disseminada entre o povo) já estava dominando, e vários dos livros proféticos do Velho Testamento nela foram escritos. Portanto, nada de perguntarem-me quando a Bíblia foi escrita, porque não poderei responder.

Cada vilarejo de judeus ou cada templo possuía crônicas locais copiadas por homens piedosos em pergaminho ou papiro. Às vezes faziam-se coleções de diferentes leis e profecias para uso fácil dos frequentadores do templo. Durante o século oitavo, quando os judeus já estavam estabelecidos na Palestina, essas coleções foram aumentando. E, a intervalos, entre o século terceiro e o primeiro da nossa era, foram traduzidas em grego e levadas à Europa. Por fim passaram para todas as línguas do mundo.

No relativo ao Velho Testamento a sua história é muito simples. Durante os primeiros dois ou três séculos após a morte de Cristo, os seguidores do carpinteiro de Nazaré andaram sempre mal vistos das autoridades romanas. As teorias do amor e da caridade eram tidas como perigosas para a segurança dum estado cuja base era a força bruta das armas. Os primitivos cristãos, portanto, não podiam chegar a um vendedor de livros e dizer: "Quero uma 'Vida de Cristo' e uma narrativa dos atos dos Apóstolos". Obtinham essas informações secretamente, por meio de pequeninos panfletos que circulavam de mão em mão. Milhares desses panfletos eram copiados e recopiados, até que o povo perdeu qualquer traço da verdade que podiam conter.

Entrementes, a igreja cristã triunfara. Os perseguidos cristãos tornaram-se os dirigentes do império romano, e antes de mais nada trataram de dar alguma ordem ao caos literário consequente a três séculos de perseguições. Decidiram conservar uma parte dos evangelhos e uma parte das cartas escritas pelos Apóstolos aos membros das congregações remotas. Todo mais foi rejeitado.

Seguiram-se, depois disso, vários séculos de discussões. Muitos sínodos se realizaram em Roma e Cartago (a nova cidade construída sobre as ruínas da antiga) e em Trulo; e setecentos anos depois da morte de Cristo o Novo Testamento (como o conhecemos) foi definitivamente adotado pelas igrejas do Ocidente e do Oriente. Desde então têm aparecido incontáveis traduções feitas do grego, sem que nenhuma alteração importante haja ocorrido no texto.

CRIAÇÃO

Ideia dos judeus sobre a criação do mundo.

A mais velha de todas as questões é o "De onde viemos?"
Muita gente leva a propô-la até o fim de seus dias. Não esperam obter resposta, mas, como os soldados valentes diante das empresas irrealizáveis, recusam-se a render-se e entram na eternidade com a orgulhosa pergunta nos lábios. "De onde? Para onde?"
O mundo, porém, está cheio de toda sorte de criaturas. A maioria insiste em explicações engenhosas das coisas que não compreendem. Quando nenhuma explicação aceitável aparece, inventam-nas.
Há cinco mil anos passados a história da criação do mundo em sete dias generalizara-se entre os povos da Ásia ocidental – e assim também pensavam os judeus. Vagamente esses povos atribuíam a criação da terra, do mar, das árvores, das flores, dos pássaros, do homem e da mulher aos seus diferentes deuses.

A HISTÓRIA DA BÍBLIA

Aconteceu, porém, que os judeus foram os primeiros a conceber a existência dum deus único. Quando adiante falarmos de Moisés, mostraremos a razão disto.

Nos começos a tribo semita inicial, cepa de que saiu o povo judeu, adorava diversas divindades, exatamente como em torno dela, e através das idades, faziam e sempre fizeram os seus vizinhos.

As histórias da criação que vemos no Velho Testamento, entretanto, foram escritas mais de dez séculos antes da morte de Moisés, tempo em que a ideia dum deus único já estava aceita pelos judeus como fato absolutamente verdadeiro – com pena de morte ou exílio para quem o pusesse em dúvida.

Vamos ver agora de que modo o poeta que deu aos hebreus a versão do começo das coisas concebeu o gigantesco trabalho da criação como súbita expressão duma vontade única e todo-poderosa – a vontade do próprio deus tribal, que eles denominavam Jeová, o Governador dos Céus.

Eis como a história era contada aos fiéis no templo.

No começo, a terra boiava no espaço, silenciosa e escura. Não havia solo, só as águas sem fim do oceano a recobrirem tudo. O espírito de Jeová aparece sobre as águas, em contemplação. E Jeová diz: "Faça-se a luz", e os primeiros raios da aurora rompem as trevas. "A isto chamarei o Dia", declara Jeová.

Mas logo se foi a luz apagando e se apagou de todo, e Jeová diz: "A isto chamarei a Noite". E ele então descansa daquele trabalho do Primeiro Dia do mundo.

Depois Jeová diz: "Que surja um Céu, desdobrado como dossel amplo sobre as águas, com espaço para as nuvens e os ventos que sopram sobre o mar". E aparece o Céu. E vem a Manhã e vem a Noite, e assim termina o Segundo Dia.

Então Jeová diz: "Que apareçam terras no meio das águas" e imediatamente emergem do mar montanhas gotejantes, que se levantam para os céus, com planuras e vales aos pés. Então Jeová diz: "Que a terra se encha de plantas que deem sementes, e de árvores que deem flores e frutas". E a terra se recobre de verdura – macios tapetes de relva, árvores e arbustos a gozarem as carícias da luz. E uma vez mais a Noite chegou depois do Dia e o trabalho divino do Terceiro Dia foi findo. Então Jeová diz: "Que os Céus se encham de estrelas, que surjam as estações e os dias e os anos. E que o dia seja regulado pelo sol e a noite seja o tempo do repouso, e só a silenciosa lua mostre ao caminhante do deserto a estrada que leva ao abrigo". E assim foi feito e assim termina o Quarto Dia.

E então Jeová diz: "Não basta. Que o mundo também se encha de criaturas que andem de rojo ou marchem com pernas". E aparecem as vacas e os tigres, e todos os animais que conhecemos, e muitos outros já desaparecidos. E realizado que foi este feito, Jeová toma do chão o barro e molda-o à sua imagem, e dá-lhe vida, e chama a essa imagem Homem, e põe-no à testa de toda a criação. Assim termina o trabalho do Sexto Dia, e Jeová, contente com o que havia feito, descansa no Sétimo.

E então chega o oitavo dia, e o Homem se vê em seu novo reino. Adão, chamava-se ele, e vivia num jardim todo lindas flores, com mansíssimos animais que vinham com os filhotes distraí-lo da solidão. Mas o Homem não se sente feliz. Todas as outras criaturas andavam aos pares, menos ele. Jeová, então, toma do primeiro homem uma costela e forma Eva. E o primeiro casal põe-se a explorar o seu reino, ao qual chama o Paraiso.

Diante duma grande árvore Jeová fala-lhes assim: "Ouvi, que é importante. De todas as frutas destas árvores podeis comer a contento, exceto desta aqui, a geradora do conhecimento do Bem e do Mal. Se o Homem comer desta fruta começará a compreender o direito ou o errado dos seus próprios feitos. E não terá paz de espírito. Portanto, ou deixareis intactas as frutas desta árvore ou suportareis as consequências do Conhecimento, as quais são terríveis".

Adão e Eva prometem obediência. Logo depois, entretanto, Adão adormece, e Eva se põe a errar por ali, até que ouve rumor na relva. Olha. Uma velha e astuta serpente.

Naqueles tempos os animais falavam língua inteligível ao novo casal, de modo que a serpente não teve dificuldade em contar a Eva que ouvira as palavras de Jeová, mas que seria tolice tomá-las a sério. Eva concorda, e quando a serpente lhe dá uma das frutas da árvore proibida, come-a, e quando Adão despertou, fá-lo comer também.

E então Jeová enfurece-se. Imediatamente expulsa a ambos do Paraíso, condenando-os a viverem no mundo com o esforço próprio.

Em tempo vêm-lhes dois filhos, ambos machos. O mais velho, Caim, o mais novo, Abel. Tornam-se úteis à casa. Caim moureja nos campos, Abel guarda ovelhas. E, como irmãos que eram, brigavam.

Num dia de oferendas a Jeová, Abel sacrificou um cordeiro, e Caim depositou um punhado de grãos sobre a rude pedra do altar construído para os atos de adoração.

As crianças são suscetíveis ao ciúme, e gostam de basofiar sobre os méritos próprios. O fogo acendido por Abel brilhava sadio, mas o de Caim se atrasava. Caim imaginou que Abel se ria dele. Abel defende-se, dizendo que não, que estava apenas olhando o serviço. Caim manda que se afaste dali. Abel recusa-se. "Por quê?" Caim, então, dá-lhe um golpe. Golpe forte. Abel cai morto. Terrivelmente apavorado, Caim foge, esconde-se.

Mas Jeová, que tudo via, encontra-o oculto nas sarças. Pergunta-lhe do irmão. Caim não se recusa a responder. "Não sabia. Não era ama seca do irmão."

De nada lhe aproveitou a mentira, e do mesmo modo como por ato de desobediência Jeová lançou o primeiro casal fora do Paraíso, assim também forçou Caim a abandonar a casa paterna – e embora vivesse vida longa nunca mais seus pais souberam dele.

Adão e Eva não levaram vida feliz. O filho mais novo morrera no acidente e o mais velho desaparecera. Tiveram, porém, mais prole, e acabaram em extrema velhice, dobrados pela trabalheira sem fim e pelos infortúnios.

Gradualmente, os filhos e netos de Adão e Eva começaram a povoar a terra. Foram para o oriente e para o ocidente, e para as montanhas do norte, e também se espalharam pelos desertos do sul. Mas o crime de Caim havia marcado a raça. Dali por diante a mão do homem se ergueria sempre contra o seu vizinho. Entrematavam-se e entrerroubavam as ovelhas. Não havia segurança para uma menina que saísse de casa; podia ser raptada pelos rapazes das vizinhanças.

O mundo se tornou uma coisa triste. Viera errado, do começo. Tinha de ser recomposto. Talvez uma nova geração se mostrasse mais obediente à vontade de Jeová.

Vivia naqueles tempos um homem de nome Noé, neto de Metuselah (o qual vivera novecentos e sessenta e nove anos) e descendente de Seth, um dos irmãos de Caim e Abel, nascido depois da tragédia.

Era Noé um bom homem, dos que procuram viver em paz com a própria consciência e o próximo. Se a raça humana tinha de começar de novo, Noé daria um bom recomeço.

E Jeová decidiu matar todos os homens, menos Noé e os seus. Chamou--o e mandou que construísse um navio, ou arca. Devia ter 450 pés de comprimento por 75 de largura e 43 de altura. Tamanho dum transatlân-tico moderno – e é difícil imaginar como Noé deu conta da incumbência.

Noé e os filhos puseram-se ao trabalho, sob a chacota dos vizinhos. Que estranha ideia construir um navio num lugar onde não havia água – rio nenhum, e o mar a mil milhas distante!

Mas Noé e seus fiéis auxiliares não abandonaram o serviço. Cortaram grandes ciprestes, travaram a quilha, ergueram os costados e calafetaram--no com betume. Quando o terceiro convés ficou pronto, construíram um teto de madeira pesada, próprio para resistir à violência das chuvas que iam desabar sobre a terra maldita.

Por fim Noé e sua gente, três filhos, a esposa e a esposa dos filhos, acharam-se prontos para o embarque. Foram então para os campos e montanhas a recolher quantos animais pudessem, de modo a ter carne para a boca, e para os sacrifícios, quando de novo pisassem terra firme.

Uma semana levaram caçando. A arca se encheu do rumor de inúmeros animais desafeitos a gaiolas, que raivosamente mordiam as barras aprisio-nadoras. Só não recolheram peixes. Os peixes cuidariam de "si mesmos".

Na noite do sétimo dia Noé embarcou com sua gente. Recolheram-se as escadas e fechou-se o navio.

Tarde da noite rompeu a chuva. E choveu por quarenta dias e quarenta noites. A terra inteira ficou recoberta pelas águas, com perecimento de todos os seres, salvo os recolhidos na arca de Noé. Foi o Dilúvio Universal.

* * *

Por fim Jeová se compadeceu e com uma rajada de vento limpou de nuvens o céu. De novo os raios do sol brilharam sobre as ondas agitadas, como o tinham feito no primeiro dia da criação.

Cuidadosamente Noé abriu uma janela e espiou. A arca boiava calmamente no oceano sem fim. Nenhuma terra à vista. Noé soltou um corvo, e nunca mais o viu. Soltou depois um pombo. Os pombos podem voar por mais tempo que qualquer outra ave, mas por muito que aquele voasse não encontrou pouso e regressou. Noé tornou a colocá-lo na gaiola.

Transcorrida mais uma semana, Noé de novo soltou o pombo. Por fora ficou a ave o dia inteiro, revoando, mas à noitinha reapareceu com um ramo de oliveira no bico. Era sinal de que as águas iam descendo.

Outra semana se passou e Noé pela terceira vez soltou o pombo. Não voltou mais o alado mensageiro. Bom sinal. E sinal confirmado, pois que não tardou muito e um choque advertiu que a arca tocara com o fundo em qualquer obstáculo. A embarcação havia batido em terra firme. Repousava sobre o monte Ararat, na terra que hoje chamamos Armênia.

* * *

No dia seguinte Noé desembarcou. Imediatamente reuniu pedras para um altar e matou certo número de animais e aves para o primeiro sacrifício. E olhou, e viu no céu o brilho das cores do arco-íris. Era um sinal de Jeová para o seu fiel servidor. Uma promessa de felicidade.

Noé então e os filhos, Sem, Cam e Jafé, com as respectivas esposas, espalharam-se pelo mundo e fizeram-se cultivadores da terra ou pastores e, felizes, viveram em paz em meio da prole e dos rebanhos.

Mas é duvidoso que o perigo por que passaram esses homens lhes ensinasse a boa lição. Porque Noé, dono de um vinhedo, fabricava um agradável vinho, e bebia-o de embebedar-se, e por embebedar-se comportava-se mal, como se comportam bêbedos.

Dois de seus filhos entristeceram-se do fato, mas o de nome Cam foi além – riu-se do pai. Quando Noé o soube, encheu-se de terrível cólera e expulsou-o de casa. Os judeus supõem que Cam foi para a África, onde se tornou a fonte da raça negra, pela qual os outros sentiam o mais injusto desprezo.

Deste ponto em diante pouco mais sabemos de Noé. Um dos seus descendentes, de nome Nemrod, ganhou fama de caçador, mas a Bíblia nada diz do fim de Sem e Jafé. Seus filhos, entretanto, algo fizeram que muito desagradou a Jeová. Parece que por algum tempo viveram no vale do Eufrates, no ponto onde mais tarde se ergueu a cidade da Babilônia. Gostaram daquelas terras, e resolveram construir uma torre muito alta, que servisse de marco para todas as tribos do mesmo sangue. Cozeram a argila e lançaram as bases da grande construção.

Mas Jeová não queria que ficassem aglomerados para sempre ali. O mundo inteiro tinha de ser povoado, e não só aquele vale. E quando os obreiros mais se afanavam, como abelhas, na ereção da torre babilônica, fez que de súbito se pusessem a falar dialetos diferentes, esquecidos da língua comum – e a desordem começou.

Impossível construir uma casa quando os operários e mestres só falam, uns chinês, outros o polinésio, outros o russo. Assim também aquele povo, animado da ideia de formar uma nação única em torno da alta torre, não pôde continuar a obra – e breve se espalhou por todos os recantos da terra.

Eis em curto resumo a história do começo do mundo, como a concebiam os judeus.

OS PIONEIROS

As pirâmides egípcias já eram velhas quando os judeus, chefiados por Abraão, saíram dos desertos da Arábia em procura de pastagens para os rebanhos.

Abraão foi um pioneiro.
Apesar de figura de milhares de anos passados, a história de sua vida traz-nos à mente a lembrança dos homens e mulheres que conquistaram as planuras e montanhas do oeste americano, na primeira metade do século XIX.
A família de Abraão procedia da cidade de Ur, situada à margem ocidental do Eufrates. Sempre foram pastores, desde que Sem, o fundador do clã, deixou a arca. Souberam prosperar. Abraão fez-se rico, dono de milhares de ovelhas. Para pastoreá-las empregava mais de trezentos homens e rapazes.

Esses auxiliares guardavam a maior lealdade para com o amo, e por ele dariam a vida, se fosse mister. Formavam um pequenino exército privado, que se revelou muito útil quando Abraão teve de lutar por pastaria nova nas terras hostis da costa mediterrânea.

Chegado aos setenta e cinco anos ouviu ele a voz de Jeová, ordenando-lhe que se mudasse dali para a terra de Canaã – primitivo nome da Palestina.

Abraão recebeu com muito agrado a intimação. Os caldeus, entre os quais ele vivia, andavam em guerra perpétua com os vizinhos, e Abraão, homem de paz, não se agradava daquelas brigas. E mandou levantar acampamento. Seus homens reuniram o rebanho. As mulheres cuidaram da bagagem e do alimento que os sustentaria durante a jornada pelo deserto. Começou assim a primeira migração do povo judeu.

Abraão era casado. Tinha o nome de Sara sua mulher. Infelizmente não havia filhos, o que fez Abraão tomar a Lot, seu sobrinho, como o imediato da expedição. Deu afinal a ordem de partida, e seguiu no rumo do poente.

A caravana não penetrou no grande vale da Babilônia; foi costeando o deserto da Arábia, de modo que os ferozes soldados assírios os não vissem, nem viessem tomar-lhes os rebanhos, e talvez também as mulheres. E sem incidentes a expedição alcançou as pastagens da Ásia ocidental.

Fez-se pouso ao pé da cidade de Shechem, lugar onde Abraão ergueu um altar a Jeová junto a um carvalho de nome Moreh. Logo depois moveu-se para Bethel, onde parou algum tempo a ruminar os futuros planos. Isso porque, ai! a terra de Canaã não era tão rica como ele o esperara.

Rapidamente os seus rebanhos comeram todo o pasto da zona. Houve então disputas entre Lot e os pastores sobre o rumo a tomar em busca de novas pastagens, e por pouco a expedição não terminou em desastre. Mas como a discórdia fosse coisa contrária à natureza de Abraão, chamou ele à sua tenda o sobrinho e propôs-lhe a divisão da terra, de modo que vivessem independentes, mas amigos, como parentes que eram. Lot, jovem sensato, não opôs dificuldades.

Na divisão das terras Lot preferiu o vale do Jordão; ao tio coube o resto, ou o que hoje chamamos Palestina. Havia Abraão passado a maior parte de sua vida sob o escorchante sol do deserto. Não admira que preferisse um lugar dotado do frescor sombrio das grandes árvores. E armou tenda entre as carvalheiras do Mamre, próximo da velha cidade de Hebron, construindo ali um novo altar em honra a Jeová e como testemunho de gratidão por tê-lo conduzido àquelas doces paragens.

Mas a sonhada paz não durou muito tempo. Breve entrou Lot em desavença com os vizinhos, sendo Abraão forçado à guerra para proteção da família.

O perigo maior vinha do rei de Elam, poderoso chefe dos nativos. Poderoso realmente, a ponto de arrostar até os soberanos da Síria. O rei havia imposto tributos às cidades de Sodoma e Gomorra, e como encontrasse resistência lançou contra elas as suas forças.

Infelizmente o choque se deu no vale que Lot ocupava. Na excitação da guerra os soldados não atendem a coisa nenhuma. Na captura que fizeram da gente das duas cidades levaram também, como prisioneiros, a Lot e sua família.

Abraão veio a saber da tragédia por boca dum fugitivo. Reuniu imediatamente todos os seus pastores e tomou-lhe a chefia. Marchou. Lá pelo meio da noite alcançou o acampamento do rei de Elam e atacou-o. E antes que os estremunhados elamitas percebessem do que se tratava, já Lot estava livre e a caminho de suas terras.

A façanha fez de Abraão um grande herói aos olhos das tribos vizinhas.

O rei de Sodoma, que havia escapado à matança, veio ter com ele, acompanhado de Melquisedech, rei de Salem, ou Jerusalém, velhíssima cidade da terra de Canaã. Melquisedech e Abraão tornaram-se logo grandes amigos, porque ambos reconheciam Jeová como o chefe supremo, mas o mesmo não se deu com o rei de Sodoma, que adorava outras divindades. E, quando este rei mandou a Abraão a maior parte dos despojos que ele havia tomado aos elamitas, Abraão recusou. Seus auxiliares famintos comeram alguns carneiros desse saque, mas o resto foi devolvido aos verdadeiros donos, na cidade de Sodoma. Não foi bom, entretanto, o uso que esses donos fizeram da propriedade restituída.

Tanto o povo de Sodoma como o de Gomorra tinham péssima reputação entre os vizinhos. Preguiçosos e amigos de cometer toda sorte de crimes, sem que nunca nenhum criminoso recebesse punição. Frequentemente foram notificados de que não poderiam proceder assim toda vida – mas riam-se, e continuavam na má vida, desagradável à vizinhança.

Ora, aconteceu que certa noite, logo depois do sol ocultar-se atrás das montanhas azuis, estava Abraão sentado à frente de sua tenda, muito satisfeito da vida, porque a velha promessa de Jeová, feita nos dias de Ur, estava se tornando realidade. Abraão, que nunca tivera prole, entrou a sonhar com um filho.

Estava a pensar nisso, e em outras coisas, quando viu três viandantes na estrada, que se aproximavam. Cansados e cobertos de pó, pararam e pediram pouso. Sara aparecera para atendê-los; deu-lhes comida; e depois sentaram-se todos sob um carvalho para troca de impressões.

Quando os estrangeiros se levantaram a fim de prosseguir na jornada, Abraão ofereceu-se para mostrar-lhes o caminho, e só então soube que iam para Sodoma e Gomorra. Uma intuição lhe veio: ele havia hospedado ao próprio Jeová e a dois dos seus anjos!

Abraão adivinhou imediatamente a missão que traziam e, sempre leal para com sua gente, implorou misericórdia para Lot e a família. Jeová seguiu caminho, depois de prometer perdoar às duas cidades se em cada uma descobrisse cinquenta, trinta, ora mesmo dez pessoas que fossem criaturas decentes.

Parece que não encontrou nenhuma, pois tarde naquela noite Lot recebeu aviso para afastar-se com os seus, visto como Sodoma e Gomorra estariam reduzidas a cinzas antes que amanhecesse. Foi-lhe também dito que se apressasse, e na fuga não olhasse para trás, a ver o que estava acontecendo.

Lot obedeceu. Despertou a mulher e os filhos e pôs-se a caminho, marchando a noite inteira a fim de chegar à cidade de Zoar antes do amanhecer.

Mas, depois de alcançar zona de segurança, Lot perdeu a mulher. Era curiosa em excesso. O céu avermelhado indicava o incêndio das cidades. Ela não resistiu. Voltou o rosto e olhou.

Vendo o seu gesto, Jeová imediatamente a transformou numa estátua de sal. Lot ficou assim viúvo, com duas filhinhas pequenas. Uma delas veio a ser a mãe de Moab, o fundador da tribo dos moabitas, e a outra teve um filho de nome Ben-Ami, o fundador da tribo dos amonitas.

A triste tragédia de Lot magoou profundamente a Abraão e induziu-o a mudar-se para longe das ruínas das duas cidades de má fama. E deixando mais uma vez as florestas e planuras de Mamre, emigrou rumo oeste, jornadeando até quase alcançar as praias do Mediterrâneo.

A região ao longo da costa era habitada por uma raça de homens vindos da distante ilha de Creta. A capital de Creta, de nome Cnosso, fora destruída por um inimigo qualquer mil anos antes dos dias de Abraão. Os que escaparam à chacina procuraram tomar pé no Egito, mas foram impedidos pelos soldados do faraó. Navegaram então para leste e, como estavam mais bem armados que os canaanitas, conseguiram conquistar-lhes uma estreita faixa de terra ao longo da praia.

Os egípcios haviam denominado a essa gente "filisteus"; os filisteus, a seu turno, chamaram às suas terras Filistia – primeira forma do nome "Palestina".

Os filisteus iriam manter-se em guerra constante com todos os vizinhos, e só interromperiam a sua luta com os judeus depois da conquista romana. Os seus ancestrais haviam sido o povo mais civilizado do Ocidente, isso numa era em que os judeus ainda não passavam de rudes pastores. Já sabiam fabricar espadas de ferro quando os homens da Mesopotâmia ainda se matavam com machados de pedra ou maçãs. Isto explica a razão de tão poucos filisteus conseguirem por tantos séculos resistir a milhares e milhares de canaanitas e judeus.

Apesar de tudo, bravamente penetrou Abraão com o seu exército na Filistia, e estabeleceu-se perto de Beer-Sheba, onde ergueu novo altar a Jeová. Também abriu um profundo poço que lhe desse água fresca a todas as horas, e plantou um bosque para futura sombra aos seus filhos.

Na agradável estância ali criada nasceu afinal o filho de Abraão e Sara. Isaac, chamou-se o menino, ou "sorriso", porque de fato lhes foi uma felicidade vir aquele rebento quando todas as esperanças já estavam perdidas.

Durante os anos de espera, desesperançado de prole com a primeira, havia Abraão tomado segunda mulher. Isso estava de acordo com os costumes do tempo. Ainda nos dias de hoje muitos homens da Ásia e da África, da religião maometana, possuem duas e três esposas.

A segunda mulher de Abraão não era da sua raça, mas sim uma escrava egípcia de nome Agar. Muito naturalmente Sara não se agradou da divisão, e quando veio a Agar um filho homem, que recebeu o nome de Ismael, passou a odiá-la e a pensar na sua eliminação.

Era natural que Ismael e Isaac brincassem juntos em redor da casa. Natural também que disputassem e muitas vezes se atracassem. Mas Sara via isso com rancor. Sentia-se muito mais velha e nem metade bonita como Agar. Considerando-a uma rival perigosa, dispôs-se a liquidar o caso.

Foi ter com Abraão e exigiu que a mandasse, e ao menino, embora. Abraão recusou. Ismael, afinal de contas, era seu filho e muito amado. Além disso, não seria leal.

Mas Sara não transigiu, e por fim o próprio Jeová aconselhou Abraão a ceder. Falara Jeová, e nada mais lhe restava a fazer.

Por uma triste manhã o paciente Abraão, sempre em busca da paz, disse adeus à bela e fiel escrava e ao filhinho. Mandou que Agar regressasse para o seu povo. Mas muito longa e perigosa era a viagem da Filistia ao Egito. Na primeira semana os dois repudiados quase pereceram de sede no caminho. Largados no deserto de Beer-Sheba, não escapariam à morte se o próprio Jeová os não acudisse no último momento, mostrando-lhes onde encontrariam água.

Agar, finalmente, alcançou as margens do Nilo, e foi bem recebida pela família. Lá cresceu Ismael, e em moço se fez soldado. Nunca mais reviu Abraão esse filho – e logo depois quase perdeu o que tivera de Sara – mas dum modo muito diferente. Acima de todas as coisas Abraão obedecia a

Jeová, e orgulhava-se da sua piedade. Não obstante Jeová resolveu pô-lo novamente em prova, e disso quase resultou desgraça.

Jeová aparece de súbito a Abraão e ordena-lhe que leve Isaac ao monte Moriah, que o mate e lhe queime o corpo no altar dos sacrifícios.

O velho pioneiro não vacilou. Seria fiel até o fim. Simulando viagem curta, partiu com dois homens e um jumento carregado de lenha, água e provisões. Não contou à esposa o que ia fazer. Jeová havia ordenado. Era o bastante. Só lhe cumpria obedecer.

Três dias depois Abraão, que viera brincando pelo caminho com Isaac, alcançou o monte do sacrifício. Disse então aos dois homens que o esperassem no sopé e subiu ao alto com o filho.

Isaac começou a sentir-se curioso. Tinha visto muitas vezes seu pai fazer sacrifícios, mas daquela vez tudo lhe parecia diferente. Reconheceu no alto da pedra do altar. Viu a lenha, e com seu pai a faca segadora de vidas. Mas onde o carneirinho a ser imolado? Perguntou por ele a Abraão.

– Jeová fornecerá a vítima quando vier o momento – foi a sua resposta. E então colocou o menino sobre a pedra. E tomou a faca. E impeliu-lhe para trás a cabeça de modo a bem ressaltar a carótida. Ia degolá-lo.

Nesse momento ouviu uma voz. Mais uma vez Jeová lhe falava. Reconhecia Abraão como o mais fiel dos seus servidores e dispensava-o da terrível prova.

Isaac pôs-se de pé, desceu do altar. Um grande veado negro, que apareceu e emaranhou os chifres em moita próxima, foi apanhado e sacrificado em seu lugar.

Três dias depois pai e filho entravam em casa. Mas parece que Abraão se desgostou da terra em que aquela desgraça quase ocorrera, porque deixou Beer-Sheba, onde tudo lhe recordava Agar e a terrível prova do monte Moriah. Voltou para a planície de Mamre, já sua conhecida, e lá construiu novo lar.

Sara, entretanto, muito idosa para suportar as durezas dessa emigração, faleceu a caminho e foi enterrada na caverna de Macpelah, que Abraão adquiriu por 400 shekels dum campônio hitita, de nome Efron.

A viuvez fê-lo sentir-se muito só. Sempre levara vida ativa, de viagens, de lutas, mas agora, cansado, só queria repouso. O futuro de Isaac, entretanto, preocupava-o. O rapaz certamente se casaria, mas as raparigas das redondezas pertenciam à tribo dos canaanitas, e Abraão não desejava nora que lhe ensinasse aos netos a adoração de estranhos deuses que ele não admitia.

Pensou em Nahor, seu irmão, que não emigrara das terras do Ur e formara uma grande família. A ideia de Isaac matrimoniar-se com uma prima lhe sorriu. Tal casamento conservaria a união familial e preveniria as perturbações da entrada de uma estranha. Abraão chamou um velho servidor (por muito tempo administrador de suas propriedades) e incumbiu-o da missão. Fez-lhe ver que espécie de esposa Isaac precisava. Tinha de ser boa caseira, experiente nos trabalhos agrícolas e, acima de tudo, boa, amável, generosa.

O velho serviçal tomou tento de tudo. Reuniu uma dúzia de camelos e carregou-os de presentes. Abraão havia prosperado na terra de Canaã e queria que seus parentes de Ur soubessem disso.

Por muitos dias o emissário viajou rumo leste, seguindo pela mesma via que Abraão havia tomado quase oitenta anos antes. Ao chegar à terra de Ur remorou a marcha, para ir investigando onde poderia residir a gente de Nahor.

Certa tarde, quando o calor do dia cedeu à frescura noturna do deserto, alcançou ele a cidade de Haran. As mulheres vinham saindo, a encherem os potes no poço para o preparo da ceia.

O velho servidor fez os seus afogueados e cansados camelos ajoelharem-se, e pediu de beber a uma das raparigas.

– Pois não – respondeu a solicitada, e depois de dar-lhe de beber também dessedentou os camelos. E quando o emissário perguntou-lhe onde poderia passar a noite, a boa criatura respondeu-lhe que seu pai sentir-se-ia feliz de abrigá-lo e aos animais. Aquilo parecia bom em excesso para ser verdade. Estava ali a perfeita imagem da mulher que Abraão encomendara para Isaac e, além disso; jovem e linda.

Uma pergunta mais. Quem era ela?

A rapariga declarou chamar-se Rebeca, filha de Betuel, filho de Nahor. Tinha um irmão de nome Labão, e sabia, por ouvir falar, dum tio de nome Abraão, que se mudara para as terras de Canaã muito antes dela vir ao mundo.

O mensageiro compreendeu que era inútil prolongar as pesquisas. Procurou Betuel e expôs-lhe a missão que trazia. Contou a história de seu amo e de como se tornara um dos homens mais ricos e poderosos das terras próximas ao Mediterrâneo. Depois de impressionar a gente de Ur com a exibição dos tapetes e joias de prata que trouxera, e taças de ouro, fez o pedido da mão de Rebeca.

A família mostrou-se satisfeita de tal aliança. Naquele tempo as moças não eram consultadas a respeito, mas Betuel, homem de boa razão, dos que pensam na felicidade dos filhos, indagou de Rebeca se estaria disposta a mudar-se para uma terra estranha e desposar um primo desconhecido. Rebeca respondeu que sim e começou a aprontar-se para a partida.

Acompanhou-a a sua velha ama, e também muitas das suas servas. E montadas nos camelos lá se foram, a imaginar que país seria aquele para onde seguiam, pintado com tão belas tintas pelo mensageiro.

A primeira impressão que Rebeca teve das terras novas foi boa. Era à tardinha. Os camelos trotavam na poeira da estrada. Ao longe, um homem caminhava pelo campo. Ao ouvir o sonido dos cincerros parou. Reconheceu suas alimárias – e veio ao encontro da mulher que lhe era destinada como esposa.

Em poucas palavras o emissário deu parte a Isaac de tudo quanto havia feito e de como Rebeca reunia beleza e bondade.

Então Isaac se considerou um homem feliz (e o foi), e desposou Rebeca, e pouco tempo mais tarde Abraão faleceu e foi enterrado ao lado de Sara, na caverna de Macpelah. E Isaac e Rebeca herdaram todos os campos e tudo mais que pertencera a Abraão, e foram felizes; e quando sobrevinha a tarde costumavam sentar-se à porta da tenda e brincar com os filhos, que eram gêmeos. O mais velho chamava-se Esaú, que significava "peludo"; e o mais novo, Jacó. E na nova família ocorreram muitas aventuras, como veremos adiante.

Esaú era um rude e honesto rapaz, queimado de sol, forte, de braços peludos, ágil como um cavalo. Passava o tempo ao ar livre, caçando; seu gosto era viver entre os animais e aves.

Jacó, muito diferente, raro saía de casa. Fez-se o predileto de sua mãe, que tanto o mimou que o estragou.

O grandalhudo e barulhento Esaú, sempre a cheirar a camelo e caça, sempre a trazer para casa filhotes de animais, de nenhum modo a agradava. Rebeca o achava muito obtuso, só interessado em coisas grosseiras. Jacó, entretanto, com suas maneiras gentis e seus sorrisos lisonjeiros, enlevava-a, fazendo-a lamentar não ser ele o primogênito. Só nesse caso seria o herdeiro dos bens paternos. Mas o primogênito era Esaú, e todas as riquezas de Isaac iriam parar às mãos de um brutamontes, inimigo das coisas finas, não melhor que qualquer pastor de rebanhos, um urso que se aborrecia de ser rico e de pertencer a uma família famosa.

Fatos, porém, são fatos, e também o eram naqueles tempos; e, pois, Jacó tinha de contentar-se com o seu papel subalterno de filho segundo, enquanto o truculento e indiferente Esaú passaria a ser um dos mais importantes homens do país.

A história da conspiração de Rebeca e Jacó para subtrair a Esaú a herança de Isaac não constitui leitura agradável. Mas, como terá grande influência sobre o que segue, há que ser contada, embora fosse de nosso gosto suprimi-la.

Esaú, como já dissemos, era um caçador, um agricultor, um pastor que despendia a maior parte do tempo fora de casa. E acomodatício, como em regra a gente assim. A vida para ele não passava duma questão de bom sol, de ventos, de carneiros em rebanhos – coisas que mais ou menos cuidam de si mesmas. Não se interessava por sutilezas. Quando tinha fome, comia; quando tinha sede, bebia; quando tinha sono, dormia. Para que aborrecer-se?

Jacó, entretanto, ficava em casa e resmungava. Era ambicioso. Queria coisas. Como poderia apossar-se do que realmente pertencia ao irmão?

Um dia o bom ensejo apresentou-se.

Esaú voltava duma excursão, mais faminto que um lobo. Jacó, na cozinha, preparava para si mesmo um prato de lentilhas.

– Dê-me parte disso, e depressa, pediu Esaú.

Jacó fingiu não ouvir.

– Estou morrendo de fome – continuou Esaú. – Dê-me esse prato de lentilhas.

– E que receberei em troca? – perguntou Jacó.

– O que quiser – respondeu Esaú, que, apertado pela fome, o que queria era comer e não tinha cérebro para cálculos.

– Quer ceder-me o seu direito de primogenitura?

– Perfeitamente. De que me vale esse direito, se tenho de ficar sentado aqui, a estalar de fome? Dê-me o prato de lentilhas e fique com os direitos que quiser.

– Jura?

– Juro. E venham as lentilhas.

Os judeus daquele tempo eram muito formais. Para outro qualquer povo aquele diálogo entre os dois irmãos não teria importância, seria mera brincadeira dum esfomeado que tudo promete em troca dum prato de comida. Mas aos olhos de Jacó promessa era promessa e ele contou a sua mãe que Esaú, voluntariamente e em troca dum prato de lentilhas, cedera os seus direitos de primogênito. Precisavam agora descobrir o meio de obter o consentimento oficial de Isaac, de modo a tornar efetivo o trato.

Isaac andava a sofrer dum mal muito comum no deserto. Perda da vista. Havia, além disso, passado por um duro período de dificuldades. Houvera forte seca nas planícies de Mamre, o que o forçou a mudar seus rebanhos para as terras dos filisteus. Mas os filisteus procuraram impedir essa ocupação de pastos. Haviam entupido os poços que o velho Abraão abrira no deserto de Beer-Sheba. A jornada fora penosa e os embaraços haviam envelhecido Isaac, que sonhava com o sossego de sua casa.

Afinal voltou ele para a terra de Hebron, sentindo que não tinha vida por muito tempo e ansioso por dar ordem aos negócios a fim de morrer em paz. Mandou chamar Esaú. Pediu-lhe que fosse caçar um veado e o assasse. E então, ao comerem-no, abençoá-lo-ia e transmitir-lhe-ia a herança, como era da lei.

Esaú respondeu "sim" e tomando o arco e as setas saiu de casa. Rebeca, porém, que tudo ouvira, correu a avisar Jacó.

– Depressa! – disse-lhe. – O momento chegou. Teu pai não se sente bem hoje. Acha que vai morrer e quer abençoar Esaú antes que sobrevenha a noite. Vou disfarçar-te com peles, de modo que ele te confunda com Esaú. Desse modo ficarás com a herança, que é o que queremos.

Jacó não gostou da ideia. Pareceu-lhe muito arriscada. Como poderia ele, de pele tão macia e voz tão suave, confundir-se com o tonitruante e peludo irmão? Mas Rebeca ensinou-lhe como fazer.

– Nada mais simples – disse ela. – Acompanhe-me.

E matando dois cabritos assou-os ao modo de Esaú. E com as peles envolveu as mãos e os braços de Jacó. Depois vestiu-o dum velho capote do irmão, muito suado, e ensaiou-o a falar em voz grossa.

Isaac não percebeu a manobra. Não desconfiou da falsificação da voz, nem das mãos artificialmente peludas. E depois de comer com o refalsado filho o suposto gamo, abençoou-o e transmitiu-lhe a herança.

Mal termina a cena, eis que chega Esaú. O choque foi terrível. A bênção dada a Jacó já não podia ser retirada. Isaac confessa ao primogênito o grande amor que lhe tinha, mas também diz que o mal era sem remédio. Jacó não passava dum ladrão. Havia roubado tudo quanto pertencia ao outro.

Em seu furor Esaú jura matar Jacó na primeira oportunidade, o que muito amedrontou Rebeca; sabia que o seu favorito não era homem para enfrentar o irmão. E fez que Jacó fugisse para as terras de Labão e lá ficasse enquanto as coisas estivessem más. Enquanto isso, que se casasse com uma das primas e se estabelecesse.

Jacó, que não era nenhum herói, fez o que a mãe lhe disse.

Mas a consciência o remordeu, e teve de passar por aventuras muito estranhas antes que ousasse voltar à casa paterna e encarar de novo o irmão a quem iludira tão cruelmente.

Encontrou sem dificuldade as terras do tio, mas durante a viagem teve um curioso sonho. Sonhou que caíra adormecido no deserto, perto dum lugar denominado Betel. Súbito, os céus se abriram, e ele viu uma escada que ia da terra até lá. Pela escada marinhavam muitos anjos de Jeová e no topo o próprio Jeová aparecia, dizendo-lhe ser seu amigo e que o ajudaria no exílio.

Não podemos saber se isto é verdade, ou se Jacó apenas inventou a história como alívio da consciência e para fazer crer aos outros que ele não era tão má criatura, já que contava com a proteção do poderoso deus.

Quanto à ajuda que deveria obter do céu, não há notícia.

Ao alcançar as terras do Ur encontrou Jacó boa acolhida no tio, mas ao pedir-lhe a mão da jovem e bela Raquel, Labão impôs-lhe que primeiro trabalhasse ali sete anos; cumpridos os sete anos, porém, em vez de dar-lhe Raquel deu-lhe sua irmã mais velha, Lia, fazendo-lhe ver que o costume local era primeiramente casar a mais velha. Mas, se Jacó insistia tanto pela mais moça, que trabalhasse ali mais sete anos.

Que poderia fazer Jacó? Na casa paterna estava Esaú à sua espera com a cólera acesa. Lugar nenhum havia que ele pudesse considerar seu. Além disso, amava realmente a Raquel e só com ela via felicidade no mundo. Submeteu-se. Trabalhou para Labão mais sete anos.

Mesmo assim ficou à mercê dos parentes de sua mãe. Não possuía rebanhos, nem podia montar casa. O remédio foi novo acordo com o tio: mais sete anos de trabalho em troca de todos os carneiros pretos e de todos os bodes pampas que nascessem nos rebanhos. Com isso teria ele um começo de independência econômica.

Foi um curioso negócio. Labão sabia que os carneiros negros são tão raros como os bodes pampas, de modo que esperava não ter de ceder muitos; e para melhor proteger-se retirou dos rebanhos todos os machos e fêmeas que fossem negros ou pampas, certo de que agindo assim quase nada iria ter às mãos de Jacó.

Foi um jogo de esperteza entre tio e sobrinho, no qual o sobrinho afinal ganhou.

Jacó era um ótimo pastor. Apreendeu logo como devia agir e apanhou todos os truques do ofício, inclusive o de, pela mudança do regime alimentar dos rebanhos, influir na cor das crias.

Por outro lado, Labão, que deixava todo o trabalho das terras confiado aos filhos e aos escravos, nada sabia daqueles processos. Resultado: antes que abrisse os olhos, estava Jacó de posse da maioria dos seus rebanhos. Encolerizou-se Labão terrivelmente, mas tarde. Jacó lá se foi com todos os carneiros pretos e todos os bodes pampas – e também com as duas esposas, Lia e Raquel, e seus onze filhos. E antes de partir ainda roubou vários objetos caseiros ao sogro.

É verdade que nunca houve luta aberta entre Jacó e Labão, mas Jacó deixou as terras do Ur para sempre, e como não tinha para onde ir, tomou o caminho de Canaã. Talvez Esaú o perdoasse e ainda havia a hipótese da herança por morte do pai.

Novamente, se a história de Jacó é coisa de crer, sua viagem através do deserto foi acompanhada de estranhos sonhos. Contou ele mais tarde que havia lutado com um dos anjos de Jeová, o qual lhe quebrara a perna e lhe dissera que dali por diante seu nome seria Israel, e que se tornaria um poderoso príncipe na terra natal.

Jacó fez o possível para reconquistar a amizade do irmão. Chegou a oferecer-lhe tudo quanto possuía. Dividindo seus rebanhos em três partes, cada dia mandava uma de presente a Esaú.

Esaú, porém, era tão rude de modos quão bom de coração. Nada quis do que pertencia a Jacó. Já o havia perdoado, e quando o encontrou abraçou-o como se coisa nenhuma tivesse havido. Contou-lhe que o pai ainda vivia, embora muito acabado, e que iria alegrar-se de ver os novos netos.

Eram onze os filhos de Jacó, quando ele deixou a casa de Labão, e mais um lhe veio durante a viagem.

Por longo tempo reinou amargo ódio entre Lia e Raquel. A primeira, nada bonita e jamais amada pelo esposo, lhe dera dez filhos. E Raquel, um só, de nome José – vindo a falecer ao dar à luz o segundo, de nome Benjamim.

Triste, pois, foi o retorno de Jacó à casa paterna. Perdeu a esposa amada e deixou-a sepulta em Belém. Só depois disso entrou com os seus rebanhos nas terras de Hebron.

Isaac ainda teve forças para saudar o filho perdido; mas logo depois morreu, sendo enterrado na mesma caverna de Macpelah, ao lado de seu pai Abraão e de sua mãe Sara.

Jacó, agora Israel, herdou os bens paternos e estabeleceu-se na velha querência para gozar os frutos duma carreira totalmente baseada na fraude e no roubo. Vidas assim raro são bem-sucedidas. Não demorou muito, viu-se forçado a abandonar o velho lar. Seus últimos anos despendeu-os nas distantes terras do Egito, muito longe do túmulo dos seus maiores. No capítulo seguinte veremos como.

RUMO OESTE

Depois de anos de peregrinação os judeus estabelecem-se nas terras do Egito, onde José havia alcançado alta posição política.

Não devemos nos esquecer de que o Velho Testamento é uma coleção de histórias desligadas, só reunidas em livro quase mil anos depois da morte dos fundadores da nação judaica. Abraão, Isaac e Jacó foram os primeiros heróis dessas crônicas. Haviam ousado penetrar em regiões desertas, e assemelhavam-se muito aos "Peregrinos" da América, pela perseverança e lealdade para com os ideais.

Mas esses heróis viveram numa era em que os judeus ainda não conheciam a escrita. A história de suas aventuras era transmitida oralmente de pais a filhos, e cada nova geração acrescentava-lhe detalhes novos para maior glória dos antepassados. Nem sempre é fácil conservar a linha mestra deste rosário de acontecimentos. Uma coisa, porém, nos impressiona.

A HISTÓRIA DA BÍBLIA

Os judeus daqueles primeiros tempos eram induzidos a encarar um problema hoje muito familiar aos estudiosos da história americana. Como pastores, tinham de andar sempre em procura de pastagens novas. Abraão, cujos rebanhos cresciam, deixou sua terra natal, rumando para oeste, movido por essa necessidade. Por vezes imaginou ter encontrado um pago definitivo, e vemo-lo a construir casa, a erguer muros, a abrir poços, a preparar o terreno para as plantações. Mas, ai!, sobrevinha de repente a seca e lá tinha ele de deixar tudo para atender à fome dos rebanhos.

Cada vez mais, durante a vida de Isaac, a terra de Canaã era olhada como a região definitiva dos judeus. Esse período de parada, entretanto, não durou muito. O próprio Jacó não permaneceu no mesmo ponto por longo tempo. Na sua velhice, as prolongadas estiagens haviam feito da Palestina uma zona imprópria para a vida pastoril, o que o forçou a emigrar para a África. Nesse período a falta de terras convenientes foi muito acentuada. Os judeus, porém, nunca perderam de vista a Palestina, e para ela voltaram logo que lhes foi possível.

Eis como os velhos judeus contavam essa história.

Jacó, como já vimos, casara-se com duas irmãs: Lia, da qual tivera dez filhos, e Raquel, de quem só teve dois – José e Benjamim.

Todo o seu amor ia para Raquel, e muito naturalmente amava mais aos filhos havidos de Raquel do que aos havidos de Lia; e parece que demonstrava essa predileção de modo muito claro, à mesa das refeições e em todas as circunstâncias, o que era imprudência. O saber que são preferidas sempre estraga as crianças.

José, menino excepcionalmente vivo, muito superior aos demais irmãos, tornou-se logo o pomo de discórdia da casa. Sabendo que nunca seria castigado, fizesse ou dissesse o que fosse, aproveitava-se. Certa manhã, por exemplo, declarou, ao almoço, que tivera um admirável sonho.

– Como foi? – quiseram saber os irmãos.

– Sonhei que estávamos todos fora, amarrando feixes de trigo, e que meu feixe se erguia bonito no meio do campo. Os feixes de vocês formavam círculo em redor do meu, todos de cabeça baixa. Os irmãos de José

37

não eram inteligentes, mas compreenderam o que o pequeno queria dizer com aquilo e amuaram.

Dias depois vem José com outro sonho, mas desta vez foi muito longe, a ponto de aborrecer ao próprio Jacó, o qual sempre achava muita graça em tudo quanto o menino dizia ou fazia.

– Tive outro sonho – disse José.

– Mais feixes de trigo no campo? – indagou a roda com ironia.

– Oh, não. Desta vez sonhei com estrelas. Havia onze no céu, e tanto essas estrelas como o sol e a lua curvavam-se diante de mim.

Os onze irmãos não se sentiram lisonjeados; e Jacó não gostou, a ponto de advertir o menino de que um pouco mais de modéstia não lhe ficaria mal.

Mas nem por isso deixou Jacó de animar o menino, pois logo depois lhe deu um capote muito bonito, de cores vivas, que José envergou orgulhosamente e de modo a humilhar os outros.

Não é difícil prever o desenlace.

No começo os irmãos riam-se dele. Depois entraram a revoltar-se, e a revolta passou a ódio, até que um dia, em que Jacó andava longe, o agarraram, com o capote e tudo, e o meteram à força num poço seco que havia num campo, próximo de Shechem. E puseram-se a pensar. Matá-lo seria talvez irem um pouco longe demais. Mas nenhum o queria ver novamente na casa.

Judas teve uma ideia.

Os judeus viviam próximos da estrada real que unia o Egito à Mesopotâmia e por onde constantemente passavam caravanas.

– Podemos vendê-lo – sugeriu Judas –, e depois faremos em tiras o seu capote, e o ensanguentaremos, para que nosso pai pense que foi algum tigre ou leão que o devorou. E dividiremos entre nós o dinheiro.

Nisto repontou ao longe uma caravana de midianitas em marcha de Gilead para o Egito, com carga de especiarias e mirra para os preparadores de múmias.

Dirigindo-se aos caravaneiros, os irmãos de José disseram ter um escravo à venda e, depois de alguma negociação, venderam o irmão por vinte moedas de prata. Feita a entrega, voltaram para casa, onde mentiram com perfeita unanimidade a história do leão a devorar o pobrezinho.

Por vinte anos lamentou Jacó a perda do amado filho, o qual, entretanto, prosperava grandemente nas aventuras que a história menciona.

José, como já frisamos, tinha o espírito brilhante; brilhante até demais, a ponto de às vezes lhe trazer complicações. Mas a experiência de Shechem ensinara-lhe uma boa lição, da qual se aproveitou. Aprendeu a ver mais que os outros, e a dizer só o que convinha.

Os midianitas haviam-no comprado para negócio, e tiveram logo ensejo de revendê-lo com lucro a um certo Putifar, capitão do exército egípcio.

O rapaz soube impor-se; breve se tornava o braço direito de Putifar, o seu contador, o administrador de seus bens. Infelizmente a mulher do capitão achou que aquele belo escravo de cabelos negros valia mais que o esposo, e começou a dar-lhe liberdades. José, entretanto, ciente dos perigos que corria, teimou em manter-se numa respeitosa distância.

Irritada no amor próprio, a dama se foi para o marido com queixas de que o rapaz não passava dum insolente e que tinha sérias dúvidas sobre sua honestidade como administrador. E mais coisas.

No antigo Egito um escravo era um escravo. Putifar não se deu ao trabalho de apurar a verdade das acusações. Fez a polícia prender José, embora sem mencionar os crimes de que o inculpava. Mas ainda na prisão a vivacidade do espírito de José e suas boas maneiras muito lhe valeram.

O guarda sentiu-se feliz de ter um preso em quem pudesse confiar. Deixou-o livre lá dentro. Contanto que não se aproximasse da porta, podia fazer o que quisesse – e José matava o tempo conversando com os encarcerados.

Entre estes, dois o interessaram muitíssimo. Um havia sido o principal criado do palácio real; e outro, padeiro do Faraó. Por qualquer razão haviam desagradado a Sua Majestade, ofensa muito séria num tempo em que o rei era olhado como um deus. Os egípcios tinham tal respeito pelos soberanos que nunca lhes referiam os nomes. Chamavam-lhes apenas Faraós, palavra significativa de "Casa Grande", do mesmo modo que falamos em "Casa Branca" quando nos referimos ao presidente dos Estados Unidos.

Os dois homens haviam sido serviçais da "Casa Grande" e estavam na prisão aguardando sentença. Nada tendo a fazer, matavam as horas como podiam. Uma das distrações favoritas era contarem-se mutuamente os sonhos da noite. Os povos antigos tinham em grande conta os sonhos. Homem que sabia explicá-los era homem de grande importância.

José resolveu aperfeiçoar-se na arte de decifrar os sonhos. Quando o criado ou o padeiro vinham com um, ele logo o interpretava engenhosamente.

– Eis o que vi – disse certa vez o criado. – Eu estava de pé junto a uma videira na qual subitamente três ramos surgiram, carregados de cachos maduros; espremi a uva na taça do Faraó e apresentei a taça a meu amo.

José pensou uns instantes e disse:

– Nada mais simples. Quer dizer que dentro de três dias estareis livre e reinstalado nas funções. A interpretação deixou o padeiro ansioso por uma igual saída ao seu último sonho.

– Escute o meu – disse ele –, porque também sonhei com coisas bem estranhas. Vi-me no palácio com três cestas de pão à cabeça. Súbito, certo número de aves desceu do céu e comeu-me todo aquele pão. Que quer dizer isto?

– Muito simples – respondeu José. – Quer dizer que serás enforcado dentro de três dias.

Ora, três dias depois o Faraó celebrava o seu aniversário e dava uma grande festa à gente do palácio. Lembrou-se então do padeiro e do criado metidos na prisão. Mandou que enforcassem ao primeiro e reinstalassem ao segundo em suas velhas funções.

O criado salvo sentiu-se imensamente feliz, e ao deixar o cárcere prometeu mundos e fundos ao profetizador de sua sorte. Iria falar ao Faraó e a todos os oficiais da corte sobre o caso, de modo que José recebesse justiça. Mas logo que se viu de novo no palácio, uniformizado, de pé atrás da cadeira real, pronto para encher a taça do amo, o bom criado esqueceu completamente o companheiro de prisão, e nada fez por ele.

Isso foi ruim para José, pois teve de ficar mais dois anos no cárcere, no qual morreria, se o Faraó não tivesse tido um sonho que muito o preocupou.

A HISTÓRIA DA BÍBLIA

Quando o rei sonhava, o acontecimento era da maior importância. Todo o povo debatia o assunto, cada qual procurando desvendar o mistério. O sonho do Faraó fora o seguinte: apareceram-lhe sete espigas bem granadas num mesmo pé de trigo, as quais foram subitamente devoradas por sete espigas chochas. Depois, sete vacas magras lançaram-se repentinamente sobre sete vacas gordas, que pacificamente pastavam às margens do Nilo, e engoliram-nas, sem deixar sinal.

Só isso, mas era o bastante para perturbar a paz de espírito de Sua Majestade. Ao povo de todo o reino fora pedida uma explicação, mas ninguém atinava com qualquer que satisfizesse. Foi quando o criado do rei se lembrou do judeuzinho que apodrecia no cárcere e se revelara tão hábil na interpretação de sonhos. Sugeriu ao amo que o mandasse vir. Veio José, depois de lavado, barbeado, enfeitado.

O tedioso da prisão não lhe prejudicara a vivacidade do espírito, e José tudo interpretou com a maior facilidade.

– Haverá sete anos de colheitas abundantes; são as sete espigas bem granadas saídas do mesmo pé. E haverá depois sete anos de fome, em que serão devoradas todas as reservas das boas colheitas anteriores. Vossa Majestade deve nomear um bom administrador para o controle da alimentação no país, porque grande vai ser a necessidade disso quando o período de fome começar.

O Faraó impressionou-se grandemente. As palavras do moço pareceram-lhe proféticas e sensatas. Tinha de agir sem demora. E nomeou-o ministro da agricultura.

Com o passar do tempo os poderes do novo ministro foram muito aumentados, a ponto de ao fim de sete anos o filho de Jacó ter-se tornado o verdadeiro ditador do Egito. Mostrava-se um fidelíssimo servidor do real amo. Construiu enormes celeiros e encheu-os dos trigos de reserva, à espera dos anos maus. Quando o período de carestia sobreveio, tudo estava preparado para a resistência.

Os campônios egípcios, que sempre haviam vivido na imprevidência do dia a dia, encontraram-se sem reservas, e para obterem alimento

41

eram obrigados a entregar ao Faraó primeiro suas casas, depois o gado e finalmente as terras. Ao fim dos sete anos haviam perdido tudo – e o rei ficara senhor de todas as terras da costa do Mediterrâneo até às montanhas da Lua.

Foi desse modo que se extinguiu a velha raça dos egípcios livres, sendo iniciada a fase de escravidão que durou quarenta séculos e causou mais miséria do que uma dúzia de secas. Por outro lado, à guisa de compensação, o povo conseguira salvar a vida e tornar o Egito o centro comercial do mundo. Porque a fome fora universal e só o Egito pudera neutralizar-lhe os efeitos.

A Babilônia, a Assíria e a terra de Canaã igualmente sofreram da miséria geral, da invasão dos gafanhotos e mais pestes. Morria gente de fome aos milhares. Regiões inteiras se despovoaram; crianças eram vendidas pelos pais semimortos de fome.

Também o velho Jacó, com sua tribo, muito padeceu da calamidade. Por fim, movido pelo desespero, decidiu mandar emissários ao Egito em busca de algum trigo. Só ficou em casa Benjamim. Os outros dez filhos de Jacó partiram com os jumentos carregados de sacos vazios.

Atravessaram o deserto de Sinai e afinal atingiram as margens do Nilo, onde foram presos pelos oficiais do rei e levados ao governador supremo – José.

Imediatamente José reconheceu os maldosos irmãos naquela dúzia de homens esfarrapados, mas conteve-se. Fingiu ignorar a língua judaica. Mandou que um intérprete indagasse quem eram e o que queriam.

– Somos pacíficos pastores das terras de Canaã, que viemos em busca de trigo para o nosso velho pai – foi a resposta.

– Não serão por acaso espias mandados a investigar sobre as defesas do Egito, em benefício de algum exército invasor?

Os filhos de Jacó juraram que não. Eram apenas o que haviam dito. Pertenciam a uma família de pacíficos pastores – doze irmãos localizados em Canaã, em torno do velho pai.

– E os outros dois?

A HISTÓRIA DA BÍBLIA

– Um, ai! morreu muito cedo. O outro ficou fazendo companhia ao nosso pobre pai.

José fingiu não estar convencido. Impôs-lhes que voltassem e trouxessem o último irmão como prova do que estavam dizendo. Ele, o governador do Egito, duvidava da história. Aquilo não lhe soava como a verdade.

Grandemente atrapalhados, os dez irmãos se reuniram fora da tenda de José e conversaram em língua judaica. O velho crime cometido pesava-lhes na consciência. Fora algo terrível terem vendido à caravana o irmão José. Agora iam ser forçados a trazer Benjamim. Como o velho Jacó suportaria aquilo?

Voltaram e imploraram misericórdia ao governador do Egito. Mas inutilmente. José havia ouvido a troca de impressões em língua judaica, e rejubilara-se de vê-los arrependidos. Os anos pareciam ter-lhes ensinado uma dura lição. Mas queria pô-los em prova mais severa, antes de perdoar-lhes o velho crime. E decidiu reter Simeão como refém, enquanto os outros iam buscar Benjamim.

Não foi tarefa simples. Jacó ficara abatidíssimo com a partida do último filho, mas que remédio? A fome andava intensa, e nem sequer havia trigo-semente para a próxima plantação. Benjamim foi levado para o Egito, ficando o velho pai absolutamente só.

No Egito a cena se repetiu. Foram presos mal chegaram às fronteiras, mas desta vez os oficiais se mostraram muito mais polidos. Deram-lhes aposentos e hospedagem da mais alta.

Os filhos de Jacó não gostaram daquilo. Porque, afinal de contas, não eram propriamente mendigos, sim compradores habilitados a pagar o trigo que levassem. Não queriam esmolas. Mas quando ofereceram ouro em câmbio do desejado trigo, foi-lhes dito que teriam de graça quanto quisessem e que, se insistissem em pagar, encontrariam o ouro da paga dentro dos sacos, devolvido.

Estavam os dez irmãos, à noite, sempre muito surpresos, a comentar o estranho rumo dos acontecimentos, quando ouviram alto vozeio fora, e surgiu das trevas um grupo de soldados egípcios, que os prenderam.

Ao indagarem da razão daquilo, o chefe da escolta respondeu que cumpria ordens. A taça do governador havia sido furtada e ninguém estivera na presença dele senão os viandantes judeus. Tinham, portanto, de ser revistados.

Submeteram-se ao vexame os filhos de Jacó. Um após outro tiveram de ir abrindo seus sacos de viagem – até que no de Benjamim apareceu a taça roubada.

Era absoluta a evidência. Foram, pois, levados presos à presença do governador, ao qual, no maior desespero, procuraram explicar o que era de todo inexplicável. Juraram inocência, mas José, sempre severo e de sobrecenho carregado, acusou-os de ingratidão. Por fim os acusados cederam. Abriram-se. Narraram o crime cometido contra o jovem irmão e disseram que tudo dariam para serem perdoados. José, afinal, não pôde por mais tempo ocultar os seus sentimentos – e confessou que a taça fora posta na bagagem de Benjamim por ordem sua. Em seguida, depois de dar ordem aos egípcios para deixarem o recinto, ao ver-se só desceu do trono e veio abraçar Benjamim – e aos aterrorizados irmãos apresentou-se como José, o menino vendido como escravo à caravana dos midianitas.

A estranha história propalou-se imediatamente, e foi comentada no Egito inteiro, das mais altas esferas às mais baixas. O rei mandou buscar Jacó em carruagem sua e José presenteou os irmãos com dilatadas terras na província de Goshen.

E foi assim que os judeus deixaram as terras de Canaã e se estabeleceram no Egito. Mas em seus corações permaneceram fiéis ao velho torrão natal, e quando Jacó veio a falecer, pediram licença para que seu corpo fosse enterrado na caverna de Macpelah, onde jaziam os antepassados.

Assim se fez. O próprio José acompanhou o corpo do pai até Canaã. Voltou depois ao Egito e ainda viveu longos anos, muito amado do povo para o qual sempre fora tão generoso.

OS JUDEUS NO EGITO

Os judeus eram um povo de pastores, e a vida urbana num país estrangeiro não lhes ia com o gênio. Na adaptação ao Egito perderam a independência e tornaram-se lavradores comuns, dos que trabalhavam para o rei e eram tratados como escravos.

Há cem anos não podíamos ler a língua dos onze egípcios, mas, logo que a chave dos seus hierógrifos (ou escritos sagrados) foi descoberta, defrontamo-nos com grande abundância de informações históricas, de modo que hoje não dependemos apenas do Velho Testamento para o estudo desse período.

No século XV a.C. o Egito fora conquistado por uma tribo de pastores árabes, de nome Hyksos. Pertenciam à mesma raça semita dos judeus. Logo que se senhorearam da terra ergueram nova capital, centenas de milhas distante da velha cidade de Tebas – e por quase trezentos anos permaneceram os senhores absolutos do vale do Nilo.

José veio ao Egito sob o reinado do Faraó Apepa, o último soberano da dinastia Hyksos. Depois de muitas tentativas desastrosas os egípcios conseguiram, afinal, libertar-se desses opressores. Chefiados por um rei nativo, de nome Ashmes (de Tebas), expulsaram os Hyksos e voltaram a ser os donos da terra. Isto veio dificultar a situação dos judeus, que se haviam mostrado muito amigos dos expulsos. José ocupara alta posição na corte dos Reis Pastores, e à custa do cargo muito favorecera a sua gente, com prejuízo dos naturais. Ninguém esquecia esse fato, e poucos se recordavam de que fora ele o salvador do país durante o tempo das calamidades. Os judeus eram olhados com rancor, e desprezados.

Mas para os descendentes de Abraão a longa permanência nos agradáveis vales do Nilo fora uma benção. Até então haviam sido apenas pastores, amigos da vida simples dos campos. A emigração os pusera em contacto com um povo que dava preferência à vida urbana. Conheceram o luxo, as comodidades dos palácios de Tebas, Mênfis e Sais. E breve começaram a desprezar as rudes tendas que por tantos séculos contentaram os seus antepassados. Por fim venderam os rebanhos e, abandonando as terras de Goshen, mudaram-se para as cidades.

As cidades, entretanto, já andavam superlotadas. Os recém-vindos não foram vistos com bons olhos. Eram gente que viria tirar-lhes o pão da boca.

Não tardaram os atritos entre os da terra e os judeus, atritos que continuamente se foram agravando até degenerarem em conflitos. Por fim foi dada aos judeus a escolha: ou tornavam-se egípcios ou abandonavam a terra de adoção.

Metidos naquele dilema, os judeus tentaram um acordo, como qualquer povo o faria nas mesmas circunstâncias. Foi pior. E a situação foi-se tornando intolerável de parte a parte.

A fome determinara a vinda dos irmãos de José para o Egito. Um motivo de força maior, pois, não simpatia ou afinidade. Daí a ideia do retorno a Canaã sempre vivedoura na cabeça dos seus descendentes. Mas era difícil a mudança. Trocar a fartura daquelas terras pela escassez do deserto? Além do mais, a vida urbana possui muitas amenidades amolentadoras. Os judeus mostravam-se indecisos.

Temiam as incertezas do futuro muito mais que os perigos do presente, e em consequência nada fizeram. Deixaram-se ficar nos sórdidos pardieiros das cidades egípcios.

O tempo se passava – anos, séculos – e tudo ia ficando na mesma. Um dia um grande chefe apareceu, o qual enfeixou todas as tribos judaicas numa só nação. Tirou-os dos férteis vales do Nilo, onde a vida era tão fácil, mas solapadora da fibra racial, e reconduziu-os novamente às durezas da terra de Canaã, que Abraão e Isaac consideravam a verdadeira pátria dos judeus.

Fuga à Escravidão

A situação foi-se agravando até que Moisés, um verdadeiro chefe, deliberou reconduzir os judeus à pátria tradicional.

No século XIV a.C., quando Rameses o Grande governava o Egito, as relações entre os nativos e os judeus chegaram a ponto de explosão. Ia rebentar a luta. Os bem-vindos hóspedes de algumas centenas de anos antes haviam-se degradado de todas as maneiras. Os reis do Egito eram grandes construtores de obras públicas. As pirâmides já não estavam em moda, mas havia acampamentos, quartéis e diques a serem construídos, o que determinava uma constante procura de trabalhadores. Não era trabalho bem pago; os nativos evitavam-no; tinha, pois, de ser feito pelos judeus.

Mesmo assim, grande número de judeus comerciantes conseguia manter-se nas cidades, provocando a inveja dos egípcios que não podiam superá-los em matéria comercial. Os prejudicados foram então pedir ao

Faraó o extermínio dos judeus. O soberano, entretanto, pensou em outra solução. Deu ordem para que todas as crianças judias do sexo masculino fossem mortas – um remédio simples, embora cruel. Extinguiria a raça, sem perda dos atuais operários.

Ora, aconteceu que um homem de nome Amram, esposo de Jochebed, tinha dois filhos, um de nome Aarão e uma de nome Miriam. Quando lhes nasceu um terceiro, o casal deliberou salvá-lo a todo custo. E por três meses o pequeno Moisés permaneceu na casa oculto aos olhos dos executores da lei.

Mas os vizinhos começaram a murmurar; haviam ouvido choro de criança; era impossível aos pais continuarem a conservá-lo ali. Assim pensando, Jochebed tomou-o às ocultas e foi para a margem do Nilo, onde teceu um berço de vime que, bem calafetado de barro, boiaria levando dentro a criança. E assim soltou o pequeno Moisés aos azares da sorte.

A improvisada embarcaçãozinha não navegou muito. Fraca que era a correnteza, breve o berço se enroscou nas plantas aquáticas marginais e, por sorte, num ponto em que a filha do rei costumava frequentar para banhos. Suas criadas viram o berço e pescaram-no. E mostraram a criancinha à ama. Uma criança de quatro meses já é atrativa. A filha do Faraó decidiu salvar aquela, e como nada entendesse de crianças mandou que procurassem uma ama.

Miriam, a irmãzinha de Moisés, que estivera espiando a cena, apresentou-se e disse conhecer uma ama nas condições de criar aquele menino – e correndo para casa trouxe sua própria mãe.

Que estranho fado para uma criatura condenada à morte! Enquanto seu irmão mais velho trabalhava na alvenaria, batido pelos feitores implacáveis, Moisés levava no palácio real vida principesca. Mas no fundo do coração não deixava de sentir-se judeu, e certo dia, ao ver um egípcio maltratar um indefeso velho da tribo de Abraão, não pôde deixar de intervir. Foi além. Bateu no ofensor, e com tanta violência que o matou, correndo o risco de ser executado, se seu crime fosse descoberto.

E o crime não permaneceu oculto.

Algum tempo mais tarde Moisés encontrou na rua dois judeus em disputa. Interveio, ordenando-lhes que sossegassem. Um deles mofou do anjo da paz

– Quem fez de você o nosso chefe? Quererá matar-nos, como matou ao egípcio?

As coisas correm. Breve vieram ordens do Faraó para que Moisés fosse preso e enforcado. Mas, prevenido a tempo, o acusado fugiu.

Essa fuga redundou em algo excelente para os judeus. Se houvesse ficado no Egito e escapado à forca, Moisés fatalmente acabaria nacionalizado. Em vez disso, o ex-protegido da filha do rei tornou-se um exilado pobre – um foragido à justiça oculto em terra estrangeira.

Moisés errou pelos desertos convizinhos do mar Vermelho até alcançar um poço, no momento em que as filhas de Jetro, um sacerdote por ali residente, traziam ovelhas a beber. Era costume reunirem-se nessa água os pastores da zona para dessedentar os rebanhos, e com frequência disputavam e vinham-se às mãos. Naquela noite um dos pastores tentou passar à frente das filhas de Jetro. Movido de sua natural impetuosidade, Moisés pôs-se ao lado das duas pastoras – assegurou-lhes a precedência – e em paga teve convite para ceia em casa do sacerdote.

Foi assim que se operou o encontro de Moisés com Jetro, do qual resultou virar pastor, como fora Abraão, Isaac e Jacó, seus antepassados. Veio a casar-se com Ziporah, uma das filhas do sacerdote, e passou a viver a vida simples da gente do deserto.

Na solidão daquelas areias sentiu-se predestinado a uma alta missão. Os judeus andavam transviados dos princípios norteadores da vida ancestral. Haviam esquecido a Jeová, o Deus único. Estavam perdendo a fé no futuro do clã, tão rico de inspiração para os fundadores do judaísmo. A vida luxuriosa das cidades – como também a miséria urbana – ameaçava destruir neles o sentimento da independência racial.

Moisés, reafirmado na crença do poder de Jeová, deliberou tornar-se o salvador de sua gente. Declarou-se humílimo servidor da vontade divina; e quando plenamente se convenceu da missão, e de que ouvira a própria voz do Deus a falar-lhe duma sarça em chamas, voltou ao Egito e iniciou a tarefa tremenda de mudar todo um povo dum país para outro, embora para isso tivesse de atravessar um deserto.

Outras dificuldades havia. O rei Rameses já era morto e seu sucessor Mineptah nada sabia do homicídio antigo. Esse fato permitiu a Moisés o regresso ao Egito sem embaraçar-se com a lei; mas... como levar a gente do seu sangue a ouvi-lo e atendê-lo?

A escravidão destrói a alma dos homens. Fá-los covardes. Os judeus passavam vida de escravos no Egito, mas tinham a segurança de três refeições por dia. Nada mais agradável do que falar-lhes duma gloriosa existência livre na terra dos avós, mas essas terras ficavam a centenas de milhas de distância e estavam nas mãos de povos hostis. Irem para lá significava, além de penosa e demoradíssima luta contra o deserto, nova luta com os homens quando chegassem a destino. E qual seria o resultado? Moisés não era desses homens que arrastam as multidões com o mag-netismo da palavra. Sua força estava na indômita coragem e na infinita perseverança. Impacientava-se, pois, diante da resistência dos judeus, sempre negaceantes aos seus argumentos.

Moisés deixou essa parte de catequese a cargo de Aarão e entregou-se aos estudos dos pormenores do êxodo. Corajosamente apresentou-se ao rei e pediu licença para a retirada.

Nada obteve, e o pedido resultou em maior infelicidade para os ser-vos judeus ocupados nas obras públicas; passaram a ser tratados como prisioneiros que têm a ideia de fuga na cabeça. Os feitores redobraram a fiscalização e o peso do trabalho. Antes da iniciativa de Moisés, os obreiros recebiam do governo a palha que entrava no fabrico dos tijolos; depois, tive-ram de fornecer eles mesmos esse material – e sem diminuição da produção *per capita* de tijolos. Isso redundou em aumento das horas de serviço e da indignação contra Moisés. Viera ele, com seus planos, estragar-lhes a vida. Muito melhor que se fosse de novo para o deserto e os deixasse em paz.

Moisés começou a ter ideias bem claras do extremo perigo da sua posição.

Tinha vindo acompanhado da esposa e dos filhos; mandou-os de volta para o sogro e deu-se inteiramente à tarefa de preparar a grande empresa. Reiniciou a catequese dos judeus. Procurava convencê-los de que ele era o intérprete de Jeová. Os judeus tinham de deixar aquela terra de escravidão para que a promessa feita por Deus a Abraão, de tornar Israel um grande povo, pudesse ser realizada.

O seu povo, entretanto, ouvia-o, mas resmungava, e recusava-se a uma decisão. Os longos anos de escravatura haviam quebrado a fibra e amolentado a fé dos judeus. Duvidavam do poder de Jeová. Queriam, ou preferiam, continuar escravos.

Moisés percebeu que tinha de empregar a força, mas era fraco para tamanha empreitada. E também incapaz de convencer ao Faraó. Unicamente Jeová poderia operar o milagre. E assim foi. O Deus dos judeus manifestou-se-lhe novamente, dizendo-lhe que retornasse ao rei e o ameaçasse de terríveis calamidades, caso insistisse em conservar os judeus na escravidão. E novamente Moisés e Aarão se dirigiram ao palácio do Faraó.

Nova recusa.

Aarão, então, tocou com sua vara as águas do Nilo e as águas avermelharam. Os egípcios tiveram de abrir poços para conseguir água de beber. O Faraó soube da desgraça, mas mesmo assim permaneceu irredutível na recusa.

A corrupção das águas do Nilo foi a primeira praga do Egito. Logo depois veio a segunda. Das margens paludosas começaram a sair incontáveis rãs, que invadiam as casas, se acumulavam nos poços e se tornavam uma coisa muito incômoda. Até o palácio do rei foi alcançado pela maré de rãs. O Faraó hesitou. Chamou a Moisés e pediu-lhe que afastasse a praga; se o conseguisse, daria permissão aos judeus para a salda. Moisés afastou as rãs, mas o rei não cumpriu a promessa; os judeus passaram a ser tratados ainda pior do que antes.

E sobreveio a terceira praga.

Nuvens de graúdas e desagradáveis moscas abateram-se sobre o país, carreando infeções. Começou a morrer gente.

O Faraó tentou um acordo com os judeus. Sugeriu a Moisés que os levasse para o deserto por algum tempo e lá fizessem sacrifícios ao seu deus; ao retornarem desses sacrifícios, ele lhes melhoraria a sorte.

Moisés pôs termo à peste das moscas, mas o Faraó, livre do pesadelo, não cumpriu o trato.

E veio outra vez nova praga. Todo o gado do Egito foi atacado de misteriosa e mortal doença. A carestia de carne tornou-se terrível. Mas o Faraó não cedeu.

Veio a sexta praga: chagas no corpo de todos os homens e mulheres, que os médicos não conseguiam curar.

E veio a sétima praga: chuva de pedras, destruidora das colheitas em curso. E veio a oitava: raios que incendiavam os depósitos de linho e trigo. E veio a nona praga: a nuvem de gafanhotos que devastou o país, não deixando uma só folha de árvore.

O rei amedrontou-se. Mandou vir a Moisés e prometeu deixá-lo sair com sua gente, contanto que as crianças ficassem como reféns. Moisés recusou. Ou saía com todos ou ficavam todos – e desabou sobre o Egito a décima praga: chuva de areia vinda do deserto. Durante três dias o ar turbilhonou infernalmente. Tudo permaneceu imerso na escuridão. Volta Moisés ao palácio.

– Deixarei os judeus saírem, mas hão de ficar os rebanhos, impõe o Faraó. Moisés replica que não, que só sairiam com todas as crianças e todos os bens.

E desaba uma nova praga: o filho mais velho de cada família moradora nos vales do Nilo morre, exceto entre as famílias judaicas. Aos judeus Moisés havia mandado que riscassem na porta de suas casas um sinal feito com sangue de cordeiro. Quando o Anjo da Morte (enviado por Jeová) desceu sobre o Egito, penetrou em todos os lares, exceto nos em cuja porta havia o sinal vermelho.

O Faraó compreendeu por fim que havia sido derrotado por um poder maior, e concedeu a licença pedida. Chegou mesmo a pedir a Moisés que saísse quanto antes das terras do Egito. Nesse mesmo dia as tribos de

Reuben e Levi, de Judá e Simeão e Issachar e Zebulun e Dan e Naftali e Gad e Asher o Efraim e Manassés fizeram a sua última refeição no Egito. Quando chegou a noite, puseram-se em marcha, com os seus rebanhos, rumo às planícies do Jordão.

O Faraó, entretanto, enfurecido em consequência da morte do seu filho mais velho, pensou em vingar-se. Saiu à frente do exército na cola dos fugitivos, indo alcançá-los junto ao mar Vermelho. Mas imediatamente uma nuvem (que Moisés supôs ser o próprio Jeová disfarçado) ocultou o acampamento dos judeus aos olhos dos soldados egípcios.

Ao amanhecer Moisés estendeu a mão e as águas do mar Vermelho se abriram – e a caravana passou sem perda dum só homem. Assim que a nuvem se dissipou e o Faraó viu os judeus já próximos da praia oposta, entrou também pela abertura do mar, na esperança de alcançá-los. Mas as águas se uniram e o exército egípcio, mais o rei, morreram afogados. Nenhum sobreviveu para contar a história.

Os judeus haviam alcançado o deserto. Livres, enfim! E pelo espaço de quarenta anos erraram na ardência daquelas areias.

ERRANTES NO DESERTO

Os judeus permanecem muitos anos no deserto e frequentemente perdem a esperança. Moisés levanta-lhes o ânimo com a visão da Terra Prometida. Ensina-lhes muita coisa útil, mas ao chegar ao termo da viagem morre.

Muita gente indaga por que motivo as criaturas que vivem em miseráveis mansardas urbanas insistem em nelas permanecer, em vez de emigrarem para o ar livre, para os campos abertos, onde sejam donas de si mesmas e os filhos possam desenvolver-se em saúde e força. A resposta é simples. De tal modo essas pobres criaturas acostumam-se aos cômodos citadinos, que não se sentem com ânimo de arrostar o desconhecido, as regiões desérticas onde só poderão contar consigo mesmas.

Nas cidades, inúmeras coisas são feitas para nosso benefício graças às invisíveis mãos do governo. O mais pobre cidadão tem a água que quer por meio da simples abertura duma torneira. Um emigrante recém-chegado a

Ellis Island[1] pode, se tem fome e algum níquel no bolso, chegar à mercearia próxima e adquirir certa quantidade de alimento, de primeira qualidade e adequadamente enlatado. No deserto, ou em região ainda despovoada, o pioneiro tem que levar consigo até a água. Tem que abater o animal que lhe fornece a carne. Tem que produzir as suas batatas e cereais. Ora, muita gente não sabe como se lida com isto, e prefere a penúria dos bairros miseráveis aos riscos do pioneirismo.

Os característicos básicos do animal humano raramente mudam. Os judeus de três mil anos atrás não seriam muito diferentes de nós hoje. Tinham sido desgraçados no Egito por haverem caído em escravidão cruel; estavam agora livres, mas lamuriavam. Odiavam ao deserto, às areias sem fim, ao calor, e começaram a queixar-se de Moisés. Por que os fora tirar de onde estavam para dar-lhes uma vida pior que a antiga? O chicote dos egípcios era mais suave que os horrores do deserto.

A história dos quarenta anos de peregrinação pelos ardentes areais da Arábia constitui uma infindável crônica de lamúrias e descontentamentos, e só a indomável energia de Moisés impediu os judeus, já no primeiro ano, de voltarem ao Faraó. Não obstante, haviam tido um grande momento de exaltação ao verem os soldados egípcios perecerem aos seus olhos, tragados pelo mar Vermelho.

– Que se iguala a ti, ó Jeová? – cantavam eles. – Quem em glória e poder se assemelha a ti, entre todos os deuses da terra?

Mas depois de alguns meses de marcha através das infundas areias do Sinai já não pensavam no glorioso deus; esqueceram-no, e só pediam a desistência da empresa que tanto labor lhes ia custando. Amaldiçoavam o deserto e abertamente murmuravam contra os loucos planos de Moisés. E, quando as provisões começaram a escassear, viram tudo perdido e intimaram o grande chefe:

– Ou nos dás o que comer ou arrepiaremos caminho.

Moisés, forte na sua fé, respondeu que na hora da extrema necessidade Jeová não deixaria de socorrê-los. E assim foi. Pela manhã encontraram

---

1 A ilha no porto de Nova Iorque onde desembarcam os imigrantes.

A HISTÓRIA DA BÍBLIA

as areias recobertas de brancos flocos duma massa alimentícia com a qual podiam fazer excelentes bolos adocicados. Os egípcios chamavam "manu" a essa floração do deserto, e os judeus davam-lhe o nome de "maná" e admitiram que fora Jeová quem, durante a noite, a fizera surgir para exclusivo benefício deles. Todas as manhãs faziam a colheita, exceto no Sábado, que era o domingo judaico.

Esses sinais da divina assistência modificaram por algumas semanas as disposições dos judeus. Mas só por esse tempo, porque não tardou a sobrevir a falta d'água. De novo os chefes das diferentes famílias foram pedir a Moisés o retorno ao Egito. O grande condutor, então, seguindo instruções de Jeová, bateu com sua vara num rochedo, fazendo que copiosa fonte brotasse da pedra. Todos beberam a contento e encheram pichéis e odres.

Os judeus, entretanto, ficaram à espera de nova causa para queixas – e tiveram-na. Uma feroz tribo de árabes, os amalecitas, perseguia-os de perto para lhes roubar o gado. Poderiam defender-se com armas, se o longo período de escravidão os não houvesse desacostumado do manejo das espadas e arcos. Tal fraqueza fazia-os preferirem perder algumas ovelhas e jumentos a defendê-los em batalha. Essa atitude encorajava os amalecitas, levando-os a amiudar os ataques. Moisés deliberou reagir. Chamou Josué, cuja bravura era notória e que anteriormente já dera boa conta de si em outras missões.

– Expulsai os amalecitas – ordenou-lhe.

Josué obedeceu; partiu do acampamento com um corpo de voluntários. Ao vê-lo marchar Moisés ergueu os braços na direção das tropas e enquanto os manteve nessa atitude a luta se revelou favorável aos judeus; assim, porém, que por cansaço os baixou, a sorte das armas pendeu para os amalecitas. Vendo aquilo, Aarão e Hur sustentaram-lhe os braços já sem forças na posição primitiva – e a vitória de Josué foi completa.

Logo depois a caravana alcançou as terras de Midian, onde morava o sogro de Moisés. Grande foi a alegria do ancião ao rever o parente. Houve sacrifícios a Jeová, que ele adorava como o único soberano do céu e da terra; e seu filho Hobab teve permissão para partir como guia dos judeus. Hobab tirou-os do deserto e encaminhou-os à região montanhosa convizinha ao Monte Sinai, nome vindo de Sin, a deusa asiática da lua. Mas Moisés teve a intuição de que jamais realizaria o seu propósito se não pudesse fazer a sua gente admitir Jeová como o Deus único. Abraão e Isaac sabiam que isto era verdade, mas seus descendentes tinham vivido tão longo tempo no seio dum povo adorador de tantas divindades que haviam perdido aquela convicção fundamental.

Moisés fez os judeus acamparem e fortificarem-se no sopé do Monte Sinai, e ordenou-lhes que ali ficassem à sua espera até que ele retornasse com uma mensagem divina da maior importância. E apenas acompanhado de Josué (Aarão ficara no comando) subiu ao pedregoso monte. Antes de alcançar o topo fez que Josué o deixasse só – e quarenta dias lá passou, sozinho, aguardando a manifestação divina. Quarenta dias e quarenta noites, e por todo esse tempo a montanha permaneceu oculta aos olhos dos judeus por um denso véu de nuvens.

Findo o prazo, retornou Moisés trazendo duas tábuas de pedra em que vinham os Dez Mandamentos, ou a Lei que Jeová dava aos homens.

Infelizmente os judeus haviam-se conduzido muito mal durante os quarenta dias de espera. Aarão mostrara-se um chefe sem energia. Não soube manter a disciplina do acampamento, o qual degenerou em aldeia egípcia. As mulheres despiram-se de seus ornatos de ouro e com o metal foi feito um ídolo que recordava as vacas sagradas do Nilo. E foi a dançar em torno do novo deus que Moisés encontrou o seu povo.

Aquilo o enfureceu grandemente. Já de longe ouvira os cânticos, e ao aproximar-se percebera-lhes a significação. Na sua fúria lançou ao chão as tábuas de pedra que trazia e, avançando para o ídolo de ouro, derribou-o e conclamou os fiéis à destruição da rebeldia.

Só uma das tribos judaicas, a de Levi, respondeu ao chamado. Era a mais forte. Caindo sobre as demais, os levitas mataram os negadores de Jeová e foram implacáveis contra os chefes da rebelião.

Por fim voltou a paz ao acampamento do povo judeu. Dois mil mortos jaziam por terra, com os olhos vítreos voltados para o topo do monte onde Jeová falara com o primeiro da série dos grandes profetas que experimentaram arrancar a raça humana à covardia e aos maus caminhos.

Profundamente desapontado com os acontecimentos, Moisés agiu com grande severidade. Reconheceu que aquele povo precisava de algo mais além da chefia pessoal. Fazia-se necessária uma lei escrita e também o respeito à palavra dos mais velhos. Em caso contrário a expedição degeneraria em desordem e a união do povo nunca seria alcançada.

Novamente subiu Moisés ao Sinai, e voltou como quem viu coisas ainda não vistas por homem nenhum. Seus olhos lançavam luz. Ninguém conseguia enfitá-lo. Vinha sobraçando duas novas tábuas de pedra com as mesmas leis gravadas nas que anteriormente ele mesmo destruíra no acesso de furor, ao dar com a sua gente dançando em redor do bezerro de ouro.

Eis o que estava inscrito nas pedras:

Eles não deviam reconhecer outro deus, exceto Jeová.

Não deviam fabricar ídolos ou imagens, como as usadas nas terras do Egito.

Não deviam jurar em vão o nome de Jeová.

Deviam trabalhar seis dias na semana e consagrar o sétimo à adoração de Jeová.

Deviam respeitar pai e mãe.

Não matar.

Não tomar a mulher ou marido do próximo.

Não roubar.

Não testemunhar em falso.

Não cobiçar o alheio.

E foi assim que ficaram os judeus com a sua Lei. Necessitavam agora de um lugar onde pudessem reunir-se para a adoração de Jeová, e Moisés ordenou que se construísse o tabernáculo, ou uma igreja de madeira coberta de toldo. Anos depois, quando os judeus passaram a viver em cidade, o tabernáculo foi construído de tijolos, mármore e granito, tornando-se o famoso Templo de Jerusalém.

Mas o tabernáculo tinha de ser conduzido de acordo com certas regras, mantidas por sacerdotes, e a fidelidade da tribo de Levi fez que Moisés dela tirasse o corpo sacerdotal. Daí os "levitas" que aparecem em todo o decurso da história dos judeus. Moisés ficou como uma espécie de rei sem coroa; e, de acordo com as ideias que o sogro lhe transmitira, estabeleceu que só a ele era dado apresentar-se a Jeová quando houvesse necessidade disso.

A experiência do deserto mostrou como os judeus se ressentiam da falta de autoridade hierárquica. Para sanar o inconveniente Moisés dividiu o povo em certo número de grupos definidos, à frente de cada qual colocou o mais velho. Seria o Juiz, encarregado de atender às queixas e dirimir as contendas, de modo que a paz reinasse entre os vizinhos. E só depois de estabelecida essa organização deu ordem para levantarem o acampamento.

O véu de nuvens que por um ano havia flutuado sobre a cabeça dos emigrantes, mostrando-lhes o caminho no deserto, cobria agora a Arca, ou a sagrada caixa em que vinham as tábuas dos Dez Mandamentos. Os levitas a carregavam aos ombros, como o templo móvel, e os sete mil judeus remanescentes retomaram a marcha interrompida.

Mas à proporção que se aproximavam da velha terra dos avós as perturbações recresciam. Ziporah, a esposa de Moisés, vindo a falecer, casou-se ele com uma mulher da tribo dos cushitas, a qual, aos olhos dos judeus, era estrangeira. Daí o assomo de ódio e desprezo. Em suas dificuldades Moisés não recebia apoio nem dos próprios irmãos. Dera-lhes altas funções no novo estado, mas via-os roídos pela ciumeira. Ambicionavam ainda maiores honras e reclamavam-nas. Moisés levou Aarão ao topo do monte Hor e degradou-o de todas as suas dignidades.

Por fim, quando já quase à vista das terras de Canaã, os judeus sofreram horrivelmente das serpes que infestavam a zona. Moisés fez uma grande serpente de bronze e colocou-a no alto dum espeque para que todo o povo pudesse vê-la – e depois disso a mordedura das cobras perdeu a letalidade.

Não obstante, quanto mais se aproximavam da Terra Prometida, mais agressivos se tornavam os seus desafetos. Boatos corriam sobre uma terrível tribo de homens gigantescos – os filhos de Anak, ocupantes das terras que Moisés pretendia pertencerem aos judeus.

Para pôr fim àquelas fábulas Moisés escolheu um homem de cada tribo e mandou-os à frente para uma investigação. Sem grande demora Josué (que era um factótum) e Caleb (da tribo de Judas) voltaram transportando um enorme cacho de uvas colhido num vale de nome Eschol, e contaram da grande fertilidade da terra, rica de leite e mel. Mas sem luta não poderiam ocupar tais terras.

Josué iria guiá-los na conquista.

O pânico, entretanto, empolgou as tribos judaicas. Haviam marchado e marchado e marchado. Muito haviam sofrido da fome, da sede, das serpentes, e agora o chefe queria expô-los à fúria dos hititas, dos jebusitas, dos amoritas e dos amalecitas. Era demais. E a rebelião mais uma vez explodiu.

Os mais exaltados abertamente exigiam o retorno ao Egito. Inutilmente Moisés e Aarão (que readquirira algo do seu antigo valor), e também Josué, procuraram persuadir aos judeus de que o retorno era impossível. O povo havia perdido a cabeça. Estava exausto da viajeira sem fim. Queria paz, fosse por que preço fosse.

Jeová, então, enfureceu-se; sua paciência chegara ao fim. Os judeus, disse ele, trovejando dentro do tabernáculo, viviam desobedecendo a sua vontade, e como castigo ele agora os condenava a errarem pelo deserto durante quarenta anos.

Mesmo assim alguns mais destemidos avançaram por conta própria – e foram mortos pelos amalecitas. Os demais aceitaram resignadamente o destino. Voltaram as costas à Terra Prometida e por quarenta anos erraram pelo deserto, na mesma vida de pastores que Abraão e Isaac tinham levado.

Gradualmente os filhos foram esquecendo a vida que os pais tiveram no Egito e, forçados pelas circunstâncias, deram-se de novo à vida simples do pastoreio, que fora a dos avós.

Desde o começo Moisés procurara que fosse assim, e agora sentia-se satisfeito. Sua tarefa estava concluída. Dera a Lei ao povo descendente dos filhos de Jacó e restaurara a simplicidade ancestral. Mas sentia-se muito velho e fraco. Ao ver que se aproximava a morte nomeou a Josué seu sucessor, desprezando Aarão como muito débil. Depois galgou o topo do Monte Pisgah, a leste do mar Vermelho, donde se descortinava o vale do rio Jordão. E lá morreu.

Procurando Pastagens Novas

As terras da Ásia ocidental estavam imemorialmente ocupadas; os judeus lutam muitas guerras a fim de se apropriarem do território necessário à sua vida como nação.

E começou para os judeus a grande guerra de conquista do espaço vital. Aquele punhado de tímidas criaturas, que uma geração antes se libertara da escravização aos egípcios, formava agora um formidável exército de quarenta mil homens. Por grande distância o clarão de seus fogos era visto brilhar nas trevas da noite. Não admira, pois, que as tribos ocupantes do outro lado do Jordão se apavorassem e se aprestassem para a luta. Mas Josué, sucessor de Moisés na chefia das forças judaicas, era um capitão prudente. Nada deixava ao acaso, e antes de atravessar o rio formulou cuidadosamente os planos de ataque.

A HISTÓRIA DA BÍBLIA

Havia estabelecido o quartel general na aldeia de Shitin, de onde mandou para as terras de Canaã dois investigadores. Esses espiões encaminharam-se para a cidade de Jericó, onde passaram um dia estudando a resistência dos muros e a mentalidade dos seus defensores. Sobrevindo a noite, foram à casa duma mulher de nome Rahab, pouco atenta na escolha de amigos, a qual os albergou sem fazer perguntas.

A presença na cidade dos dois estrangeiros, entretanto, foi notada e comunicada às autoridades. A polícia pôs-se-lhes na cola. Desconfiaram de Rahab, cuja reputação não era boa, e antes de qualquer medida deram busca em sua casa. A mulher, porém, revelou-se mais firme do que era de esperar. Ao pressentir a polícia, precipitadamente ocultou os dois judeus sob um monte de fibras de linho no teto da residência; e como o teto das casas era comumente usado como terreiro de seca daquela fibra, os perquiridores de nada desconfiaram. Finda a busca os soldados retiraram-se; e como em outros pontos também nada encontrassem, concluíram ser sem fundamento a denúncia recebida. Recolheram-se ao quartel e a cidade recaiu na paz.

Rahab voltou ao teto. Levava nas mãos uma corda feita de cânhamo novo – uma corda vermelha.

– Com esta corda – disse ela aos seus involuntários prisioneiros – podereis descer para a rua, e a fuga será fácil, porque a estas horas os muros estão desguarnecidos. Depois de sairdes da cidade encaminhai-vos para os montes e esperai um bom ensejo para atravessardes o rio. Mas lembrai-vos de uma coisa: que eu vos salvei a vida. Quando a vossa gente tomar Jericó (como certamente há de tomar), espero que os vencedores me poupem, a mim, à minha família e aos meus amigos. Estamos fazendo um trato.

Está claro que os espiões tudo prometeram, e pediram a Rahab que deixasse aquela corda presa à janela, quando as tropas de Josué penetrassem na cidade seria um sinal respeitado pelos invasores.

A combinação pareceu boa a Rahab. Os espiões desceram do teto pela corda, que lá ficou pendente. Como conseguiram sair da cidade é coisa que não sabemos. Só foram vistos quando já do outro lado – mas correram a esconder-se nos montes, onde passaram três dias à espera duma boa oportunidade para vadear o rio. O resto não ofereceu dificuldades, de modo que puderam alcançar o acampamento e dar as informações recolhidas.

Quando Josué soube do abatimento de ânimo da população de Jericó, resolveu precipitar o assalto tão depressa suas forças cruzassem o rio.

Foi fácil a passagem. Assim que os sacerdotes carregadores da Arca, e que sempre a levavam à frente do exército, chegaram à margem do Jordão, as águas pararam de correr. Os sacerdotes mantiveram-na em posição no meio do leito do rio até que todos os soldados o atravessassem, feito o que as águas de novo se fecharam e tudo ficou como antes. Os judeus haviam pisado, finalmente, a terra que pertencera aos seus antepassados.

Depois de breve marcha o exército acampou perto da aldeia de Gilgal. Era o dia da Páscoa.

Muita coisa tinha acontecido naqueles quarenta anos, depois da passagem do mar Vermelho – muita coisa de que render graças à divindade. Mas muito ainda restava a realizar-se. Para além dos campos onde os soldados comemoravam a Páscoa jazia Jericó, cidade fortificada. Conquistá-la sem um prolongado assédio parecia feito impossível. Josué convenceu-se de que não podia confiar apenas nas forças de que dispunha – e orou. Pediu a ajuda divina. E Jeová enviou-lhe um anjo com instruções.

Em seguida, pela manhã de seis dias consecutivos, o exército judeu desfilou lenta e solenemente em redor dos muros de Jericó. À frente seguiam sete sacerdotes com a Arca aos ombros, a tocarem trombetas de chifre de veado. No sétimo dia deram sete voltas às muralhas e subitamente pararam. Os sacerdotes sopraram as trombetas até que as veias do pescoço ficassem prestes a rebentar, e os soldados ergueram louvores à divindade. Nesse momento Jeová cumpriu a promessa: as muralhas de Jericó desfizeram-se como a neve que o sol primaveril desfaz.

Estava a poderosa cidade à mercê dos judeus, os quais mataram todos os seus habitantes, homens, mulheres e crianças, e ainda as vacas e os carneiros e os cães – tudo quanto respirava, exceto Rahab e seus amigos. Depois de tomarem posse da cidade, os vencedores prepararam-se para a próxima campanha, certos de que toda a região entre Jericó e o Mediterrâneo não ofereceria resistência.

Mas, ai!, nem tudo correu a contento no exército de Josué, e a expedição que começara tão bem viu-se ameaçada de desastre.

Antes do ataque o general dera suas últimas instruções, entre as quais a proibição do saque. Tudo devia ser levado ao tabernáculo.

A maioria dos homens obedeceu às instruções, mas um de nome Achan, da tribo de Judá, furtou algumas centenas de moedas de ouro e prata, e alguma roupa, que escondeu no chão de sua tenda. Sem de nada desconfiar, Josué prosseguiu em sua marcha guerreira, plenamente confiante na proteção divina. Mas a população de Ai, que ia ser atacada, embora temente das horríveis coisas sucedidas aos seus vizinhos de Jericó, não se rendeu. Logo que foi iniciado o ataque fizeram uma sortida contra os invasores e forçaram-nos à retirada, com severas perdas.

Josué compreendeu que tinha havido mau comportamento por parte de algum elemento de suas forças. Reunindo os sobreviventes, disse-lhes do que suspeitava. O culpado ou os culpados que se acusassem, para que os demais pudessem ser salvos. Achan, entretanto, não se acusou; esperou salvar-se por meio do silêncio.

Vendo que ninguém se acusava, Josué decidiu apanhar o criminoso por meio da sorte, a qual indicou o mesmo Achan. Forçado a contar o que fizera, desmascarou-se, afinal – e os objetos roubados foram apreendidos e lançados ao fogo. O castigo do ladrão foi a morte.

Por muito tempo depois disso um amontoado de pedras no vale de Achor recordou aos passantes o destino do primeiro soldado judeu que se atrevera a desobedecer às ordens de Jeová.

Josué recolheu as tropas e firmou planos para novo ataque. Dividiu o exército em dois grupos. Ocultou durante a noite trinta mil homens nos montes de Bethel, perto de Ai, e depois ainda acresceu essa força de mais cinco mil. E com os restantes marchou intrepidamente contra Ai.

Quando os de Ai viram a atacá-los um tão pequeno número de inimigos, julgou que era tudo quanto restava das forças dias antes repelidas, e riram-se alto, e deixaram seus abrigos de defesa para receber os judeus em campo aberto.

Josué não os deixou chegar: fugiu na direção dos montes, levando atrás de si a onda de inimigos tomados da fúria de perseguição. E assim até a uma garganta nas montanhas, onde de súbito parou e deu sinal ao grosso do exército emboscado. Os perseguidores viram a situação inverter-se: passaram a perseguidos. Estavam cercados, com a retirada cortada, e pois inteiramente nas mãos dos judeus. Em poucas horas foram destruídos. Nada mais fácil, depois disso, do que a ocupação de Ai.

A sorte de sua população foi a mesma da de Jericó. Foi toda chacinada, e a cidade incendiada. Naquela noite um clarão vermelho no céu de Canaã disse pela segunda vez da chegada do vitorioso povo invasor, que se proclamava dono de tais terras e se mostrava impiedoso para quem lhe resistia à vontade.

Apavoradas com a sorte de Jerico e Ai, outras cidades canaanitas procuram escapar à destruição por meio de estratagemas. Uma delas quase o conseguiu: a cidade de Gibeon.

– Os judeus – argumentavam os gibeonitas – vieram estabelecer-se aqui definitivamente. São poderosos. Não podemos resistir-lhes. Temos de entrar em acordo. Ora, se os fizermos crer que a nossa cidade fica a mil milhas do ponto em que eles se acham, e se eles acreditarem nisso, aceitarão as nossas propostas de paz, o que não fariam se soubessem que somos vizinhos próximos.

O raciocínio era hábil. Uma delegação de Gibeon apresentou-se no acampamento judeu, pedindo para ser levada à tenda de Josué.

As pessoas que a compunham davam demonstração de estarem no último grau de exaustão, cobertas de pó, com todas as marcas de longuíssima, extenuante viagem. Oh, como lhes custara chegar até ali!

Josué deu crédito à história. Perguntou-lhes de onde vinham e soube que eram de Gibeon, uma cidade tão remota que a delegação se havia reduzido àquele triste estado; por pouco não tinha perecido em caminho. Disseram-lhe que a cidade de Gibeon queria viver em paz com os judeus, coisa fácil, dada a distância que os separava.

Tudo pareceu muito razoável a Josué, e o tratado foi concluído. Logo depois, entretanto, descobriu ele que Gibeon era uma cidade vizinha e sua fúria foi grande; mas como havia dado a palavra, teve de comedir-se. Limitou-se a escravizá-los. Os gibeonitas tornaram-se lenhadores e carregadores de água dos vencedores, sem direito a salário nenhum. Triste fado foi esse, mas o pior ainda estava por vir, quando as outras tribos canaanitas souberam dos acontecimentos.

Eram tribos de homens valentes e dispostos a lutar até o fim. Jericó e Ai haviam sido capturadas, e mais uma cidade importante se rendera sem disparar uma seta. A força das tribos ia-se enfraquecendo. As restantes tinham de redobrar de ardor.

Sob a chefia de Adoni Zedec, rei de Jerusalém, cinco outros reis firmaram uma aliança defensiva contra os judeus e os que a eles se submetessem. Reuniram um exército e marcharam contra Gibeon, para puni-la da deserção.

Os gibeonitas, diante da ameaça, mandaram mensageiros a Josué pedindo socorro.

Josué teve a intuição de que ia travar-se uma batalha decisiva, e em marcha forçada chegou e colheu de surpresa o exército dos aliados. Não houve combate. Apenas fuga desapoderada, e os cinco reis esconderam-se numa caverna, na esperança de que os judeus, empenhados na perseguição dos fugitivos, não se lembrassem deles.

Mas foram descobertos, e com enormes pedras amontoadas à porta da caverna lá ficaram prisioneiros, à espera do fim da perseguição. Depois de tudo concluído viria o ajuste de contas.

Mas em certo ponto o exército em fuga conseguiu recompor-se e reagir.

Ofereceu resistência desesperada. Se conseguisse manter essa resistência até à noite, poderia retirar-se oculto nas trevas.

Mas Josué necessitava da vitória com urgência, pois do contrário tudo poderia estar perdido. E de novo apelou para a divindade. Jeová atendeu-o. Fez que o sol parasse sobre Gibeon e a lua sobre o vale de Ajalon. Desse modo os judeus teriam o dia prolongado por mais doze horas.

Josué prosseguiu no ataque, e quando o sol retomou o seu curso estava senhor de toda a terra disputada.

Isso, porém, não contentou os judeus. Voltaram à caverna onde haviam encarcerado os cinco reis – o rei de Jerusalém, o rei de Hebron, o rei de Lachish, o rei de Eglon e o rei de Jarmuth – e mataram-nos, para escarmento dos restantes chefes das terras em conquista, os quais somavam trinta e tantos. A precaução foi efetiva. Todos se renderam a Josué, incondicionalmente.

E Josué, então, repousou sobre os louros da vitória.

Em Shiloh, situada a meio caminho entre Shechem e Gilgal, construiu um tabernáculo, com a intenção de fazer dessa cidade o centro espiritual dos judeus. Quanto ao território conquistado, dividiu-o entre as tribos que com ele padeceram as durezas do deserto, e desse modo, afinal, conseguiram eles a sua tão ambicionada pátria.

Depois de vários séculos de vida no Egito e da interminável peregrinação pelo deserto, puderam os judeus retomar a vida simples dos antepassados, como Moisés havia decidido. Voltaram a ser pastores. Cada homem possuía um pequeno pedaço de terra; e cada família, uma casa própria que era o seu castelo. As antigas tribos dispersas, agora reunidas numa forte nação, tinham um ideal comum – a adoração de Jeová, o Soberano Senhor da Terra e dos Céus, a divindade que as tirara da escravidão para levá-las ao ponto de independência e poder em que se viam.

A CONQUISTA DE CANAÃ

Chefiada por homens enérgicos, uma nação judaica finalmente se formou na terra dos canaanitas.

A terra fora conquistada, com os seus habitantes mortos ou reduzidos à escravidão. Mas muito ainda restava a ser feito para que os judeus fossem realmente os reconhecidos senhores de toda a Palestina – nome que damos hoje àquela região.

Josué morrera na paz da velhice e fora enterrado com grande solenidade. Não pareceu necessário darem-lhe imediato sucessor. Para que comandante supremo, se já não estavam em guerra? O sumo sacerdote em Shiloh interpretaria as leis de Jeová sempre que fosse mister. Ademais, a eleição dum novo cabo militar viria despertar velhas rivalidades entre as famílias de maior proeminência. Já houvera muita luta. O povo estava cansado de militarismo. Queria sossego. Ansiava por trabalhar.

Mas em breve se tornou patente que uma nação nova, como a dos judeus, rodeada de inimigos, não sobreviveria se não se mantivesse alerta na defesa e sob a direção dum bom chefe.

Os reizinhos de Canaã haviam sido um brinquedo para as bem treinadas tropas de Josué. Para além das fronteiras, entretanto, viviam os poderosos senhores do vale da Mesopotâmia, um dos quais, o rei da Babilônia, tornou-se desde o começo uma séria ameaça para a jovem nação israelita.

Quando marcharam contra Canaã e conquistaram diversos distritos, os judeus tiveram de reconsiderar algumas decisões anteriormente tomadas. Não iriam transformar-se num reino ao molde dos existentes, mas tacitamente aceitaram o governo absoluto de um "juiz". (Depois de dois ou três séculos o poder dos juízes foi muito aumentado, e evoluiu para realeza, como veremos nos capítulos seguintes).

O primeiro juiz escolhido foi um certo Otoniel, sob cuja chefia a cidade de Kirjath-Sepher, a capital dos gigantescos anakins, foi tomada. Uma geração antes haviam esses anakins assustado os judeus com a sua estatura e força, mas acabaram vencidos – mortos ou reduzidos à escravidão. Otoniel ainda se notabilizou por um fato: casar-se com a filha daquele Caleb que quarenta anos antes tinha vindo com Josué à terra de Eschol, em missão de espionagem, por ordem de Moisés.

Otoniel conseguiu expelir do território judeu as tropas da Babilônia e depois disso governou a nação como um rei não coroado, por quase trinta anos. Vindo a falecer, os judeus recaíram no velho hábito da indiferença. Começaram a casar-se com as filhas dos vizinhos pagãos ou dos antigos canaanitas subjugados – e os rebentos desses consórcios aprendiam a língua e adoravam os deuses de suas mães. Iam os judeus esquecendo que fora Jeová o seu farol nos tempos de infortúnio, e que sem ele a atual nação jamais passaria de humilde tribo semita, inteiramente à mercê de vizinhos mais poderosos.

Em consequência, breve perderam o sentimento do destino comum – a ideia central de Moisés. Deram de disputar entre si, de se desagregarem

A HISTÓRIA DA BÍBLIA

pela discórdia – e o fato não tardou a chegar ao conhecimento dos vizinhos; o povo de Moab e Amon juntaram-se aos amalecitas para a retomada das terras que Josué lhes havia tirado. Os exércitos judeus foram batidos e o povo caiu na escravidão por quase vinte anos. Durante esse tempo os judeus tiveram como soberano a Eglon, o rei de Moab.

Foi um certo Ehud, da tribo de Benjamim, quem os libertou. O fato de ser canhoto deu a Ehud uma imprevista vantagem. Trazia habitualmente a adaga do lado esquerdo – quando o regular é virem as adagas do lado direito.

Ehud fora admitido à presença do rei Eglon, cujos guardas, nada lhe vendo do lado direito, supuseram-no desarmado. Alegou que tinha informações importantes a dar ao rei e para isso necessitava conferenciar com ele sozinho. Desconfiado, como todos os tiranos orientais, Eglon imaginou logo tratar-se de denúncia duma rebelião iminente – e ficou só com Ehud, o qual, sem vacilação, sacou da adaga e avançou. Eglon fez um supremo esforço para defender-se. Agiu tarde. A arma do judeu varou-lhe o coração.

A morte de Eglon foi o sinal do grande levante contra os moabitas, os quais acabaram dominados. Como prêmio aos seus serviços os judeus elegeram Ehud Juiz de Israel, e por mais algum tempo gozaram de relativa paz e independência.

Em rápida sucessão os juízes foram-se seguindo um ao outro. Eram em regra os homens de caráter mais forte e que mais se notabilizavam na luta nas fronteiras. Se fossem homens daquele tempo, estou certo de que o capitão John Smith e Daniel Boone teriam sido juízes do povo de Israel.

Infortunadamente a guerra fronteiriça torna-se às vezes extremamente brutal. Sempre que os filisteus queimavam uma aldeia judaica vinha logo severa retaliação: duas aldeias dos filisteus igualmente incendiadas. E os filisteus achavam-se no dever de queimar três aldeias judaica. E vinha logo a réplica de Israel – quatro aldeias de filisteus queimadas. A cadeia progressiva não tinha fim.

Mas quase todas as nações que começam passam por essas fases de sangueira e agonia. Não é, pois, ajuizado inculpar aos judeus coisas que são

71

tipicamente humanas e ocorrem em todas as raças e em todos os tempos, sempre que as circunstâncias se mostram as mesmas. Nós conhecemos a história dos judeus mais a fundo que a dos babilônios e assírios ou hititas. Sabemos o que os judeus fizeram e não sabemos o que fizeram esses outros povos; mas a equidade nos manda crer que todos se equivaliam. Os judeus não eram melhores nem piores que os seus vizinhos.

Mas, voltando à história, a guerra nas fronteiras tornou-se extremamente cruel; até as mulheres foram chamadas a participar da luta. As pequenas cidades canaanitas já não constituíam ameaça para Israel.

Uma a uma haviam sido conquistadas ou destruídas. Restava, porém, um inimigo duro de vencer, perigoso e ameaçador como sempre – a Filistia.

Muito veremos o nome dos filisteus nas páginas que se seguem.

Ao contrário dos judeus e de outros povos da Ásia ocidental, não pertenciam à raça semita. Eram homens que haviam deixado a ilha de Creta depois da destruição de Cnosso, a famosa cidade que durante quase mil anos fora o centro do mundo civilizado. Como, por que e por quem foi esta cidade destruída, não o sabemos.

Os sobreviventes escaparam por via marítima e tentaram estabelecer--se no delta do Nilo. Foram repelidos. Impossibilitados de se fixarem no Egito, navegaram rumo oeste e em território asiático ocuparam a estreita faixa sita entre o Mediterrâneo e as montanhas da Judeia, justamente a que depois foi conquistada por Josué.

Era natural que esse povo desejasse a posse das terras que iam até o Jordão, como também era natural que os judeus quisessem saída para o mar. Esse conflito de interesses determinou o contínuo estado de guerra que se estabeleceu entre Israel e os habitantes da Filistia, Filistina ou Palestina, como dizemos hoje. Mas a gente originária de Creta era muito mais adiantada que os seus vizinhos asiáticos, tanto nas artes da paz como nas da guerra, e nunca os rudes judeus puderam dominá-la.

Muitas das mais famosas batalhas do Velho Testamento ocorreram durante os oito séculos de atrito entre os dois disputantes das costas do

A HISTÓRIA DA BÍBLIA

Mediterrâneo, e em regra os antigos cretenses, com seus escudos de cobre e suas espadas de ferro, e seus carros de guerra encouraçados (espécie de tanque antigo), derrotavam os judeus. Armados de escudos de madeira e de setas com ponta de sílex, só ocasionalmente estes se salvavam da derrota.

Em certo momento, entretanto, em que animados pela fé em Jeová os judeus lutaram como nunca, a vitória lhes sorriu. Foi no tempo da profetisa Débora.

Shamgar, Juiz de Israel, havia falecido, e os soldados do rei Jabin atravessaram a fronteira, roubando gado, matando homens, raptando mulheres e crianças. O ataque pedia vingança. Mas quem chefiaria os judeus?

Os exércitos de Jabon eram comandados por um estrangeiro de nome Sisara, provavelmente um egípcio que viera aventurar no norte. Como a maioria dos soldados profissionais, Sisara era bem versado nas mais novas táticas de guerra. Entre as novidades apresentou um corpo de carros encouraçados que penetravam nas fileiras de Israel com a facilidade com que a faca penetra na manteiga. Dizem que Sisara não possuía menos de novecentos de tais carros, número provavelmente exagerado; mas não há dúvida que o general egípcio era bastante forte para ameaçar de extermínio a jovem nação judaica – e o terror entre os judeus foi grande.

Aconteceu, entretanto, que perto da cidade de Betel vivia uma mulher de nome Débora, dotada do estranho dom que fez de José um magnata egípcio – previsão do futuro. De toda parte vinha gente em busca do seu conselho antes de empenhar-se em guerra, fazer um negócio ou casar-se.

Os judeus também foram consultá-la sobre o que deviam fazer, e como Débora fosse mulher de coragem não os aconselhou à rendição; ao contrário, intimou-os à resistência. Em seguida mandou recado a um homem de nome Barak, da tribo de Naftali, para que viesse vê-la. Esse homem tinha fama de bom soldado. Mas quando Débora lhe sugeriu que marchasse intrepidamente contra Sisara, ele hesitou. Será um desastre, disse. Nossas tropas não podem resistir aos carros de assalto dessa gente.

Débora respondeu que Jeová estaria com os judeus logo que eles tomassem a ofensiva, e que os tornaria invisíveis; mesmo assim a visão dos novecentos carros encouraçados apavorava Barak de tal modo que ele acabou declinando da honra de ser o general dos judeus.

Desesperada, Débora ofereceu-se para acompanhá-lo, se isto lhe aumentasse a coragem, e ao mesmo tempo advertiu-o de que a glória do triunfo iminente não caberia a um homem, sim a uma mulher. Barak, afinal, cedeu e saiu a campo com os soldados até então a seguro na fortaleza do monte Tabor.

Sisara, que havia estendido os seus carros de assalto nas planuras de Jezreel, lançou-os contra os judeus quando os viu descerem das montanhas. Mas Jeová estava com os atacantes. Muito lutaram as forças de Jabon, sem que pudessem evitar a catástrofe. Poucos escaparam à morte. Sisara foi obrigado a abandonar o seu carro de guerra e salvar a vida na fuga a pé. Desafeito a esse gênero de exercício, breve se sentiu tão cansado que entrou numa casinha de beira de estrada e pediu comida.

Era a casa de Heber, o quenita.

Heber estava ausente; foi sua esposa Jael quem recebeu o fugitivo.

Dele soube da batalha e logo desconfiou que aquele homem fosse o próprio Sisara, porque se denunciava como estrangeiro, trazia elmo de ouro e falava no tom autoritário comum aos afeitos ao mando. Jael serviu--o no que pôde, deu-lhe de comer e de beber e como o visse exausto ofereceu-lhe cama – tapetes estendidos no chão. Que dormisse, que ela velaria e o despertaria à aproximação dos judeus.

Dando crédito às suas palavras, Sisara adormeceu profundamente.

Jael, então, tomou dum espeto e cravou-o fundo num dos olhos do general egípcio, matando-o; e correu em seguida ao encontro dos soldados de Barak para anunciar o que fizera.

E assim acabou a luta. Jabon, sem general que substituísse Sisara, foi obrigado a fazer as pazes com os judeus, os quais, orgulhosos dos feitos de Débora e Jael, cumularam-nas de grandes honras.

Infortunadamente, esses períodos de paz exerciam mau efeito sobre o moral dos judeus. A adoração de Jeová, como fora prescrita por Moisés, exigia permanente vigilância, mas só nos momentos de apuros os judeus se lembravam da divindade. Quando tudo corria bem, o de que cuidavam era de viverem materialmente da melhor maneira possível. Assim, todas as histórias que chegaram até nós, a partir da derrota de Sisara, mostram-nos como o grande Deus adorado na dura peregrinação pelo deserto ficava esquecido, e como sua lei era desprezada pelas gerações novas, que só queriam comer, beber, e divertir-se, sem nenhum pensamento consagrado ao dia de amanhã.

Há, por exemplo, o desagradável caso de Micah, filho único duma rica viúva de Efraim. Micah roubara dinheiro de sua mãe, a qual, ao descobri-lo, não só lhe perdoou o crime como ainda mandou que a prata e o ouro roubados fossem derretidos e modelados numa imagem, que deu de presente ao amado menino.

Micah muito apreciou aquele reluzente brinquedo, e construiu em casa um pequeno tabernáculo para abrigá-lo; depois arranjou elementos da tribo de Levi (os hereditários guardadores dos tabernáculos) para que funcionassem como sacerdotes e oficiassem aquele ídolo; desse modo o rapaz não precisava sair de casa para fazer suas orações na igreja.

Ora, isto ofendia horrivelmente às velhas leis reveladas por Moisés e também impressionava mal ao povo, apesar da pouca religiosidade que por esse tempo os judeus começavam a mostrar. Micah, entretanto, era rico, e os ricos em geral vivem como querem.

Um dia a casa de Micah foi invadida por gente da tribo de Dan, que andava de viagem em procura de pastaria fresca para o gado. Roubam o ídolo de ouro e prata e levam-no para a sua aldeia. Os falsos levitas de Micah correm atrás a oferecerem-se aos novos donos do ídolo.

Jeová ressente-se daquilo, e para punição lança os medianitas contra o povo de Israel. Cada verão, com grande regularidade, os medianitas invadem-lhe as terras e roubam os cereais que podem. Tal terror espalham entre as aldeias judaicas que seus habitantes fogem para as montanhas assim que os medianitas aparecem – e muitas vezes deixavam-se ficar nas montanhas até à vinda do inverno. Por fim nem mais puderam fazer as colheitas – e a fome começou a assolar o país.

Unicamente um aqui e outro ali, os homens de fibra forte ainda continuavam a cultivar os campos, e entre esses um certo Joaz, pai de Gedeão. Mas o próprio Joaz não era dos mais fiéis à lei de Jeová; também adorava os velhos deuses locais, caros às tribos dominadas pelos judeus. Já seu filho, que também possuía os dons divinatórios de Débora e José, mantinha-se fiel à tradição israelita.

Quando Joaz erigiu um altar a Baal, o jovem Gedeão, animado por um sonho em que um anjo havia feito uma pedra devorar o alimento sobre ela colocado, ergueu-se de noite, deitou por terra o ídolo e o substituiu por um altar a Jeová.

De manhã, quando o povo da aldeia viu reduzido a pedaços o ídolo de Baal e descobriu o autor da profanação, correu à casa de Joaz para exigir o castigo do delinquente.

Mas era Joaz homem de bom senso. Respondeu que se Baal fosse realmente poderoso, como o povo dizia, certo que houvera morto Gedeão quanto este o atacou. E como Gedeão continuava vivo... O povo esperou. Viu que apesar do sacrilégio nada acontecia a Gedeão, e foi mudando de pensar – e acabou transformando o moço num herói, com o nome de Jerub-Baal – ou o destruidor do altar de Baal. Sua fama espalhou-se pelas cidades vizinhas.

Quando, por fim, os medianitas se excederam no ataque aos judeus, viram-se estes metidos num dilema: ou tomarem a ofensiva ou desaparecerem.

Gedeão foi muito naturalmente escolhido como o chefe. Tratou logo de reunir homens e discipliná-los militarmente para o início duma ofensiva. O espírito de suas tropas, entretanto, era mau. Os judeus não se sentiam interessados na guerra. A paz os amolecera. Todos queriam retornar às montanhas. Preferiam a miséria nas covancas às duras exigências da vida militar.

Certa vez em que Gedeão perguntou-lhes se queriam voltar para casa, a maioria respondeu em uníssono:

– Sim, e o mais depressa possível.

Gedeão deixou que os descontentes se fossem, ficando apenas com os que se mostravam fortes – alguns milhares. Mas, nem nestes confiando, recorreu a Jeová – pediu-lhe que desse um sinal da sua aprovação. E colocou um pouco de lã fora da tenda, no chão, a ver o que acontecia. De manhã, ao recolhê-la, viu que estava orvalhada, ao passo que a erva em redor se mostrava completamente seca. A significação daquilo era que Jeová estaria com Gedeão nas batalhas em perspectiva – e os aprestos começaram.

Gedeão tomou seus homens para uma longa marcha, e quando os viu bem cansados levou-os ao rio. Unicamente trezentos (dum total de alguns milhares) se revelaram bastante experientes da guerra para beber água do rio sem tirar os olhos da margem oposta – bebiam levando com as mãos a água à boca. Os outros inclinavam-se para ela, como fazem tantos animais, e bebiam à moda deles, mantendo-se por esse tempo sem defesa. Gedeão separou os trezentos e desmobilizou os demais. Iriam atrapalhar, em vez de colaborar na próxima campanha.

Esses trezentos receberam as necessárias instruções, e cada qual se armou duma buzina e dum archote oculto num recipiente de barro, de modo que a luz ficasse escondida.

Lá pelo meio da noite esses homens lançaram-se contra os medianitas, e ao se aproximarem, de corrida, quebraram subitamente os recipientes ocultadores dos archotes acesos; o subitâneo aparecimento de tantas luzes desnorteou os adversários. Sobreveio o pânico. Fugiram os medianitas. Milhares de mortos e feridos ficaram no campo de batalha.

Gedeão foi reconhecido Juiz dos Judeus, e por muitos anos governou-os como rei não coroado. Depois de sua morte sobrevieram novas perturbações. Gedeão casara-se diversas vezes e deixara numerosa família, de modo que mal terminaram as cerimônias do enterro a briga pela sucessão começou. Um de seus filhos, Abimelec, era muito ambicioso. Queria ser rei de todos os judeus e alegava possuir todas as qualificações. Mas criaturas assim raro são tidas em boa conta pelos que mais as conhecem. Abimelec deixou sua casa e foi à vila de Shechem, de onde procedia a gente de sua mãe, e começou a conspirar pelo trono. Não dispunha de recursos, mas os shechemitas, aos quais fez ver as vantagens da sua ascensão, concederam-lhe um empréstimo; ficou assim o ambicioso jovem habilitado a contratar assassinos profissionais que o desembaraçassem dos irmãos.

Numa mesma noite todos os filhos de Gedeão foram assassinados, com exceção apenas do mais novo, de nome Jotham, o qual conseguiu fugir e ocultar-se nas montanhas. E pelo povo de Shechem Abimelec foi aclamado rei.

Durante quatro anos conseguiu manter-se, e ajudado de Zebul, seu general, forçou várias outras cidades a lhe reconhecerem o governo. Mas a intervalos o foragido Jotham aparecia, ora num ponto ora noutro, para denunciar a maldade do irmão. Abimelec, porém, não se incomodava. Jotham nada possuía de seu, nem tinha seguidores. Suas violentas denúncias não passavam de palavras ao vento. Apenas divertiam as multidões.

A glória de Shechem, entretanto, não durou muito tempo. Além de mau, Abimelec era estúpido. Não tardou a descontentar seus partidários, até que um homem de nome Gaal provocou um levante. Na luta que se seguiu Abimelec e Zebul saíram vencedores. Gaal e os companheiros tiveram de abrigar-se numa alta torre de pedra que Abimelec, não podendo tomar, incendiou. Todos lá dentro morreram queimados.

Alguns anos depois novo levante ocorreu na cidade de Thebez, e novamente Abimelec derrotou os rebeldes e os enfeixou numa torre. Ia incendiá-la, para assá-los vivos, como fizera aos de Shechem; mas ao avançar ele próprio com o archote que poria fogo à pira humana, do alto da torre veio uma pedra, deixada cair por uma mulher – pedra que o apanhou e lhe quebrou a espinha. E para não morrer em consequência do ato duma mulher, o vaidoso louco pediu aos soldados que o acabassem depressa.

Por algum tempo cessaram os esforços para manter as tribos de Israel reunidas num reino, mas os atritos nas fronteiras tornavam-se mais frequentes do que nunca. Os medianitas pareciam prestes a conquistar todas as terras lado a lado do Jordão. E anos depois os amonitas atacaram. Queimaram tantas cidades que os judeus resolveram pôr de banda as dissenções e enfrentarem o inimigo comum. E escolheram a Jefté, da tribo de

Manassés, como o comandante supremo. Foram felizes. A fidelidade de Jefté a Jeová permitiu-lhe abater o poder de Amon.

Mas até nos momentos de vitória as velhas brigas tribais ressurgiam com terrível amargor. Alguns soldados acusaram a outros, da tribo de Efraim, de negligência no cumprimento dos deveres. Esses efraimitas, que haviam chegado ao campo de batalha no momento em que o inimigo começava a retirar-se, alegaram ter chegado tarde por não lhes ter sido possível virem mais cedo; vinham do outro lado do rio: a distância era grande. Jefté, tipo de fanático, não aceitou as escusas. Considerou-os como traidores.

Em vista disso mandou guardar todas as passagens do rio Jordão e fechou o trânsito. Em seguida tratou de discriminar todos os homens pertencentes à tribo traidora. Era fácil, porque a palavra hebraica "shiboleth", que significava rio, era pronunciada pelos efraimitas de modo diverso dos demais judeus. Diziam "siboleth", em vez de "shiboleth". Jefté fez desfilar diante de si todos os homens do exército e mandou prender e enforcar todos que pronunciaram a palavra fatal ao modo dos efraimitas.

Conforme conta o Velho Testamento, quarenta mil efraimitas foram sacrificados, e depois desta hecatombe Jefté voltou para casa a fim de cumprir o voto feito a Jeová – antes do ataque aos amonitas.

Havia prometido sacrificar a primeira criatura que lhe viesse ao encontro quando entrasse em casa, esperando, talvez, que essa criatura fosse o seu cachorro favorito ou mesmo um cavalo. Infortunadamente quem lhe veio ao encontro foi sua única filha.

Mesmo assim Jefté cumpriu o voto. Sacrificou a filha e queimou-lhe o corpo no altar do Deus – fazendo que novamente a paz reinasse nas terras de Israel.

Paz é sinônimo de monotonia, e a história dos judeus começava neste ponto a fazer-se monótona, quando a luta contra os filisteus vem movimentá-la. Luta ferocíssima, na qual comunidades inteiras de judeus foram exterminadas.

Aparece, então, Sansão, um grande herói nacional, homem forte como Hércules, bravo como Rolando, mas sem o equilíbrio de cabeça de outros grandes chefes nacionais.

Era filho dum homem de nome Manoa, e ainda em menino se notabilizara pela excepcional força física. Não tinha o aspecto agradável. Não cuidava dos cabelos, trazia a barba sem trato e revelava o mesmo desleixo no vestuário. Mas suas mãos eram de ferro e a palavra "perigo" não tinha para ele nenhuma significação.

Sansão dera aos pais muito trabalho e aborrecimentos. Aos dezoito ou dezenove anos apaixonara-se por uma mulher da Filistia e insistira no casamento. A família e todos os mais horrorizaram-se à ideia dessa união com uma estrangeira. Sansão a nada atendeu; foi para Thamnata buscar a noiva.

Em caminho um leão o atacou. Com as mãos nuas o herói o estraçalha, como se a fera fosse um gatinho, e lança-lhe a carcaça numa moita. Mais tarde, ao passar de novo por ali, vê que as abelhas haviam feito uma colmeia na caveira do leão. Recolheu o mel e continuou seu caminho.

Ao chegar à aldeia em que sua noiva vivia foi muito festejado. Sansão procurou representar o papel dum noivo contente, embora não fosse criatura para tais amenidades, sim para a luta. Fez o que pôde, entretanto, e certa noite, quando seus hospedadores se divertiam com adivinhações, propôs uma, sugerida pela sua experiência pessoal. E prometeu trinta peças de roupas a quem lhe desse a exata decifração. Ninguém o conseguiu.

A adivinhação era a seguinte: "O devorador virou comida, e da força brotou a doçura. Que é?" Por mais que se esforçassem, os de Thamnata não conseguiram resposta, e pareceu-lhes mau que aquele estrangeiro tão mal ajambrado e vindo das odiadas terras dos judeus os vencesse naquilo. E então chamaram de parte a noiva do herói e disseram-lhe:

– Esse homem te ama, e tudo fará por ti. Pede-lhe a decifração do enigma.

Não era experta a criatura, ou pelo menos não previu a intenção daquela gente. Começou a torturar Sansão até conseguir a chave do enigma.

– É o leão, cujo cadáver serviu de pasto a outros animais e em cuja boca se formou uma colmeia rica de mel.

Os filisteus ficaram assim na posse da decifração e, indo ter com o imprudente herói, disseram-lhe:

A HISTÓRIA DA BÍBLIA

– Nada mais fácil do que decifrar o enigma proposto, porque forte é o leão, e doce o mel.

Sansão percebeu que fora traído, e tomado de cólera abandonou a festa nupcial, lá deixando a noiva. Dirigiu-se para a cidade de Asquelon, onde encontrou um grupo de pacíficos filisteus. Matou-os a todos – trinta. Despiu-os e mandou aquelas roupas para a gente da noiva, como o prometido prêmio aos adivinhadores. E voltou para a casa de seus pais, muito amuado.

O amor que sentia pela noiva, entretanto, era profundo; por mais que fizesse, Sansão não conseguia esquecê-la. Afinal não resistiu – voltou para Thamnata.

Mas chegou tarde. A moça havia desposado, dias antes, um homem da cidade. Sansão considerou-se ofendido. Aquilo era demais para o seu orgulho. Tinha de vingar-se.

Sansão foi para as montanhas e caçou trezentas raposas; ajoujou-as duas a duas pela cauda e atrelou-lhes um archote aceso. As raposas saíram desesperadas pelos campos de trigo já maduro, incendiando-os. O fogo também se espalhou pelas vinhas, pelos olivais, de modo que no decurso duma só noite a terra dos filisteus se viu arruinada por um enorme incêndio.

No furor da vingança o povo de Thamnata lançou toda a culpa do desastre à conta da antiga noiva de Sansão; atacou-lhe a casa e linchou-a, a ela e aos pais.

Quando Sansão veio a saber disto, juntou quantos homens pôde e invadiu a Filistia, matando milhares de habitantes pelo simples prazer de matar.

Mas esses fatos se deram num tempo em que reinava a paz entre os judeus e os filisteus, de modo que a campanha pessoal de Sansão o tornou muito impopular entre as tribos convizinhas da Filistia e que só desejavam sossego. Os homens dessas tribos agarraram o herói, manietaram-no e entregaram-no aos filisteus. Não queriam ser responsáveis pelo seu sacrifício. Os vizinhos que o executassem.

Quando os filisteus viram os homens de Judá se aproximarem com o prisioneiro, foram tomados de grande alegria. Sansão esperou que todo

81

o povo o rodeasse e, de súbito, quebrando as cordas que o prendiam, tomou duma queixada de burro que viu por terra e lançou-se à turba com o maior furor. A matança foi grande – e a partir daquele momento seus inimigos compreenderam a inutilidade da luta contra semelhante homem. Impossível derrotá-lo em campo aberto. O meio seria empregarem a astúcia.

Mas, como? Não era fácil traçar um plano seguro. Estavam nisso quando o próprio Sansão lhes mostrou o caminho. O fraco do herói eram as mulheres. Vivia apaixonado por uma ou outra, e nesses períodos amorosos sacrificava tudo pelo prazer.

Certa tarde os filisteus souberam que Sansão tinha ido visitar um amigo na cidade de Gaza. "Desta vez o pegaremos", foi a ideia geral.

Fecharam as portas dessa cidade, que era murada, e concentraram quinhentos homens, bem armados à espera.

Mas parece que o herói soube do plano. Levantou-se altas horas da noite e saiu de casa. Arrancou de seus gonzos as pesadas portas e com elas às costas, como dois imensos escudos, lá se foi de Gaza para Hebron, onde as deixou como lembrete aos inimigos.

Aparentemente Sansão era invulnerável e os judeus, embora dele se desagradassem, foram obrigados a reconhecê-lo como chefe. Elegeram-no Juiz, e por quase vinte anos Sansão governou Israel.

Poderia o herói ter morrido na plena glória dum invencível defensor das fronteiras, se o seu eterno impulso erótico não o prejudicasse. Apesar de velho, Sansão apaixonou-se por outra mulher da Filistia, de nome Dalila. Essa mulher nada sentia pelo herói, mas foi ameaçada de morte se não se casasse com ele e não descobrisse o segredo da sua prodigiosa força. Se tivesse sorte na empresa, ganharia como prêmio mil moedas de ouro; em caso contrário pereceria apedrejada.

Logo depois de casada Dalila começou a gabar a imensa força que o caracterizava. Donde provinha aquilo? Como conseguira ter ombros tão largos e braços tão fortes? Sansão limitava-se a sorrir e a responder evasivamente. Sua força desapareceria, disse ele, caso o atassem com sete varas verdes.

Dalila acreditou, e durante o sono do esposo permitiu que os filisteus lhe entrassem em casa e o atassem com sete varas verdes. O barulho que fizeram despertou-o. Sansão olhou em torno, desfez com um movimento o amarrilho e deitou-se de novo, enquanto os filisteus fugiam.

O jogo repetiu-se. Sansão divertia-se enormemente com o fato de os filisteus não conseguirem capturá-lo. E ia enganando Dalila com toda sorte de absurdos a respeito de sua força.

O sensato seria abandonar aquela mulher que pugnava mais pela sua gente do que por ele, mas sua paixão era muito forte. Não a deixava, e tanto insistiu Dalila na apanha do segredo que um dia, cansado de resistir, Sansão contou-lhe a verdade: sua força residia nos cabelos.

Dalila ia ganhar as mil moedas de ouro. Chamou os filisteus. Introduziu-os em casa durante o sono do marido e ela mesma cortou-lhe os cabelos. Feito o que, despertou-o.

Acorda! Temos filisteus em casa.

Sansão, a sorrir, pôs-se de pé, contente de mais uma vez fazer os inimigos dispararem como ratos; mas, ai! já não era o mesmo. Perdida estava a sua força hercúlea. Rapidamente foi subjugado e amarrado. Os filisteus furaram-lhe os olhos e puseram-no num dos moinhos de Gaza, a mover as pesadas mós de pedra. Estava, finalmente, reduzido à mais dolorosa fraqueza o homem que por tantos anos os havia aterrorizado.

Lá nas trevas do moinho, imerso nas trevas próprias, teve tempo Sansão de arrepender-se de suas loucuras e fazer as pazes com Jeová. Seus cabelos começaram a crescer, e com eles a força antiga. Deslumbrados com a vitória, os filisteus não atentaram nessa possibilidade.

Certo dia estavam celebrando uma grande festa em honra a Dagon, o deus da tribo. Viera gente de longe. A cidade enchia-se. Súbito lembrou-se alguém do judeu cego aprisionado nos moinhos.

– Tragam-no cá, queremos vê-lo! – gritou a turba. – Queremos ver a esse velho e cobri-lo de lama. Costumava matar gente nossa aos milhares e agora vale menos que um gatinho novo. Tragam-no aqui!

Sansão foi levado ao templo para que todos o vissem e se regalassem com o espetáculo da sua degradação. Pela gritaria soube do que se estava passando. Ergueu o pensamento para Jeová, pedindo com fervor que por um só instante lhe restituísse o poder antigo.

Os filisteus o colocaram no meio da nave, entre as colunas sustentadoras do teto. Os dedos de Sansão apalparam a pedra fria das duas colunas mais próximas. Súbito, quando em redor os gritos de alegria alcançavam o apogeu, seus músculos se distenderam e à força de ombros ele abalou as colunas. Vieram duas abaixo e, desapoiado, o teto cedeu, desmoronou – e com ele todo o edifício.

Soterrados ficaram os filisteus e também o louco herói a quem Jeová perdoara os desvarios da mocidade.

Mas enquanto a tragédia de herói se ia desenrolando, outras influências entravam em ação, tendentes a fazer das divididas tribos de Israel um verdadeiro estado. O povo ainda se recusava a chamar rei ao seu chefe, mas tendia para isso, já que o poder dos juízes aumentava sempre. Se aparecesse um homem com o caráter de Moisés ou Josué, os judeus não trepidariam em consagrá-lo rei. Mas, onde esse homem?

Eli, o sucessor de Sansão, era de caráter fraco. E seus dois filhos, Fineas e Hofni, mostraram-se desprezíveis. Viviam sem dar um só pensamento a Jeová. Apenas cuidavam dos prazeres mundanos, utilizando-se da alta posição paterna como instrumento para mil coisas condenáveis.

Por fim apareceu o homem que a nação reclamava. Um verdadeiro chefe – o famoso profeta Samuel.

Filho dum homem de nome Elcana, nasceu Samuel na pequena aldeia de Rama. Ana chamava-se sua mãe, a qual por muitos anos fora estéril, embora tudo fizesse para ter filhos. Todos os anos ia ao templo de Shiloh pedir a Deus que lhe desse fecundidade. Foi atendida, afinal. Veio-lhe esse filho Samuel, que em tempo próprio foi levado ao templo de Shiloh. Eli, o Juiz, gostou do menino; já que seus próprios filhos para nada prestavam, iria fazer daquela criança o seu sucessor.

Certa noite, ao fechar as portas do templo, ouviu Eli uma voz a chamar Samuel pelo nome. A criança, adormecida num catre, despertou e respondeu:

– Aqui estou, mestre. Que quereis de mim?

Eli respondeu que o não havia chamado. O menino deitou-se novamente e novamente ouviu a voz que o chamava – Samuel.

E assim três vezes, até que Eli percebeu que era de Jeová que partia a voz. Retirou-se. Jeová então falou a Samuel que os filhos de Eli deviam ser castigados com a morte, porque sua má vida estava pondo em perigo toda a nação de Israel.

Na manhã seguinte revelou Samuel a Eli o que ouvira de Jeová. A nova correu. Todos começaram a tratar o menino com grande respeito, certos de que era um profeta em formação e possivelmente um futuro chefe do povo.

Passados tempos reencetaram os filisteus a velha guerra. Os judeus foram obrigados a pegar em armas e, conforme o costume, levavam a Arca à frente em suas marchas contra o inimigo. A Fineas e Hofni, como filhos do Juiz, cabia a honra de levar ao acampamento judeu o sagrado escrínio. E mais uma vez o fizeram, apesar do muito que com a má vida ofendiam as leis ali dentro encerradas.

Mas a Arca, sem a presença do espírito de Jeová, não passava dum cofre de madeira como qualquer outro. Não podia exercer influência nenhuma nas batalhas – e a batalha travada resultou em derrota para os judeus. E não só foram capturados pelos filisteus os dois filhos de Eli, como também a própria Arca. Ao saber do terrível acontecimento, Eli caiu morto – e Samuel foi eleito Juiz.

Nunca houve pior tempo para o povo de Israel. A Arca Sagrada, que do Egito fora trazida para as terras de Canaã, estava como um troféu de guerra exposta num templo dos filisteus – no templo que eles ergueram sobre as ruínas do destruído por Sansão. Mas mesmo assim, mesmo transformada em troféu de guerra do inimigo, a Arca influenciava o destino dos homens. Mal os filisteus a colocaram aos pés da imagem do deus Dagon, mãos invisíveis reduziram essa imagem a pó! Tomados de terror, os filisteus mudaram a Arca para a cidade de Gath – e todos os habitantes da região caíram doentes. Levaram-na imediatamente dali, para norte e para sul, para leste e oeste – e sempre uma série de desastres marcava a sua passagem. O pavor fez que os filisteus, depois de enchê-la de ouro, a largassem num carro sem guia, a fim de que duas vacas a conduzissem para onde lhes aprouvesse; queriam assim libertar suas terras das calamidades ligadas à presença do sagrado escrínio dos judeus.

As vacas puseram-se em marcha rumo leste – e por uma bela manhã alguns lavradores judeus viram aquele carro sem carreiro solto na estrada – parado. Imediatamente reuniram a vizinhança e ergueram ali um altar, e depois da adoração levaram a Arca à residência de um levita de nome Abinadab, onde o escrínio ficou por muitos anos, até que fosse transportado para Jerusalém, depois de concluída a construção do Templo.

A volta da Arca para a terra dos judeus parecia predizer melhores tempos. O povo cada vez mais se cansava do governo fraco dos juízes. Todos sentiam a necessidade duma reforma, e indo ter com Samuel indagaram do que fariam por ocasião de sua morte. Samuel tinha dois filhos tão semelhantes aos filhos de Eli que de nenhum modo seria possível pensar em fazer de qualquer deles o seu sucessor. E consultou a Jeová.

Jeová falou na vinda de um rei. Cansado estava da contínua desobediência dos seus adoradores judeus, os quais viviam clamando por um rei. Pois bem, ele lhes daria um rei, e um rei como os judeus o mereciam. Um rei que lhes arregimentaria os filhos como soldados, e faria das filhas suas servas, e disporia de suas colheitas de trigo e vinho, e os governaria com mão de ferro.

Ao saberem dessa revelação as tribos mostraram grande contentamento. A ambição geral era fazer de Israel um poderoso império que rivalizasse as glórias do Egito, da Babilônia, da Síria. No preço dessa suposta grandeza ninguém pensou. Só depois que deixaram de ser os livres pastores de até então, para se tornarem escravos dum soberano residente lá na sua corte, é que os judeus bem apreciaram o erro cometido quando reclamaram de Jeová que os libertasse da liberdade.

A HISTÓRIA DE RUTE

A história de Rute mostra-nos o singelo encanto da primitiva vida dos judeus.

No último capítulo corre muito sangue e abundam os incidentes cruéis que fomos obrigados a mencionar. Mas a vida dos judeus não era composta unicamente de lutas e horrores. Também apresentava aspectos realmente amáveis.

Vejamos alguns.

Na cidade de Belém vivia um homem de nome Elimelec, casado com Noemi e pai de dois filhos, Quilion e Malon. Fora homem abastado, mas com a carestia que abateu a região ficara reduzido a nenhum.

Tinha parentes que estavam bem, como Booz, seu primo; mas Elimelec era muito orgulhoso para pedir. Em vez disso mudou-se com a esposa e os filhos para a terra de Moab a fim de começar novamente a vida.

Em Moab entregou-se de rijo ao trabalho, mas vindo a falecer subitamente deixou à viúva o encargo da família. Os dois filhos eram excelentes rapazes, que ajudaram Noemi na labuta e na idade própria se casaram com moças moabitas, não pensando em deixar a terra dos bondosos estrangeiros que tão bem haviam acolhido seus pais. Ambos, porém, que haviam herdado a má constituição paterna, logo adoeceram e faleceram um atrás do outro. Noemi, quebrada pela dor, decidiu passar os últimos anos de vida na terra natal, entre os que a conheceram pequenina e falavam o seu dialeto.

Muito apreciava as duas noras moabitas, mas em boa consciência não podia impor-lhes que a acompanhassem naquela mudança de terra. Explicou-lhes isso, e Orpa, viúva de Quilion, concordou que não era de boa política deixar a terra pátria. Mas Rute, a viúva de Malon, recusou-se a deixar a velha sogra sozinha no mundo. Rute havia entrado para a família de Elimelee. Havia abandonado a sua própria gente pela do marido. Natural, pois, que ficasse com Noemi. Seu dever parecia-lhe ser esse – e abraçando-a com ternura declarou que nunca se separaria da mãe de seu esposo.

E lá foram para Belém as duas mulheres.

Estavam na mais absoluta pobreza, sem dinheiro sequer para o pão de cada dia. Mas Moisés, o sábio legislador que também olhara para os pobres, havia prescrito que as espigas deixadas nos campos depois da ceifa seriam a parte dos pobres. O proprietário era dono de todo o trigo, mas o que depois do enfeixamento ficasse no campo pertencia, por direito divino, aos pobres destituídos de terras.

Noemi e Rute chegaram a Belém no tempo da ceifa. Booz e seus homens estavam no campo entregues ao trabalho. Rute pôs-se a acompanhá-los, catando as espigas perdidas, para desse modo obter o pão de Noemi. E fez isso durante vários dias.

O seu ar de estrangeira levou as mulheres de Belém a indagarem de sua vida, e breve a cidade inteira lhe comentava a história. Tudo foi ter aos ouvidos de Booz, que sentiu curiosidade de ver que tipo de moça era aquele. E saindo com o pretexto de inspecionar os campos, puxou conversa com a respigadeira.

Chegada a hora do lanche convidou-a Booz a sentar-se com ele e os trabalhadores e a servir-se de pão. Rute comeu pouco do que lhe deram; o resto levou para Noemi, que era muito velha para trabalhar.

No dia seguinte, bem cedo, lá estava de novo no campo, seguindo os segadores. Booz não queria ofender-lhe as suscetibilidades, mas ansiava por aliviar a tarefa de tão boa criatura, e para isso ordenou aos ceifeiros que fossem relaxando o serviço, e deixando para trás mais espigas do que o recomendável.

Rute trabalhou o dia inteiro. À tardinha, ao juntar o trigo respigado, viu que formava um monte maior do que podia conduzir.

Em casa contou a Noemi a sua conversa com Booz e de como, depois disso, respigara em algumas horas mais do que durante toda a semana.

Noemi sentiu-se feliz. Estava bem perto do fim e morreria satisfeita se Rute desposasse Booz. Deixá-la-ia então no mundo bem garantida contra a pobreza. Rute era estrangeira, não havia dúvida; mas o seu primeiro casamento com um primo de Booz tornara-a membro da família judaica, na qual todos a estimavam.

E assim foi. Booz, de acordo com a lei de Moisés feita para proteger os donos de terras contra a avidez dos usurários, readquiriu as propriedades outrora pertencentes ao primo Elimelec – e depois pediu Rute em casamento.

Rute aceitou-o, e na nova casa conservou Noemi até o dia da sua morte, a qual só ocorreu depois da vinda ao mundo do primeiro filho de Rute com Booz. Obed chamou-se ele.

Obed teve por sua vez um filho de nome Jessé e um neto – Davi, o qual se tornou rei dos judeus e foi antepassado de Maria, a esposa de José, o carpinteiro nazareno.

Vemos, pois, que Jesus descende da bondosa Rute, a moabita que deixou sua gente para, atendendo aos generosos impulsos do coração, amparar a mulher estrangeira que lhe servira de segunda mãe.

Um Reino Israelita

Saul e Davi ainda foram reis de simples tribos de pastores, mas quando surgiu Salomão os judeus adquiriram grande importância como mercadores, e em menos de um século o país passou de solta agregação de tribos a estado forte, governado por um déspota oriental.

Por vários séculos tinham os judeus vivido nas montanhas e vales cortados pelo rio Jordão. Após intermináveis guerras com os primitivos habitantes da região canaanita, e com os vizinhos, entraram em período de relativa paz. Novas estradas foram abertas para uso das caravanas empenhadas no tráfego de Mênfis para a Babilônia, e da Arábia para a Ásia Menor. Isso determinou uma gradual, mas viva, mudança no modo de viver dos judeus.

Esse povo sempre se mostrara amigo da vida urbana. Ainda nos dias de Moisés, acentuara-se a sua preferência pelas espeluncas do Egito em vez da vida campestre na Terra de Canaã. Foi com muita dificuldade que Moisés os fez decidirem-se contra a escravidão nas cidades.

Agora, porém, as tribos judaicas estavam livres, dispunham de si próprias. Já não existia Moisés, nem Josué, o seu grande sucessor, para conduzi-las a novos triunfos. Os dias heroicos começavam a deslizar para o esquecimento.

A vida do agricultor e do pastoreio não era das mais fáceis. Muitas longas horas de trabalho e muito poucas oportunidades para diversões. Ademais, não era nela que a prosperidade sorria, sim nas atividades do mercador. O lucro dos caravaneiros deslumbrava aquela gente.

Difícil resistir à tentação. Muitos deixavam as aldeias para mergulhar nas cidades. Começa a avultar a riqueza, e a pobreza também. A independência nacional e a liberdade pessoal foram decrescendo – e por fim se perderam.

É verdade que os Juízes da primitiva organização político-social tinham muitas vezes governado o povo com o poder absoluto dos soberanos orientais. Mas nenhum ousara chamar-se Rei. Os judeus não teriam tolerado semelhante coisa. Chacinariam sem piedade qualquer chefe que se arriscasse a tanto. Eram muito ciosos de suas liberdades. Mostravam-se prontos à disciplina só nos períodos de emergência. Quando a paz voltava, o Juiz recaía em seu papel de mero presidente duma pequena federação de tribos semiautônomas. O povo respeitava-o como o daqui na América respeita o presidente do Supremo Tribunal Federal – mas nada via nele dum Rei.

Logo, porém, que o país cessou de ser uma comunidade agrícola para tornar-se comercial, tudo mudou. A maioria dos judeus começa a desleixar-se da coisa pública. Só queriam que os deixassem em paz, entregues à faina dos negócios. Concordavam, por comodismo, que uns tantos profissionais militares, e outros tantos profissionais do sacerdócio, cuidassem do bem-estar material e moral da nação.

Claro que desadoravam o pagamento de impostos. Não há quem goste disso. Mas enquanto as taxas permaneciam razoáveis o povo não se preocupava com elas, e em consequência a nação foi evoluindo para uma forma de governo cada vez mais centralizada. Por fim tornou-se um reino governado por um Rei quase absoluto – até que um século mais tarde a nação caiu no velho despotismo oriental.

As coisas foram vindo forçadamente e sem aviso. Na história, bem como na natureza, nada acontece subitamente, embora muitas vezes o pareça. Causas secretas agem durante longo tempo, e a mudança que parece abrupta não passa de desfecho longamente preparado. Desmoronamento de montanha ou queda de velha instituição podem operar-se em minutos. Em ambos os casos, porém, o trabalho preparatório é obra dos anos e do perpassar das gerações.

Sem que nenhum de seus membros o percebesse, a nação israelita vinha atravessando um desses períodos de transição.

É exagero dizer "nenhum". Havia entre os judeus homens de visão penetrante, que enxergavam os perigos e denunciavam as ameaças à alma nacional – homens de alta clarividência.

Os Profetas.

Muito vamos lidar com eles nas páginas seguintes; e, pois, será de conveniência que meditemos sobre a significação desse tipo humano.

Que é o profeta?

Palavra difícil de definir.

Talvez o melhor seja tê-los como os chefes espirituais dos judeus. Muitos se revelaram grandes poetas, mas eram mais que poetas. Muitos possuíam o dom da palavra, mas eram mais que oradores.

Uma coisa tinham em comum: a coragem de dizer a verdade como a entendiam.

Encontramos profetas de espírito extremamente estreito e de terrível intolerância para qualquer opinião divergente. Mas tinham a coragem de opinar, e tudo sacrificavam, até a vida, quando a questão era de princípios.

Sempre que um rei de Israel ou de Judá cometia um erro, aparecia um profeta para lançar-lhe em rosto.

Sempre que o povo deixava o caminho prescrito por Jeová, saltava-lhe à frente um profeta para censurá-lo.

Sempre que a nação se fazia culpada dum crime, um profeta a ameaçava com a ira do Deus Todo Poderoso.

Por fim a voz dos profetas se tornou a expressão positiva da consciência nacional. Séculos mais tarde, quando o estado judeu se afogou sob as ruínas de suas próprias loucuras, esta consciência nacional, produto de meia centena de homens, permaneceu como triunfante herança que o povo judeu legou à humanidade.

Nos capítulos seguintes daremos o quadro desse período sumamente intrincado da história israelita.

A federação das pequenas tribos semi-independentes tornou-se um reino sob o cetro de Davi, reino que logo depois evoluiu para o absoluto despotismo de Salomão.

O velho espírito de independência reage, traz a revolta, e disso resulta a divisão do estado judeu em dois reinos autônomos e antagônicos, que se odeiam e se combatem com a maior ferocidade, até que acabam destruídos pelos poderosos vizinhos orientais.

Segue-se um período de dominação estrangeira e exílio. Os mais fiéis ao espírito da raça, entretanto, retornam a Jerusalém logo que as circunstâncias o permitem, e reconstroem o Templo.

Pouco depois o país é novamente invadido e a independência judaica chega ao fim; mas o gênio racial escapa à estreiteza nacionalista de Judá e Israel – e conquista todo o mundo ocidental.

Nas páginas que se seguem veremos desfilar longo rosário de nomes de reis, rainhas e sumos sacerdotes. Reoboão e Asa, Jeroboão e Baasha, Menahem, Joás, Amazias e dezenas de outros, inclusive o hediondo Herodes, sucedem-se no crime e na sangueira. São homens que enchem a terra de horrores, que promulgam leis que passam e constroem cidades que não perduram. Promovem guerras, celebram vitórias, conquistam regiões e perdem terras ou províncias das quais a história nem guarda os nomes.

De toda a glória desses soberanos nada sobrenadou, a não ser alguma ocasional referência nas bibliotecas de tijolo dum palácio da Caldeia.

E, como milhares de outros reis ignaros, quanto menos deles nos lembrarmos, melhor.

Uma só coisa se salva desse tempo: os profetas. O que esses homens há três mil anos pensaram, disseram ou fizeram permanece tão verdadeiro hoje, e tão nobre, como no tempo em que viveram – nos dias trágicos em que os caldeus transpunham as portas de Jerusalém ou os assírios assolavam a Samaria.

Só isso – só isso salva a história de Israel e de Judá, porque constitui o fundo dum dos maiores dramas espirituais de todos os tempos.

* * *

No último capítulo estava ainda Samuel como Juiz do povo judeu. E Samuel profetizara a breve escravidão dos israelitas a um rei, que lhes tomaria os filhos para a guerra e as filhas para o harém – mas era exatamente isso que a mor parte do povo desejava. Viam o esplendor do imaginado império – mas não lhe pesavam o custo. Mas como tinha de ser assim, Samuel, que era homem de espírito prático, tratou de escolher um bom ocupante para o trono judeu.

Na cidade de Gibeá encontrou o homem procurado: um rapaz de nome Saul, filho de Kish, da tribo de Benjamim.

O encontro dos dois heróis de Israel foi acidental. Havendo perdido algumas das suas reses, tresmalhadas do rebanho, Kish mandou que Saul as procurasse. Saul andou de aldeia em aldeia em indagações, mas inutilmente. Desesperançado, dirige-se a Samuel e pede conselho. Ao vê-lo, Samuel tem imediatamente a intuição de que aquele moço ia ser o chefe dos judeus. Disse-lhe, e Saul amedrontou-se. Pareceu-lhe excessiva a honra.

Chegada a ocasião de Saul ser ungido e apresentado ao povo, teve de ser arrastado de entre os jumentos que transportavam a bagagem de seu pai. Havia-se escondido entre eles, e de bom grado evitaria a promoção de pastor a rei, se lhe fosse possível. Antes de mais nada Saul foi feito comandante supremo do exército, e nessa qualidade se bateu em muitos encontros com os eternos filisteus, contra os amonitas, os amalecitas e os canaanitas ainda não dominados.

Mas Saul tinha muito que aprender.

A ideia da absoluta subordinação à vontade de Jeová, sobre que tanto insistira Samuel, não era agradável a um jovem ardoroso, amigo da liberdade de movimentos. Saul era dos que reconhecem que o homem só vive uma vida e que o sábio é gozá-la da melhor maneira.

Frequentemente, depois duma vitória, a presa de guerra apresentava-se opulenta e Samuel exigia que a maior parte dessa presa coubesse ao culto e fosse empregada no serviço do tabernáculo. Mas Saul achou que parte devia caber-lhe, na qualidade de chefe, e parte aos soldados. Saul ia-se materializando cada vez mais.

Samuel, velho de vida sedentária, sempre fechado com seus livros e pensamentos, esperava que todos lhe seguissem o exemplo e gastassem as horas de lazer em alguma forma de adoração da divindade. Mas Saul, embora não de todo negligente quanto aos deveres religiosos, era do tipo a que chamamos "homem prático". Depois de haver derrotado Agag, rei dos amalecitas, achou que o exército merecia boa recompensa, e não entregou aos sacerdotes os rebanhos tomados ao rei vencido. E, pior ainda, poupou a vida a Agag, quando, de acordo com a lei judaica, tinha a obrigação de matar todos os prisioneiros.

Ao saber disto Samuel censurou-o acerbamente, pela sua desatenção à vontade de Jeová. Saul não confessou o crime, mas procurou escusar-se. Disse que o gado ficara atrás apenas para ser engordado antes do sacrifício. Samuel percebeu que não era aquela a verdade e disse-lho; acusou-o de duplicidade e desonestidade, e advertiu-o sobre as consequências de tão deplorável conduta; daquele modo, como ser rei dos Judeus?

Saul não protestou. Retirou-se para sua casa, em Gibeá, mas com a cólera a lhe referver no peito. Era ponto assente pelo povo que Samuel predizia o futuro.

Apesar de saber disso, Saul deu ordem para que fossem exilados ou mortos todos os videntes do país. Essa atitude encolerizou Samuel, e firmou-o na ideia de realizar as ameaças com que tentara vencer Saul. E pôs-se a procurar um melhor ocupante do trono. Necessitava dum homem mais submisso ao conselho dos velhos e menos independente em suas ações.

De indagação em indagação veio a saber dum Davi, filho de Jessé, em Belém, e neto de Rute e Booz. Era um jovem pastor de muito boa reputação entre o povo da aldeia natal em vista da sua esplêndida coragem. Certa vez em que um carneiro do rebanho que pastoreava foi atacado por um leão, abateu a fera, sem pedir socorro a ninguém – e o mesmo fez depois a um urso.

Além disso era um excelente músico. Cantava e tocava harpa nas horas de lazer; também fazia versos para letra das melodias que compunha. Tornou-se famoso com os seus Salmos (nome dado a esses cantos), os quais tinham a virtude de atrair de longe o povo.

Quando se soube que Davi gozava da predileção de Samuel e estava destinado a grande futuro, espalhou-se a ideia de que seria ele o salvador da pátria. Um homem só não compartilhava dessa opinião: Saul.

A consciência de Saul incomodava-o. Ele sabia que Samuel tinha razão nas acusações quanto à retenção dos rebanhos do rei Agag, contra o mandamento expresso de Jeová. E passou a temer Davi e a procurar anulá-lo.

Mas que poderia fazer? O povo judeu trazia de olho aos dois, impondo a Saul as maiores cautelas. Súbito, uma nova guerra vem mudar a situação. Os filisteus! Depois de reorganizadas as suas forças, ameaçavam novamente os domínios de Saul, sob a chefia dum gigante de nome Golias – grande qual uma casa e defendido por uma cota de malhas como os judeus jamais haviam visto outra.

Cada manhã e cada noite apresentava-se Golias diante das trincheiras adversas e insultava os judeus sem que nenhum se atrevesse a enfrentá-lo. Manejava uma espada de sete pés de comprimento e insultava a gente de Saul com os piores nomes. E isso durante semanas, sem que nada lhe sucedesse. Envergonhados daquilo, os judeus procuraram um bode expiatório sobre quem descarregar a cólera motivada pela humilhação. Saul tornou-se o bode expiatório.

A HISTÓRIA DA BÍBLIA

Por que não ia em pessoa combater o agigantado filisteu?

Saul não o fazia por doente. Caíra em profunda depressão mental. Passava os dias sentado em sua tenda, meditando – e o tempo corria sem nenhuma resolução de sua parte. Por fim o seu estado-maior tornou-se apreensivo.

Saul parecia estar perdendo a razão. Não falava com ninguém, e raro respondia ao que lhe perguntavam. Os oficiais tinham de fazer qualquer coisa.

O maravilhoso poder curativo da música não era ignorado pelos antigos. Alguém lembrou como remédio para a depressão do rei os cantos de Davi. Aprovada a ideia, mandam chamar o jovem pastor. Vem Davi, e de tal maneira canta e toca que faz virem lágrimas ao rei. Saul sentiu-se aliviado de suas tribulações.

Mas mesmo assim não deixou a tenda; o exército permaneceu inativo, a sofrer os diários insultos do agigantado Golias. Em horas certas deixavam os filisteus as suas fortificações e de pé nas trincheiras riam-se à larga do inimigo que recusava combate. E isso ainda continuaria assim por muito tempo, se Davi não entrasse em cena.

Fazia ele parte duma família de oito irmãos, com três no exército.

Como os soldados judeus tinham de prover a própria subsistência, esses irmãos de Davi mandaram buscar víveres. Jessé enviou-lhes Davi com um saco de trigo às costas. Ao chegar ao acampamento e ouvir a história do gigante que sozinho punha em xeque o exército judeu, Davi impressionou-se. Não podia compreender que um homem mortal como todos os outros causasse tamanho medo. E como era dotado da religiosidade dos que levam vida solitária, tinha uma fé implícita no poder de Jeová. Nada poderia acontecer ao homem temente ao poderoso Deus da raça.

E propôs-se a enfrentar o gigante sem a ajuda de ninguém.

A ideia pareceu a todos rematada loucura, mas Davi insiste. Os soldados convencem-se de que não se tratava de bravata vã – e oferecem-se para aprestá-lo para o duelo.

Davi recusa a oferta. Não necessitava de espada, nem de escudo. Tinha o apoio moral de Jeová – e bastava-lhe isso.

Foi para a beira do rio e escolheu uns tantos seixos arredondados. E de funda em punho deixou as trincheiras, encaminhando-se para Golias.

Quando os filisteus viram aquele menino a marchar contra um homem duas vezes maior que ele, gritaram a Golias que lhe desse uma boa lição. Bem inútil estímulo. O bruto já tomara da espada imensa e avançava sobre Davi.

Mas uma pedra remetida pela funda do rapaz colhe-o num dos olhos. Tonteado pelo imprevisto golpe, Golias vem por terra e deixa que a espada lhe escape da mão. Davi precipita-se. Toma-a, e dum só golpe decepa a cabeça ao gigante. E volta com ela em punho para as trincheiras dos judeus, que o aclamam com delírio. Fogem os filisteus. Davi transforma-se em salvador da pátria.

Depois dessa façanha viu-se Saul obrigado a dar atenção ao herói nacional. Permitiu que Davi o visitasse, mas nunca sofreu a velha suspeita. E sua antipatia evoluiu para ódio quando percebeu a amizade que se formara entre seu filho Jônatas e o pastorzinho de Belém. Para agravar a situação sobreveio a paixão de sua filha Michal por Davi.

Saul notificou a Davi de que só o deixaria desposar Michal se ele destruísse cem filisteus. Davi fatalmente sairia vencido na louca empresa – era o cálculo de Saul. Mas errou. Davi realizou mais essa façanha – e casou-se com Michal. Não admira, pois, que os acessos de melancolia de Saul se amiudassem, e os médicos mais uma vez recorressem ao remédio musical. Desta vez, porém, o concerto dado por Davi por um triz que não lhe custou a vida.

Mal feriu Davi as cordas da harpa, foi Saul tomado dum incoercível acesso de cólera, e levando a mão à espada lançou-a contra o genro harpista. Davi esquivou-se a tempo e fugiu, nunca mais se aproximando do rei.

A cólera de Saul voltou-se contra Jônatas, ao qual também tentou matar. As pessoas que o rodeavam impediram-no de cometer tamanho crime. Fortemente impressionado, Jônatas procurou Davi e pô-lo ao par de tudo. Por fim despediram-se da maneira mais afetuosa e Davi mergulhou no deserto, onde se ocultou numa caverna chamada Adulam.

Não tardou a ser denunciado, mas teve tempo de fugir quando os soldados de Saul apareceram.

A vida no deserto foi tediosa para o foragido, o qual, para encher o tempo, compôs vários poemas, que vieram a figurar no capítulo Salmos do Velho Testamento. Não procurarei dá-los aqui. Séculos atrás foram vertidos para tão perfeito inglês que seria loucura tentar apresentá-los com as minhas palavras modernas. Além disso, estou resumindo a história dos judeus, e os Salmos pouco têm que ver com ela. Só direi que eram uma esplêndida manifestação do velho espírito poético da raça, e que contêm mais beleza e mais sabedoria do que muitos livros exclusivamente histó-ricos do Velho Testamento, com os seus intermináveis relatos de guerras externas e rebeliões intestinas.

Mas voltemos a Davi, que deixamos no ponto mais extravagante duma longa e variada carreira. Sua posição tornara-se extremamente difícil. Teoricamente era o rei dos judeus, porque Samuel havia destituído Saul depois do caso dos rebanhos de Agag, e ungira a ele como o seu sucessor. Mas o povo não aceitara de todo a mudança, e vagamente ainda reconhecia Saul como o verdadeiro rei; Davi não passava duma espécie de príncipe herdeiro, que de um momento para outro poderia ser chamado a ocupar o trono.

Infortunadamente, naqueles tempos (como também hoje) a posse era quase tudo. Apesar do que houvera, Saul continuava a viver nas tendas reais, rodeado de guardas e servos, e na chefia das forças militares. E Davi não passava dum foragido errante pelo deserto, que se se apresentasse em qualquer cidade ou aldeia correria o risco de ser capturado.

Mais tarde, quando efetivamente Davi se tornou o rei dos judeus, este período da sua vida teve de ser explicado. Parece que viveu como chefe de bandidos, e até que se pôs a serviço dos filisteus.

Não devemos, entretanto, julgá-lo com muita rispidez. Fora tratado por Saul com a maior deslealdade; impossível exigir que retribuísse com alta cortesia.

Saul, julgado à luz da psiquiatria moderna, caminhava para a loucura. Sua inquietação impelia-o a mover-se continuamente dum ponto do reino para outro. Certa vez, numa travessia do deserto, foi colhido pela noite e obrigado a acolher-se a uma caverna próxima – e quis o destino que fosse a mesma habitada por Davi. Pelo meio da noite, aproximou-se Davi do rei adormecido e cortou-lhe um pedaço do manto.

No dia seguinte, quando Saul partiu, correu atrás dele, chamou-o pelo nome e mostrou-lhe o pedaço do manto.

– Vede – disse Davi –, o que eu poderia fazer e não fiz. Estivestes em meu poder. Podia com a maior facilidade ter-vos matado, mas poupei-vos a vida, apesar-de que viveis a perseguir-me.

Saul teve de admitir a generosidade de Davi, mas seu ódio era insopitável; não permitiu que os soldados da escolta o prendessem, também não o convidou a pôr fim àquela vida de exilado.

Pouco tempo depois morre Samuel. Nos funerais encontram-se os dois reis, mas não se reconciliaram – e as coisas permanecem nesse estado ainda por muito tempo.

Em outra ocasião, durante as eternas viagens de Saul, aconteceu que, pela segunda vez, as circunstâncias o puseram inteiramente à mercê do odiado rival.

Saul, já próximo do fim, conservava-se o que sempre fora – um simples camponês judaico. Detestava a vida urbana, recusava-se a viver em casa. Sempre que podia, procurava o deserto, cuja solidão lhe era leniente. Certa vez em que deixou a cidade para errar pelo deserto, o calor fê-lo adormecer ao pé dum rochedo – o mesmo rochedo usado por Davi para dominar os horizontes e melhor inspirar-se nos seus cantos. Abner, primo de Saul e chefe do exército, também adormeceu ao lado do real senhor.

Davi tinha percebido os dois homens quando se aproximavam, e sub-repticiamente achegou-se do rochedo. Apanhou a espada e a lança de Abner e afastou-se. E gritou de longe:

– Abner! Abner!

O general despertou, e ouviu de Davi severas censuras pelo seu descaso. Como um homem que montava guarda ao rei permitia a um passante tomar-lhe a espada e a lança? Que fiel servidor era ele! E mais coisas assim ouviu de Davi.

A HISTÓRIA DA BÍBLIA

O próprio Saul, a despeito de seu amargor, foi obrigado a reconhecer a generosidade de Davi. Pela segunda vez aquele estranho rival lhe poupara a vida. E Saul voltou atrás. Confessou a sua crueldade e pediu-lhe que retornasse à corte.

Davi voltou à corte, mas não permaneceu lá por muito tempo. Saul piorava. O ódio voltava. Não havia a menor segurança na tenda do rei. Bem que podia Davi insistir e fazer valer os seus direitos ao trono, já que era o ungido por Samuel; mas como via o rei no fim, não desejava forçar os acontecimentos. Retirou-se – e nunca mais viu o seu rancoroso inimigo.

Por algum tempo estabeleceu-se Davi na aldeia de Ziclag, pertencente a Achish, o rei de Gath, e situada na fronteira.

Sua posição não era nada agradável. Como fosse muito atraente, vivia rodeado de jovens aventureiros, esperançosos de abrir caminho como seus auxiliares. E foi assim que em dado momento se achou Davi comandante de quatrocentos voluntários. O número não nos parece grande, porque estamos hoje habituados a exércitos de milhões de homens, mas no século XI antes de Cristo quatrocentos homens constituíam uma respeitável força militar. Com essa gente tornou-se ele o indisputado governante de quase toda uma província – e muitas de suas estranhas proezas chegaram até nós.

Davi parece ter-se alugado aos lavradores da zona como chefe duma polícia especial, preposta a protegê-los contra os salteadores. Em certa ocasião um Nabal, xeque de Carmelo, recusou-se a pagar-lhe os serviços contratados. O enfurecido Davi preparava-se para destruir toda a tribo de Nabal, quando Abigail, esposa do xeque, interveio com presentes e promessas.

Ao voltar para casa depois desse encontro Abigail topou o esposo completamente bêbedo, a ponto de não poder ouvi-la contar o acontecido. Só no outro dia o soube – e o seu susto foi tamanho que o fez cair com ataque, do qual veio a morrer dez dias depois. Tornou-se viúva Abigail, e como durante o encontro causara forte impressão em Davi, foi por ele pedida em casamento.

Aparentemente estava Davi cansado de Michal (filha de Saul), pois que a cedeu a um amigo da aldeia de Galim e desposou Abigail, levando-a para Hebron, onde lhes nasceu um filho – Chileab.

Este novo casamento em nada contribuiu para lhe melhorar a situação. Continuava ele na chefia do bando, mas já sem serviço bem remunerado. A vida tornou-se-lhe tão difícil a ponto de fazer do terrível inimigo dos filisteus um aliado ou um auxiliar. O caso foi assim. O rei Achish, que o recebera, informou-o de que os filisteus andavam preparando nova guerra contra os judeus. Ele, Achish, estava ligado aos filisteus por tratados, e tinha de auxiliá-los; e como fosse Davi seu hóspede, esperava vê-lo tomar parte na campanha do lado dos filisteus.

Davi, embaraçadíssimo, deu uma resposta ambígua, procurando ganhar tempo. Depois dirigiu-se para o campo dos filisteus, cujo comandante achou que a sua colaboração era de muito duvidosa qualidade – e permitiu-lhe que se retirasse para Ziclag, sem ser incomodado.

Lá chegando, soube que a aldeia havia sido saqueada pelos amalecitas. Correu-lhes então na peugada, alcançou-os, derrotou-os, matou-os a quase todos (só se salvaram quatrocentos).

A nova guerra dos filisteus começou como fora planejada – e teve um resultado imprevisto. Ao saber da invasão, Saul caiu na mais profunda tristeza. Pareceu-lhe o fim de tudo. E desesperado quanto ao futuro próprio e da família, foi consultar um feiticeiro. Não havia nenhum. Todos haviam sido expulsos do país por um decreto seu.

Com muita dificuldade, porém, descobriu uma feiticeira que vivia em Endor, a aldeia perto da qual Jael matara Sisara. E pela calada da noite (para que não vissem o que fazia) Saul procurou-a. A mulher apavorou-se. Conhecedora do terrível decreto real contra a feitiçaria, recusou-se a abrir a porta ao rei.

Saul sossegou-a. Prometeu-lhe grandes recompensas, se ela o fizesse falar ao espírito dum homem já morto de muitos anos. Foi-lhe pedido o nome desse homem.

– Samuel, respondeu Saul.

A feiticeira fez a invocação e o fantasma de Samuel apareceu, velho, envolto num longo manto negro. E novamente Saul, o rei vivo, e Samuel, o juiz morto, se defrontaram; e o profeta lhe disse do terrível destino que o esperava nas mãos dos filisteus.

Quando Samuel acabou de falar, Saul caiu desfalecido.

Mas tinha a alma heroica o velho lidador, e muito cedo, no dia seguinte, lançou um ataque contra os filisteus.

Antes do meio-dia o seu exército estava aniquilado. Jônatas, Malchisuha e Abinadab, seus filhos, foram mortos, e o próprio Saul caiu varado no peito por uma espada. Lembrando-se do fado de Sansão, Saul matou-se.

Os vitoriosos filisteus reconheceram-lhe o corpo; cortaram-lhe a cabeça e levaram-na como um troféu. Também a espada, a armadura e o escudo de Saul foram figurar no templo de Astarot entre outros símbolos da interminável guerra; e seu corpo sem cabeça, bem como o de seus filhos, foi pregado nas muralhas de Betsaida.

Quando a notícia correu, o povo de Jabesh deliberou arrebatar o corpo do homem que em certo tempo livrara a cidade do assédio. Pela calada da noite um grupo entrou em Betsaida e arrebatou os restos de Saul e dos filhos, enterrando-os secretamente sob a sagrada tamargueira de sua cidade.

A notícia desses trágicos acontecimentos foi levada a Davi dum modo curioso. Certo filisteu, esperançoso de recompensa, apressou-se em ir ter à cidade de Ziclag com a nova, e para melhor recomendar-se inventou:

– Apanhei-os, ao rei Saul e seus três filhos, perto da montanha Gilboa, e matei-os com as minhas próprias mãos, porque sabia serem vossos inimigos.

A recompensa recebida foi diferente da esperada. Davi deu-lhe a forca – e depois lamentou profundamente a morte do seu querido Jônatas.

Como de costume, foi na música que Davi hauriu consolação; compôs nessa emergência o nobre cântico que principia assim: "A beleza de Israel está morta", que o leitor encontrará no primeiro capítulo do segundo livro de Samuel.

Davi jejuou por longo tempo, e só depois de dar todas as demonstrações da sinceridade de sua dor é que assumiu o governo. Antes disso interpelou Jeová sobre para onde devia ir primeiramente, e Jeová indicou-lhe o monte Hebron, onde todos os homens da tribo de Judá o receberam e o ungiram como o sucessor de Saul.

Davi reinou por quase quarenta anos. Era homem de grande atividade construtora – e se não fosse assim teria falhado na sua tarefa.

Havia, antes de tudo, os filisteus, que apesar duma luta de séculos se mantinham sempre ameaçadores. Parecia às vezes que o poder desse povo chegara ao fim, mas levantava-se de novo e continuava a luta. Até o momento em que os judeus perderam a independência nacional, tiveram de pagar tributos a tão odiados vizinhos, cuja superioridade bélica os fazia invencíveis.

Em segundo lugar (o que era pior), Davi tinha de lutar contra as intermináveis disputas das tribos de Israel. A rivalidade e o ciúme mantinham-nas sempre divididas.

Essas tribos almejavam um rei, mas logo que o tiveram descontentaram-se. O próprio Davi, cujo prestígio era tremendo, não se revelou bastante forte para dominar os preconceitos e afirmar-se, quando era chamado a resolver um incidente. No caso de Joab, o assassino de Abner, não teve ânimo de condená-lo. Ordenou imponentes funerais para Abner e só. Joab nunca foi julgado – e muito se arrependeu Davi mais tarde de ter-lhe poupado a vida.

Só aos poucos, e com o uso da sua alta inteligência e de desmedida firmeza de vontade, é que se fez o absoluto dominador da terra judaica.

Mais tarde, quando os guardas dum filho de Saul o mataram, Davi reagiu. Mandou enforcar os criminosos e anunciou que faria o mesmo a quantos desrespeitassem a lei.

Essa energia plantou o temor de Jeová no coração dos judeus, e permitiu que Davi desse um passo de grande benefício público – a mudança da capital para Jerusalém, tão otimamente situada no caminho entre a África e a Mesopotâmia. Construiu lá um palácio e começou a planejar um templo que substituísse o tabernáculo.

Desde o memorável dia em que as vacas sem governo restituíram a Arca aos judeus, esse sagrado símbolo permanecera na casa de Abinadab, na aldeia de Kiriath-Jearim. O tabernáculo servira aos judeus enquanto não passavam de pastores errantes, mas o poderoso estado que se formara podia permitir-se um verdadeiro templo – e o povo tomou a peito tal construção como um dever nacional.

Antes de mais nada, foi decidida a mudança da Arca para Jerusalém, e à frente de um corpo de exército presidiu Davi ao transporte. Os sacerdotes acomodaram-na numa carreta guiada por Uzá, um dos filhos de Abinadab. Em certo momento, num mau caminho, o carro pendeu e a Arca ameaçou de escorregar. Instintivamente Uzá levou a mão para sustê-la, e caiu fulminado. De acordo com a lei judaica, nenhum leigo podia tocar no sagrado símbolo. Isso era exclusivo privilégio dos sacerdotes.

O trágico acontecimento interrompeu a marcha da procissão. Uzá foi enterrado e a Arca levada para a residência de um homem de Geth, de nome Obed-Edom, onde ficou durante três meses.

Ao fim desse tempo retornou Davi com os seus soldados e a procissão prosseguiu sem novidades até Jerusalém, onde a Arca foi colocada no novo tabernáculo que Salomão, o sucessor de Davi, iria substituir pelo famoso Templo.

Desse momento em diante Jerusalém passou a ser não só a capital dos estados judeus como ainda o centro religioso de quantos se davam como oriundos de Abraão. Houve outros lugares sagrados na Palestina, mas nenhum que em esplendor se aproximasse do Templo de Jerusalém. Além disso os levitas, que tinham o monopólio do sacerdócio judaico, não toleravam concorrentes, e eram incondicionais sustentadores do rei. Em troca fez o rei que se fechassem todos os lugares santos do reino, forçando assim a vir a Jerusalém quem quer que pretendesse adorar Jeová.

Depois de assim estabelecido o lado religioso da vida, cuidou Davi do lado militar. Antes de mais nada deu uma volta de inspeção pelas fronteiras. Derrotou depois os amonitas, e de tal modo que nunca mais incomodaram os judeus. Fez as pazes com os filisteus, que a partir daí também não mais se moveram.

O reinado de Davi constituiu uma grande vitória, mas o poder absoluto fez-lhe mal. Como Samuel, era Davi, a muitos respeitos, um homem fraco. Bondoso e sábio, generoso até para com os inimigos. Tratou muito bem ao único neto de Saul, filho de Jônatas, um pobre rapaz aleijado que adotou como filho e conservou toda a vida em seu palácio. Mas, quando se tratava dos prazeres pessoais, Davi era tão cruel como o pior dos seus súditos.

Certa tarde, quando espairecia na varanda do palácio (como era costume dos judeus nos dias quentes), viu ao longe uma mulher. Interessou-se por ela e a quis como esposa; mas, indagando, veio a saber que era casada com um hitita de nome Urias, oficial então a serviço na fronteira sob as ordens de Joab, o general que não fora punido pela morte de Abner.

O dever de Davi era, ao saber disso, não mais pensar naquela mulher. Fez justamente o contrário. Chamou Urias a palácio, deu-lhe presentes e devolveu-o ao exército com uma carta a Joab, em que ordenava que o colocasse em tal situação diante do inimigo que não pudesse salvar-se.

Joab, que não passava dum vulgar criminoso, era o homem adequado para uma incumbência daquelas. Deu uma comissão perigosa ao condenado, sem o avisar do perigo. Enganou-o de todas as maneiras. Deixou Urias na convicção de que estava no comando da vanguarda. Quando o ataque começou e Urias avançou, os soldados recuaram e deixaram-no só, de acordo com as ordens recebidas.

Sua viúva, Betsabé, casou-se logo com Davi – mas o caso transpirou. Os soldados de Urias contaram-no aos parentes, estes aos vizinhos, e breve não houve judeu que não soubesse que o rei desejara uma certa mulher e para obtê-la fizera matar o marido.

Mas o rei era o rei, e para muita gente um rei não pode proceder mal. Outros temiam-no; a lembrança do cárcere e da forca amordaçava-os. Mas apesar disso a Consciência Nacional falou. Falou pela boca do profeta Natã.

Foi Natã ao palácio do rei e declarou ter algo a dizer. Davi deu-lhe licença de falar.

– Certa vez, disse Natã, havia um homem rico, vizinho de outro que era pobre. O rico possuía muitos carneiros, mas o pobre só tinha de seu uma ovelha à qual estimava a ponto de quando só havia leite e pão para seus filhos, repartir com ela esse alimento, e quando o frio enregelava o

A HISTÓRIA DA BÍBLIA

mundo, abrigá-la nas dobras das suas vestes. Um dia o homem opulento teve de hospedar um amigo, e em vez de matar um dos seus carneiros, furtou e abateu a amada ovelha do vizinho pobre e serviu-a à mesa.

Quando Natã chegou ao fim da narração, Davi vibrava de cólera. Disse que era o pior crime jamais chegado ao seu conhecimento, e prometeu castigar o criminoso com a merecida pena de morte. Natã ergueu-se e disse:

– Ó rei, esse homem rico és tu. Foste o matador de Urias, por desejar-lhe a esposa. E por esse crime Jeová mandar-te-á aflições, a ti e à tua família, e fará que teu filho com Betsabé receba morte violenta.

Davi encheu-se de temor e remorso. Pouco tempo depois seu filho mais novo adoeceu. Era o início do vaticínio de Natã. Davi cobriu a cabeça de cinzas e perante Jeová humilhou-se de todas as maneiras possíveis. Nada comeu nem bebeu durante sete dias e sete noites. No oitavo assistiu à morte do filho, como fora anunciado pelo profeta.

Davi considerou-se o assassino de seu próprio filho. Confessou a Jeová que tinha cometido uma falta horrível tratando Urias como o tratara, e ofereceu-se para a penitência. Queria o perdão. E tanto e tão sinceramente o implorou, que o recebeu de Jeová. Logo depois teve Betsabé outro filho – Salomão, e Davi, na maior alegria, prometeu à esposa fazer dele o seu sucessor, com exclusão de todos os demais herdeiros.

Essa decisão foi desagradável a Absalão e Adonias, seus herdeiros diretos. Mas Adonias, cujo caráter era fraco, não se incomodou grandemente. Já Absalão, filho de mãe nativa do deserto e de temperamento impetuoso, entrou a conspirar.

Conseguiu tornar-se popular entre os habitantes de Jerusalém, que lhe admiravam a beleza e os compridos cabelos louros. Por onde passava a multidão se reunia. Viam nele o defensor dos pobres contra a opressão dos ricos. Como Davi se fosse tornando cada vez mais despótico, e como as taxas subiam sempre, o povo, apreensivo, costumava levar suas queixas ao príncipe herdeiro.

Depois de quatro anos de agitação, quando Absalão julgou que já dispunha do número de adeptos necessário para impor-se, deixou Jerusalém e dirigiu-se a Hebron, com o pretexto de um sacrifício a Jeová, mas na realidade para iniciar o levante contra seu pai.

O golpe foi terrível para Davi, que amava a Absalão mais que a todos os outros filhos, e concordava não ter sido leal para com ele. A ideia de lutar sangrentamente contra o seu próprio sangue horrorizava-o. E deixando o palácio real Davi atravessou o Jordão para ir viver na aldeia de Mananaim.

A revolta degenerou em guerra civil; mas diante da humilhação do rei o povo lembrou-se do glorioso Davi que matara Golias e esqueceu o roubador da esposa dum súdito. E pendeu com a maior lealdade para o lado de Davi. Breve toda a nação estava dividida em dois campos, o que sustentava Absalão e o que sustentava o velho rei – este muito maior.

O embate ocorreu na floresta de Efraim, a oeste do rio Jordão. Antes de iniciar-se a luta pediu Davi aos soldados que não maltratassem Absalão. Continuava a interessar-se por ele mesmo depois do seu atroz procedimento.

Durante todo o dia as duas facções se digladiaram. Muita gente morreu; mas quando caiu a noite os partidários de Absalão foram forçados à retirada. Absalão fugiu a galope de cavalo, mas ao passar sob uma árvore um ramo o colheu pelos cabelos – e lá se foi o animal, deixando-o pendurado. Um dos homens de Davi, que o encontrou nessa posição, correu a dar a notícia a Joab.

Este general nunca tivera qualquer espécie de escrúpulos. Tomando três dardos, correu ao sítio onde o pobre Absalão se encontrava suspenso entre o céu e a terra, e matou-o, e lançou o cadáver numa cova aberta sob um carvalho. Em seguida mandou um escravo negro dizer a Davi o que tinha acontecido.

O escravo penetrou no acampamento do rei e alegremente deu a notícia da derrota dos adversários e da morte de Absalão. A nova abalou grandemente a alma do rei, fazendo-o lembrar-se de seus próprios crimes e das profecias de Natã. E apesar de vitorioso, com todas as tribos rebeldes a lhe pedirem paz, nada poderia restituir-lhe o filho morto. Davi chorou amarguradamente.

A essa desgraça somaram-se outras. Davi estava alquebrado e com a vida no fim. Já não podia comandar o exército numa nova invasão dos filisteus.

Para cúmulo, Adonias, o irmão de Absalão, também se rebelou. Este fato induziu o rei a imediatamente coroar Salomão. O príncipe rebelde, que admitia a superioridade mental de Salomão, rendeu-se, recebendo o perdão do novo soberano.

Mas de todos estes fatos Davi nem teve notícia. Metido nos recantos escusos do palácio, passava o tempo lamentando o triste fim de Absalão. Afinal a morte devolveu-lhe a paz que ele havia perdido desde o momento em que arrostou o Deus de Moisés.

Estava Salomão rei dos judeus, e muita coisa mudara desde que os pioneiros saíram das terras do Ur para se estabelecerem nos vales do "Rio" – que era como chamavam ao Eufrates. Quando Abraão queria festejar um hóspede ordenava aos servos que abatessem um carneiro – um apenas. Com Salomão era diferente. As provisões diárias para sua mesa eram as seguintes: trinta medidas de farinha, dez bois gordos e vinte magros, e dúzias de gamos, cabritos monteses, aves e peças de caça.

Quando Abraão se mudava de território, erguia uma simples tenda e dormia sobre tapetes. Salomão levou vinte anos construindo um novo palácio e só comia em pratos de ouro.

O caso tinha esplendor, mas custava rios de dinheiro ao povo. Séculos mais tarde, quando os judeus curtiam o exílio na Babilônia e escreviam os anais da vida passada, o seu maior deleite era recordar as glórias do reinado de Salomão, o soberano senhor, diziam eles, de todas as terras situadas entre o Eufrates e o Mediterrâneo.

Mas os súditos do poderoso monarca, ao tempo em que eram forçados a realizar obrigatoriamente todos os trabalhos públicos, e a pagar altas taxas para a manutenção do palácio real e construção do templo, das fortalezas aterraçadas de Milo, das muralhas de Jerusalém e das três cidades fronteiriças que Salomão reconstruiu e fortificou, mostravam-se menos entusiastas do grande rei e viviam à beira da rebelião.

Salomão, entretanto, homem alerta, soube manter as despesas da corte dentro de limites suportáveis. Como José e vários outros chefes judeus, era sujeito a visões quando dormia, e certa ocasião, logo depois de subir ao trono, sonhou que Jeová lhe perguntara que dom desejava acima de todos. Salomão escolheu a sabedoria – palavra que no velho hebraico tanto significa o que chamamos sabedoria como o que chamamos astúcia.

Salomão possuía as duas coisas. Era sábio e astuto. Como rei dos judeus cabia-lhe também o papel de juiz supremo da nação. Um dos primeiros casos submetidos ao seu julgamento foi o de duas mulheres que reclamavam a mesma criança. Salomão ordenou a um soldado que tirasse a espada e partisse a criança em duas, dando metade a cada mãe. A verdadeira mãe lançou-se ao soldado em defesa do filhinho.

– Prefiro que fique com a falsa mãe a ser morto dessa horrível maneira.

Esse grito d'alma permitiu ao juiz saber qual a mãe verdadeira.

Tal decisão agradou extremamente ao povo. Fez dele um soberano popular – e nem as suas loucuras da velhice afetaram o amor dos seus súditos.

Salomão reinou durante quarenta anos, de 943 a 903 a.C., e durante todo esse tempo gastou dinheiro como água. Começou construindo o palácio real, um enorme edifício de inúmeras salas e pátios. No centro havia um grande salão onde dava audiências e atendia aos casos legais. Nesse palácio habitava com seus inumeráveis servidores e tinha o harém onde lindas mulheres eram conservadas fora das vistas dos curiosos. E tudo de pedra e cedro. Vinte anos levou a construção do monumento.

Veio depois o Templo. Um templo antigo diferia muito duma igreja moderna. Era um lugar sagrado onde o povo fazia sacrifícios aos deuses; e, no caso judaico, a um deus único – Jeová. Os fiéis frequentavam-no o dia inteiro, sem interrupção. Não havia necessidade de ser muito grande; vem daí que o famoso Templo de Salomão não media mais que 95 por 30 pés – tamanho hoje de uma igreja de aldeia. Apesar disso custou milhões. Os judeus eram agricultores e mercadores, de modo que os artesãos da madeira e da pedra tinham de ser importados do estrangeiro. Muitos foram trazidos da Fenícia, o grande centro comercial da época.

A HISTÓRIA DA BÍBLIA

As cidades de Tiro e Sidon não passam hoje de vilarejos de pescadores; no tempo de Salomão eram portos que impressionavam os viajantes judeus como Nova Iorque impressiona um agricultor vindo da região dos prados americanos.

Davi já havia feito um tratado com o soberano de Tiro; Salomão concluiu outro com o de Sidon. Em retribuição a um suprimento anual de trigo, o rei Hiram pôs à disposição do rei dos judeus um certo número de navios e prometeu auxiliá-lo com operários hábeis na construção do Templo.

Os navios postos à disposição dos judeus visitaram todos os portos do Mediterrâneo até Tardshish na Espanha (que os romanos chamavam Tartessus), e carrearam o ouro, as pedras preciosas e as madeiras raras de emprego no Templo.

Mas o mundo mediterrâneo era muito pequeno para suprir a todas as exigências do monarca, o qual se decidiu a estabelecer uma via de tráfico com as Índias. Fez que armadores fenícios se estabelecessem nas praias do golfo de Acabá, um extremo oriental do mar Vermelho. E lá foi construído um estaleiro próximo à cidade de Ezion-Geber (que os judeus haviam visitado seis séculos antes, quando erravam pelo deserto); os navios nele construídos navegavam até Ofir (que era na costa oriental da África ou na costa ocidental da Índia) e voltavam carregados de pau sândalo, marfim e incenso, mercadorias que depois, em caravanas de camelos, eram levadas a Jerusalém.

Comparado com as pirâmides, que tinham então três mil anos de idade, e com os Templos de Tebas e Mênfis, de Nínive e da Babilônia, o Templo de Salomão não era monumento majestoso. Mas representava o primeiro tentâmen das antigas tribos errantes para uma construção imponente. Até a rainha de Sabá, a famosa terra do ouro da Arábia, não resistiu à curiosidade de ver a nova capital dos judeus, e honrou Salomão com uma visita célebre, na qual expressou a sua admiração pelo que ele havia realizado.

Infelizmente não temos nenhuma descrição do Templo de origem estrangeira, e o Livro dos Reis, que dele trata com minúcia, foi escrito séculos mais tarde. Por esse tempo admitia-se que o Templo havia custado 108.000 talentos de ouro e 1.017.000 talentos de prata, ou seja, 2.450 milhões de dólares de hoje. Esta soma representa cerca de cinquenta vezes o total do ouro em curso no mundo antigo, de modo que tais números não passam de fantasias. Mas como nada mais existe desse monumento, e o próprio chão em que se erguia está soterrado sob cento e vinte pés de depósitos, torna-se impossível fazermos suposições.

Sabemos, entretanto, que o monte de Moria, originalmente ocupado pela chácara de Arauna, o jebusita, foi gradualmente se cobrindo de um complexo sistema de construções cuja fama atravessou os séculos. Essas construções começaram quatrocentos e oito anos depois da fuga do Egito e só se concluíram em 487.

Todo o trabalho preparatório do corte da pedra e da lavra da madeira foi feito muito longe do monte Moria, a fim de que o trabalho da construção pudesse ser realizado com o mínimo de barulho.

Os judeus, que raramente moravam em casas de pedra, desadoravam as paredes lisas. Salomão recobriu todos os muros, tetos e assoalho da obra com revestimento de cedro embrechado de ouro.

O coração do Templo, ou o Oráculo, era um recinto quadrado, de trinta pés de comprido e de largo por vinte de alto. Dentro havia dois grandes anjos esculpidos em madeira, de guarda à Arca Santa. Nessa Arca tão famosa repousavam as duas tábuas de pedra em que Jeová gravara os seus mandamentos, quando apareceu para Moisés no monte Sinai.

Dentro daquele secreto recinto reinava um silêncio eterno. Só uma vez por ano era permitido ao Sumo Sacerdote entrar e pôr-se em comunicação com o Divino Espírito, no dia da Expiação.

O Sumo Sacerdote deixava seus trajes usuais e se vestia de puro linho branco. Numa das mãos levava um turíbulo com brasas para o altar; na outra uma vasilha de ouro com o sangue dum boi sacrificado. Espargia esse sangue pelo chão e retirava-se. As portas de ouro, decoradas de pinturas de flores e palmas, eram fechadas – e por mais um ano os anjos continuavam a sua silenciosa vigilância ao sagrado escrínio.

O Santuário, entretanto, constituía uma parte muito frequentada do Templo. Lá ficava o Altar do Incenso, e a lei mandava que nele os ofertantes espargissem o sangue das vítimas.

Desde a manhã até tarde da noite esse recinto se apinhava de homens e animais. A lei de sacrifícios dos judeus era complicada. Os sacerdotes, que obtinham muito dinheiro com aquelas oferendas, constantemente faziam mudanças no primitivo regulamento ordenado por Moisés. Havia uma especial forma de sacrifício para cada pecado ou crime a ser expiado. Ao povo pobre era permitido fazer oferendas de pão não levedado ou de trigo torrado. Os mais abastados tinham de trazer um boi, um carneiro ou um cabrito que entregavam aos sacerdotes. Por conveniência, esses animais eram oferecidos à venda na entrada do Templo, de modo que durante o dia inteiro o ar ressoava de mugidos, balidos e més. No começo as pessoas que traziam as vítimas eram as mesmas que as sacrificavam; mais tarde essa função passou a ser exercida pelos sacerdotes.

Depois de abatida e despedaçada a vítima, o sangue era espargido sobre o Altar do Incenso ou derramado diante dele. A carne do animal (as partes gordas) eram consumidas nas brasas do altar da Oferta, feito de bronze e colocado fora do Templo, no chamado Pátio dos Sacerdotes – para que a fumaça pudesse subir diretamente aos céus.

Os sacrificadores ou comiam as partes sobejantes ou davam-nas aos sacerdotes, os quais, com suas famílias, ocupavam três fieiras de acomodações construídas ao lado do Templo.

Quando a Casa de Jeová foi conclusa e aberta aos fiéis, Salomão inaugurou-a com grandes e solenes festividades. Convidou todos os chefes do povo judeu a se reunirem em Jerusalém, e processionalmente foram de lá para Sião a fim de trazer a Arca.

Sião: nome dum dos montes em que a antiga Jerusalém estava situada. Fora outrora uma fortaleza dos jebusitas, antigos habitantes da Terra de Canaã, cujo rei Josué matou, mas que puderam manter-se independentes ainda por vários séculos. Os judeus só se apossaram de Sião no tempo de Davi, donde ficar o local conhecido como Cidade de Davi. Tornou-se o núcleo da futura capital.

Depois que veio de Kirjá-Jearim, foi a Arca temporariamente retida num tabernáculo do palácio real, donde em procissão seguiu para o santuário definitivo.

Logo que a Arca penetrou em sua nova morada, uma nuvem encheu o Templo, reveladora de que Jeová estava ali. Salomão ajoelhou-se e orou pelos seus súditos; uma língua de fogo descida do céu consumiu as oferendas colocadas no altar – e todos sentiram que Jeová estava contente.

A festa que se seguiu durou duas semanas. Salomão abateu vinte e dois mil bois, cento e vinte mil carneiros – e cada qual fez a melhor oferenda que pôde.

Tudo isto dilatava a fama do Rei dos Judeus. Pela primeira vez na história aquela nação atraía as vistas dos outros povos. Rapidamente começou a crescer o comércio. Muitos mercadores judeus estabeleceram-se nas cidades do Egito, na costa do Mediterrâneo e às margens do Eufrates. Tivera início uma grande era de prosperidade.

Mas a riqueza não se revelou uma bênção. Salomão raramente deixava o palácio. Aumentou a guarda pessoal, de infantes e cavaleiros, e à proporção que envelhecia foi-se afastando completamente dos negócios públicos. Deixara de considerar-se o rei dumas simples tribos de pastores. Era agora o soberano absoluto duma poderosa nação oriental.

Por motivo de razões de estado casou-se com as filhas dalguns dos mais poderosos vizinhos. Essas mulheres, fossem egípcias, moabitas, hititas, edomitas, amonitas ou fenícias, haviam naturalmente se conservado fiéis às religiões de suas pátrias, de modo que dentro do recinto do palácio real erguiam-se altares de Isis, de Baal e outros deuses da África e da Ásia.

Às vezes, para agradar a uma favorita, Salomão permitia-lhe a construção dum pequeno templo de uso pessoal, onde a exilada pudesse ter os deuses da sua meninice. Isto mostra a liberalidade espiritual de Salomão, embora fosse coisa desagradável aos estritos seguidores de Jeová, o deus único.

Esses homens tinham-se deixado escravizar e tinham sofrido todas as durezas do trabalho para que o Templo pudesse ser construído – e agora o Grande Rei abandonava a Casa de Jeová para assistir, com uma favorita, a estranhas cerimônias em honra a deuses pagãos! O descontentamento avultava. Estimulava o espírito de revolta – e de fato a rebelião explodiu logo que Salomão desapareceu da cena.

Muito pouco sabemos dos últimos anos desse grande rei. Haviam sido minuciosamente narrados nos "Atos de Salomão", livro que se perdeu.

Salomão finou-se em paz e foi enterrado com os seus ascendentes na sepultura familiar da Cidade de Davi.

Poderia ter lançado os alicerces dum forte estado judeu. Seu amor ao luxo, porém, e sua indiferença espiritual não lhe permitiram.

A morte de Salomão foi o sinal para o rompimento da revolta.

GUERRA CIVIL

Um chefe hábil poderia ter salvo a nação do destino de todos os impérios. O sucessor de Salomão, porém, era indolente e ignorante, e sempre viveu rodeado de maus conselheiros. Sua conduta determinou o levante de dez tribos, as quais escolheram um novo rei e separaram-se do resto da nação, formando um estado com o nome de Israel. A parte que permaneceu fiel ao soberano legítimo tomou o nome de Judá e conservou Jerusalém como capital.

Reoboão era filho de Salomão e duma mulher de nome Naamá, da tribo de Amon. Estúpido, ignorante, estreito de ideias. Mas não nos parece assisado pôr-lhe toda a culpa dos males que choveram sobre a nação depois do seu acesso ao trono. Havia outras razões além da impopularidade do soberano. Desde os começos da história judaica tornou-se notório o ciúme e a má vontade que separavam a tribo de Judá, que vivia ao sul do vale de Achor, da tribo de Israel, que vivia ao norte.

A HISTÓRIA DA BÍBLIA

Muito difícil rastrear até à origem estas velhas rivalidades. Os primeiros onze livros do Velho Testamento (única fonte de informação) estão mais cheios de lendas do que de história. Os seus autores eram homens de mentalidade tendenciosa, sempre preocupados em provar qualquer coisa. Comumente enxertavam a narrativa de trechos que nada tinham que ver com a verdadeira história da nação.

Além disso, durante todos esses séculos o território ocupado pelos judeus vinha passando por um contínuo processo de transição. Muitos dos habitantes originais haviam sido mortos ou assimilados pela religião judaica. Mas aqui e ali pequenas cidades mantinham existência semi-independente, e isso por séculos, de modo que é impossível dizer quando a Palestina de fato se tornou definitivamente judaica. Vejamos uma situação análoga em nossos dias.

Quem estuda a história dos Estados Unidos sente dificuldade em verificar em que ano uma certa parte do Oeste passou de sertão a comunidade civilizada. Sabemos das datas em que os pioneiros entraram com suas famílias e rebanhos nos prados para além dos Alleghanis. Sabemos quando as primeiras casas foram construídas em pontos como Saint Louis e Chicago. Mas que sabemos de quando o Missouri e o Illinois perderam os hábitos de "boca do sertão" e adquiriram as atitudes exteriores e interiores dos estados já civilizados da costa atlântica?

É impossível dar uma data mais específica que a que encerra esta frase: foi mais ou menos lá pela metade do século dezenove.

Há mais coisas neste capítulo da história judaica que nos chamam a atenção. Os nomes de "Judá" e "Israel" ocorrem em cada página do Velho Testamento, e são usados da maneira mais irregular. Os autores dos livros de Josué, Juízes e Reis frequentemente escrevem Israel e Judá como se essas denominações se aplicassem a toda a terra conquistada aos canaanitas, amonitas e jebusitas. Outras vezes ligam as duas palavras, dizendo Israel-Judá e vice-versa.

Para esclarecer este ponto temos de considerar mais um exemplo moderno.

Suponha-se que um escritor do ano 4000 descobre certo número de obras sobre a história dos Estados Unidos no fundo dum porão nas ruínas de Boston. Esse pesquisador de antigalhas as lê com o auxílio duma velha gramática inglesa que se salvou num museu e encontra constantes referências a "América", "Estados Unidos" ou simplesmente "Estados".

Como há de ele saber o que o autor dos livros descobertos realmente queria dizer com esses termos?

"América": nome dum continente que ia de polo a polo. Mas também nome dado a uma parte desse continente, situada entre o Canadá e o México. Como o futuro escabichador há de saber se a palavra "América", que em dado trecho ele encontra, se refere ao continente ou a essa parte norte do continente? E quando encontra a expressão "Estados Unidos", como poderá ter a certeza de que se refere aos Estados Unidos da América ou aos Estados Unidos do Brasil, ou aos Estados Unidos da Venezuela?

E quando encontra simplesmente a palavra "Estados", como certificar-se a que estados se refere?

Para os escribas judeus de dois mil anos atrás, vocábulos como "Israel" e "Judá" significavam algo bem definido, não havendo confusão possível. Mas esse mundo jaz hoje soterrado sob vinte séculos de sedimento histórico e não nos é fácil decidir que "cidade" ou que "rio" eram os a que os profetas frequentemente se referem quando contam que os "homens d'além rio destruíram a cidade". Há possibilidade de que esses homens "d'além rio" fossem os babilônios, que demoravam do outro lado do Eufrates. E em nove casos em dez a "cidade" seria Jerusalém. Podemos chegar a conclusões muito precisas, mas sem certeza absoluta.

Fica, pois, o leitor avisado de que nos capítulos seguintes só faremos asserções muito gerais, e que neste não temos segurança dos nossos argumentos ao tentar explicar por que a nação judaica se desagregou tão cedo.

Não sabemos se os homens de Israel (diretos descendentes de Jacó) eram mais enérgicos que os de Judá (que também reclamavam a descendência de Jacó através de seu quarto filho com uma mulher da cidade de Adulam). Não sabemos se o fato de viverem no agradável ambiente das aldeias e cidades do norte tornou os filhos de Israel diferentes dos filhos de Judá, moradores num platô árido e pedregoso, ambiente que os forçou a conservar os costumes pastoris por muito mais tempo que as outras tribos.

O fato, entretanto, é que quase todos os chefes do povo judeu, desde os dias de Josué e Gedeão, Saul e Samuel, até os tempos de João Batista e Jesus, eram do norte. Com a exceção única de Davi, o sul não produziu homens proeminentes.

Não podemos decidir se seria melhor para os judeus que a consolidação de todas as tribos numa só nação fosse empreendida por um chefe do norte, em vez dum chefe do sul, como sucedeu. Mas tais especulações são de pouco valor. A Alemanha de hoje seria indubitavelmente um país muito mais agradável, se Bismarck houvesse nascido bávaro em vez de prussiano. Mas Bismarck era prussiano, como Davi era da tribo de Judá, e nada pode mudar esses fatos ou alterar a influência que tiveram sobre todo o desenvolvimento histórico.

Quando, afinal, se viu livre da ira de Saul (que provavelmente o detestava pelo fato de ser "sulista") e assumiu o poder, Davi seguiu uma muito hábil política de conciliação. Na ânsia de aplacar os preconceitos do norte foi algumas vezes tão longe que provocou a hostilidade de seus próprios irmãos de tribo. Mas como a sua política fosse de moderação e equilíbrio, pôde evitar as revoluções que sobrevieram quando a velhice o retirou do comando das forças.

Durante a primeira metade de seu reinado Salomão experimentou seguir a mesma política de Davi, mas era homem menos generoso e menos leal que seu pai. Perseguia impiedosamente e destruía a todos que considerava perigosos à segurança do estado. Em matéria de política exterior, entretanto, foi mais bem-sucedido que Davi. Por meio duma série de guerras (dirigidas exclusivamente pelos seus generais, porque Salomão desadorava as durezas da vida de acampamento), protegeu as fronteiras contra todos os inimigos e assegurou a paz e a prosperidade da nação. Em pouco tempo se tornou tão popular ao norte como ao sul. Mas ao chegar à maturidade começou a cometer os graves erros que por fim determinaram a queda do império.

Talvez por motivos estratégicos Jerusalém havia sido elevada a capital do país. É verdade que os habitantes de Israel gostariam de ver o palácio real e o Templo em suas terras do norte, mas aceitaram de boa cara a decisão do rei e viajavam muitas centenas de milhas sempre que desejavam fazer algum sacrifício a Jeová.

E Salomão começou a construir.

Sem dúvida outros soberanos hão arrastado seus súditos à bancarrota com a mania de realizar grandes sonhos arquiteturais. Mas poucos países foram, com esse fim, tão completamente drenados de seu ouro, como Israel e Judá; as exações do "Pacífico Monarca" eram excessivas.

No começo os de Israel nada objetaram. Percebiam estarem a trabalhar pela glória do seu deus e sujeitavam-se a todos os sacrifícios. Mas quando Jerusalém se transformou numa alegre e barbaresca metrópole, e o próprio rei começou a gastar as rendas públicas em templos a Moloch e a Chemosh e mais uma dúzia de outros deuses pagãos, a indignação foi tomando corpo.

Por fim, quando já se achavam mergulhados em perfeita escravidão, sobreveio a revolta – e já um profeta havia aparecido como voz da consciência nacional.

Um dos oficiais de Salomão, de nome Nebat (da tribo de Efraim), teve um filho chamado Jeroboão, que trabalhava no Templo. Certo dia em que Jeroboão se encaminhava para o trabalho encontrou o profeta Aixa, que viera da aldeia de Shiloh para a capital. Estava o profeta entrajado em roupas novas, o que causava espécie, porque eram usualmente muito pobres e só traziam sobre o corpo surradas vestes de lã de camelo.

Logo que Aixa viu Jeroboão, despiu-se daquelas roupas, cortou-as em doze pedaços e entregou-lhe dez. Era uma sugestão de que Jeová pretendia fazer de Jeroboão o soberano de dez tribos de Israel.

Salomão, que dispunha dum bom serviço policial secreto, soube do fato e deu ordem para que matassem a Jeroboão, o qual, todavia, foi avisado e escapou a tempo. Fugiu para o Egito, onde o Faraó Shishac o asilou.

Esse Faraó era um estadista hábil, que via com maus olhos o crescimento do império dos judeus. E certamente deliberou usar Jeroboão como seu candidato ao trono de Israel, assim que Salomão falecesse.

Assim sucedeu. Logo que chegou ao Egito a notícia de que Reoboão havia sucedido a seu pai, o Faraó financiou o retorno de Jeroboão para que ele se apresentasse ao povo judeu como o rival do novo rei. Já de duas gerações o estado judeu era uma monarquia hereditária, mas certas formas de "eleição" sobreviviam, vindas do tempo dos Juízes. Em consequência, sempre que um rei falecia as tribos se juntavam para "eleger" o novo soberano.

Naquela emergência, logo que esses representantes tribais se reuniram entrou em debate o caso da sucessão. De bom grado reconheceriam eles a Reoboão como o novo rei, mas antes de aclamá-lo insistiram numa espécie de Magna Carta, ou Constituição, como dizemos hoje, que os protegesse contra os excessos fiscais.

O filho de Salomão, educado no harém e sem nenhum contacto com o povo, mandou chamar certo número de antigos conselheiros de seu pai. "Que devia fazer?", perguntou-lhes.

Esses homens cientificaram-no de que o país murmurava contra os impostos excessivos e que o rei devia satisfazer as aspirações do conselho nacional. Reoboão, entretanto, não quis falar em diminuição do seu real orçamento. Voltando-se para os moços da corte, seus companheiros de alegria, perguntou-lhes que achavam daquela pretensão do conselho. Todos mostraram profundo desprezo pela "canalha" e animaram-no a dar uma resposta que varou os séculos ligada ao seu nome.

– Meu pai, disse Reoboão, lançou sobre vossos ombros um pesado jugo. Muito bem. Eu, o novo rei, pretendo torná-lo ainda mais pesado. Meu pai vos castigava a chicote, eu vos castigarei com açoites.

Tais palavras foram a gota que fez a taça transbordar.

Dez tribos se recusaram a reconhecer Reoboão como rei e elegeram a Jeroboão. Unicamente as tribos de Judá e de Benjamim permaneceram fiéis ao filho de Salomão. E foi assim que, para sempre, a nação judaica se dividiu em duas partes irreconciliáveis. Estava perdida a chance da formação dum reino forte, centralizado, mas o mundo ganhou com a falência da ambição judaica. Reunidas, Israel e Judá poderiam tornar-se o mais importante estado da Ásia. Divididas, eram muito fracas para se manterem independentes diante dos poderosos vizinhos orientais.

No ano de 722 a.C. Israel foi conquistada pelos assírios. Um século mais tarde chegou a vez de Judá, que foi apossada pelos caldeus.

Começou o período de exílio da raça judaica.

Longe do Templo e de suas terras, os sacerdotes permaneceram escrupulosamente fiéis à letra da lei antiga. Nada esqueceram e nada aprenderam. Mas os profetas fizeram bom uso dessa situação para dilatar suas vistas tanto sobre os homens como sobre a conduta humana, e estudar aquela gente em relação com o resto do mundo. Tiveram oportunidade para revisar suas ideias espirituais.

O cruel e implacável Jeová, o Deus adorado por Moisés, Josué e Davi, era o deus tribal duma pequena comunidade de agricultores e pastores perdidos num recanto da Ásia ocidental. Graças à coragem e visão dos exilados profetas, essa arcaica divindade evoluiu para a ideia dum Espírito Divino eterno, que foi aceito pelos povos do ocidente como a mais alta expressão da Verdade e do Amor.

A ADVERTÊNCIA DOS PROFETAS

Os dois estados judeus guerrearam-se incessantemente, e essa luta entre irmãos de tal modo os enfraqueceu que os puseram à mercê dos vizinhos. Mas a desgraça não veio sem aviso. Enquanto reis, políticos e sacerdotes esqueciam os seus deveres, certo número de homens corajosos, conhecidos como profetas, clamaram em voz bem alta, num vão esforço para reconduzir o povo à lei de Jeová.

O trabalho dos Juízes, de Davi e Salomão foi desfeito. O sonho dum grande império judeu degenerou em sofrimento. Longa linha de fortificações, correndo de Gilgal, perto do Jordão, até à cidade de Gezer, na fronteira filistina, dividia as terras judaicas em duas partes, as do norte e as do sul. Unido, aquele povo poderia conservar a sua independência. Dividido, ficava à mercê dos poderosos vizinhos.

Vamos contar a infeliz história dum povo infeliz. Séculos de guerra civil e anarquia foram seguidos por duzentos anos de exílio e escravidão. Essa história constitui um recorde de desgraças, de crimes, de fútil ambição. Mas fornece-nos o quadro da mais interessante luta espiritual dos tempos antigos. Temos de conhecer os principais acontecimentos desse complexo período histórico a fim de bem compreendermos a vida do maior de todos os profetas, nascido muito depois dos últimos restos da independência judaica serem abafados pelos exércitos de Pompeu.

Salomão o Magnífico morreu entre os anos de 940 e 930 a.C. Cinco anos depois a divisão do império era fato consumado.

Israel tinha três vezes o tamanho de Judá, e o dobro da população. Suas pastagens eram muito mais ricas, porque o território de Judá era por três quartos composto de solo estéril. Mas essa desigualdade não queria dizer que Israel fosse duas ou três vezes mais forte que Judá. Ao contrário, a maior extensão territorial de Israel constituía um elemento de fraqueza. Judá, pequena, mas compacta, beneficiava-se melhor da centralização do governo e podia preparar-se com mais eficiência contra as invasões.

A leste, o sufocante deserto rochoso do mar Morto apresentava uma barreira quase intransponível contra as agressões de Moab e Amon. Ao sul, estendia-se o deserto da Arábia. A fronteira ocidental separava-os dos filisteus, que já haviam perdido a ferocidade antiga; afeitos ao viver agrícola e ao artesanato, não só não incomodavam os seus vizinhos judeus, como ainda os protegiam contra as invasões dos bárbaros da península grega.

Israel, ao contrário, via-se exposta de todos os lados ao ataque dos vizinhos. O rio Jordão forneceria ao país uma excelente fronteira natural, mas certo número de guerras bem-sucedidas fez que a nação se dilatasse para além desse limite – e até aquela época só o povo chinês tivera a paciência de rodear-se de muralhas.

Diversas vezes os israelitas deliberaram fortificar a região, mas as perturbações intestinas foram adiando o projeto. Tiveram de fiar na sorte, acabando derrotados pelos poderosos vizinhos do oriente, que em vez de se fiarem na sorte firmavam-se na eficiência de sua cavalaria.

O reino de Israel ainda sofreu outra desvantagem muito séria. Era composto de dez tribos diferentes, que muito falavam em união e cooperação, mas sempre se mostravam em excesso ciosas dos seus direitos – como as primitivas treze colônias que formaram a união americana. Não chegavam a acordo, por exemplo, sobre a capital. Shechem, na terra dos efraimitas, parecia, por muitas razões, o ponto adequado para o futuro centro de Israel. Era uma velha cidade muito famosa. Fora visitada por Abraão quando o pioneiro marchou para oeste em procura da Terra Prometida, e estava intimamente ligada aos dez últimos séculos da história dos judeus.

Mas Jeroboão, que subira ao trono em consequência dum levante (e vivia em guarda contra toda sorte de inimigos imaginários), não achou que Shechem tivesse a necessária segurança, e removeu sua corte para Tirzah, sita no alto dum monte, a cavaleiro de lindo cenário.

A falta duma capital definitiva muito retardou o normal crescimento de Israel.

Mas a verdadeira causa da fraqueza de Israel não era geográfica. Desde o começo o estado judeu havia sido uma teocracia, isto é, um país regulado por um "theos" ou deus. Como nesses casos o deus não pode residir na terra, ele dirige os seus domínios por meio duma classe de sacerdotes profissionais, intérpretes da sua vontade por meio da interpretação de sonhos e certos sinais da natureza.

O "theos", seja ele Jeová ou Júpiter, tem que permanecer invisível à massa do povo. Em consequência, os sacerdotes se tornam os seus representantes na terra e os executantes da sua vontade. Um poder mais ou menos semelhante ao do vice-rei das Índias, que governa centenas de milhões de súditos em nome do distante e misterioso Imperador residente no palácio Buckingham, em Londres e nunca é visto pelos habitantes de Calcutá e Bombaim.

Quase todos os países, num tempo ou noutro, hão passado por esse estágio de desenvolvimento político. Vemos a teocracia nos vales do Nilo e na Babilônia. Vemo-la na Grécia e em Roma. A ideia era tão forte que sobreviveu durante a Idade Média, e fez do rei da Inglaterra o "Defensor da Fé". Graças à teocracia, o Czar da Rússia pôde estabelecer-se como um semidivino chefe supremo da Igreja e do Estado. Ainda hoje descobrem-se traços da teocracia em corporações como o senado americano ou a câmara dos deputados, onde os trabalhos são abertos depois duma invocação da divindade. Nenhuma decisão sábia pode ser obtida sem a ajuda do divino espírito.

Nada mais natural, pois, que o homem primitivo, tão completamente à mercê das forças cegas da natureza, apelasse para tais sacerdotes, os únicos em situação de protegê-los contra a ira dos deuses. Como também é natural que uma tal posição no estado, como a dos sacerdotes, dava-lhes poderes ilimitados, dos quais eles nunca desistiriam voluntariamente; daí as terríveis guerras para a passagem da forma de governo teocrática à simplesmente monárquica.

Entre os judeus, como entre quase todos os povos, a ideia da teocracia criou tão fortes raízes que nunca pôde ser arrancada.

Desde o começo havia Moisés insistido sobre uma forma de governo rigorosamente teocrática. Os Dez Mandamentos eram na realidade a constituição dos judeus. O Sumo Sacerdote, por determinação de Moisés, tornou-se o poder executivo, e o tabernáculo, de certo modo, era a capital da nação.

A luta para a conquista da terra de Canaã enfraquecera temporariamente o poder da igreja, dando grandes vantagens aos chefes militares. Mesmo assim muitos dos Juízes também eram sacerdotes, exercendo dupla influência sobre a vida da nação.

Durante os reinados de Davi e Salomão parecia que os reis estavam a ponto de estabelecer uma monarquia absoluta, na qual o Sumo Sacerdote houvesse que executar mais a vontade do soberano que a de Jeová.

A revolta de Jeroboão, entretanto, e a divisão do estado em dois reinos distintos, deu nova força ao sacerdócio, permitindo que a astuta corporação se restaurasse em seu velho prestígio.

A adversidade tem também suas vantagens. Reoboão, o rei de Judá, havia perdido dois terços de sua gente e três quartos do território, mas ficara com Jerusalém, e esse centro religioso da raça judaica valia meia dúzia de

Samarias e Shechems. O Templo gozava praticamente do monopólio do culto divino dentro da raça.

Não é fácil hoje imaginarmos semelhante situação. Os fiéis modernos pertencem a numerosas igrejas – são uns metodistas, outros batistas, outros judeus, outros católicos, outros luteranos, mas vivem em perfeita harmonia, como bons vizinhos; aos domingos, ou quando lhes apraz, vão à igreja que querem e oram como entendem.

Os judeus antigos não tinham essa escolha. Haviam que fazer suas oferendas num ponto só, diante do altar do Templo de Jerusalém – ou estariam desleixando os seus deveres religiosos.

Como o país fosse de território pequeno, esse inconveniente não era dos mais graves. Mesmo assim a maioria dos judeus só visitava o Templo duas ou três vezes durante a vida, em ocasiões muito solenes. E por isso não se queixavam da viagem duns poucos dias que tinham de fazer para alcançar o Templo. Essa circunstância, ou esse monopólio do culto, deu a Jerusalém um prestígio tremendo.

Durante a Idade Média dizia-se que todas as estradas levavam a Roma. Na velha Palestina todas as estradas levavam ao Templo de Salomão.

Quando os reis de Israel construíram a barreira entre os seus súditos e a odiada gente de Judá, Jerusalém adquiriu uma imprevista dignidade. Assumiu o papel de mártir. Os sacerdotes do Templo fizeram causa comum com os reis de Judá. Recusaram-se a reconhecer os reis "ilegais" de Israel e denunciaram os "rebeldes" do norte por não terem aceito o "legítimo" candidato ao trono, desse modo desobedecendo a Jeová. Praticamente excomungaram todos os israelitas, sob acusação de perversidade; e quando o pobre reino do norte caiu sob a sanha assíria, os sacerdotes do Templo se rejubilaram.

Jeová, diziam eles, havia punido os filhos traidores.

Mas, ai!, cem anos mais tarde Judá veio a sofrer o mesmo fado, e séculos de exílio ensinaram aos judeus a dura lição da tolerância e bondade.

Não é simples para os homens de hoje formar ideia clara de semelhante situação. Porque se por uma razão ou outra desgostam-se dum pastor, sossegadamente passam a frequentar outra igreja, sem que se sintam culpados de falta. Mas o povo da Israel daquele tempo era tão adorador de Jeová como o povo de Judá, e repelia a ideia de considerar-se "herético" da mesma forma que a repele um homem de hoje que não votou na chapa vencedora, no seu distrito. Os israelitas queriam manter-se em contato com o Templo. Mas, como? Se o Templo ficava em Jerusalém e Jerusalém era a capital duma nação irmã, mas inimiga? Muito a contragosto os israelitas tiveram de estabelecer uns tantos lugares sagrados para uso próprio.

Isto, entretanto, não melhorou a situação; ao contrário, piorou-a. Deixou-os na mesma desagradável posição dos europeus do século XIV que ousaram eleger um papa seu, em competição com o residente em Roma.

Israel beneficiava-se de muitas vantagens materiais, mas as vantagens religiosas estavam com Judá – e no correr do tempo foi o que prevaleceu.

A briga entre as duas nações foi de repente interrompida por uma invasão de leste. Shishac, um aventureiro asiático que se tornara senhor do Egito e estabelecera lá uma nova dinastia, andara a seguir os negócios dos judeus com muita atenção. Já vimos, como asilou Jeroboão, foragido à cólera de Salomão, como mais tarde o instigou a ir a Jerusalém disputar o trono.

Tudo lhe saiu a contento, e agora que os judeus estavam empenhados em guerra civil achou Shishac ser o bom momento para atacar. E invadindo Israel, tomou Jerusalém permitindo que seus soldados destruíssem o Templo. Em seguida marchou para norte; e destruiu cento e trinta e três cidades e aldeias de Israel, voltando ao Egito carregado dos despojos.

Israel restaurou-se com relativa facilidade, mas Judá sofreu perdas irreparáveis. A riqueza do país havia sido levada para longe. Puderam ainda reconstruir o Templo, mas a exaustão do tesouro não permitiu a repetição do luxo antigo. O ferro e o bronze tomaram o lugar do que havia sido ouro e prata. O velho esplendor se fora. Nunca mais o Templo teria visitas de rainhas de Sabá.

Logo depois desse desastre Jeroboão faleceu e foi sucedido por Nadab, seu filho, o qual fez o que muitos de seus predecessores haviam feito: guerra aos filisteus. Quando a cidade Gibeton resistiu, ele a sitiou; mas antes de obter qualquer coisa foi assassinado por Baasha, da tribo de Issacar, provavelmente um dos seus generais.

Baasha proclamou-se rei de Israel, matou todos os parentes de Nadab e fixou residência em Tizah. E, mantendo o assédio de Gibeton, declarou guerra a Judá.

As coisas em Judá não iam bem. Reoboão havia tido como sucessor a Abijam, que só governou três anos, passando o trono a Asa, um dos seus quarenta e dois filhos.

Asa revelou-se melhor rei do que qualquer dos predecessores. Fortaleceu a posição dos sacerdotes no Templo por meio da destruição de todos os altares a deuses pagãos existentes nos seus domínios. Os 41 anos do reinado de Asa, entretanto, não foram fáceis. Começou tendo de defender o país dum ataque de tribos etíopes; e mal terminou esta luta viu-se em guerra com Israel.

Baasha havia iniciado o bloqueio de Judá e fortificado a cidade de Rama, que dominava a estrada real de ligação entre o norte e o sul. Judá ficou de comunicações cortadas com Damasco e a Fenícia.

Asa receou que seu país fosse estrangulado economicamente pelo bloqueio de Israel. Se Benhadad, rei do Aram (ou Síria), o ajudasse... Esse reino ficava na planície que se estende das montanhas do Líbano às margens do Eufrates. Asa mandou-lhe emissários com grandes promessas de paga, se ele atacasse os israelitas pelas costas.

Benhadad sorriu à ideia. É certo que vinha de concluir um tratado de amizade com Baasha, mas já naquele tempo as nações não tomavam os tratados muito a sério. E reunindo um exército deixou Damasco, sua capital, e marchou para o sul. Tomou a fortaleza de Dan e conquistou todas as terras de Israel até o mar da Galileia. Baasha viu-se forçado a implorar a paz. Judá salvou-se e viu novamente abrir-se-lhe o caminho para Damasco.

Asa havia feito o que lhe parecera melhor para o reino, mas tanto ele como o povo iriam arrepender-se de ter metido gente de fora naquela briga entre irmãos. Daí por diante, sempre que um potentado oriental se via com urgência de dinheiro dava-se como convidado a vir ajudar Israel ou Judá e saqueava a região invadida para reembolsar-se dos gastos da "expedição de socorro".

Baasha reinou vinte e nove anos, e muito teve de lutar contra o profeta Jeú por causa da adoração de deuses pagãos. Judá formava uma nação compacta, una, mas Israel tinha em seu seio grande número de tribos de outras raças. Algumas adoravam Baal, o deus do sol. Outras adoravam o Bezerro de Ouro, que para muitos povos da Ásia e da África era a corporificação de tudo quanto havia de forte e grandioso.

Muito difícil para os reis de Israel mudar aquela situação. Apesar do decorrer dos séculos os israelitas ainda formavam uma minoria racial nas terras conquistadas por Josué. Não podiam interferir na vida dos nativos sem provocar revolta. É assim na Índia de hoje. Existem lá muitas seitas religiosas que os ingleses não aprovam – mas nas quais não interferem. A grande rebelião que houve em consequência do desrespeito a certos preconceitos religiosos das tropas hindus valeu como lição que não foi esquecida. O governo inglês não se aproxima dos templos indianos.

Baasha teria dificuldades dessa ordem. Os espíritos mais fanáticos censuravam-no, achando aquela tolerância um sinal de fraqueza. Viviam a sugerir-lhe (como também aos outros reis) o extermínio dos deuses pagãos, seus sacerdotes e todos os que se recusassem a aceitar Jeová como o único deus verdadeiro. E quando os reis se recusavam a isso, alegando razões de estado, os fanáticos os denunciavam como traidores e indignos de ocupar o trono.

Baasha, que subira ao poder por meio do crime, não estava em posição de afrontar riscos. Via-se forçado à leniência para com os adoradores do Bezerro de Ouro, já que contava com o amparo deles na luta contra os inimigos. E, consequentemente, ouvia com polidez as censuras de Jeú, sempre que o profeta o procurava, mas recusava-se a agir contra os pagãos. Essa política fez que por ocasião da sua morte o culto de Baal em Israel estivesse mais forte do que nunca. Jeú, em acessos de terrível cólera, profetizava toda espécie de calamidades; a dinastia de Baasha seria punida pela indiferença do seu fundador.

Essas predições se realizaram sem grande demora.

Logo depois da morte de Baasha, seu filho Elab foi assassinado. Não valia mais que seu pai, este Elab. Numa degradante festa que deu em Tirzah, entrou em disputa com Zimri, o comandante dos carros de assalto, e foi por ele apunhalado. Zimri tomou posse do palácio real e proclamou-se rei de Israel.

Esse inaudito ato de violência foi muito para aquele povo, apesar de acostumado, como estava, às soluções sangrentas. Seguiram emissários para Omri, o comandante geral do exército, naquele momento ocupado com o sítio de Gibeton. "Que viesse à capital restabelecer a ordem." Quando Zimri soube que o exército de Omri marchava na direção de Tirzah, perdeu o ânimo. Pôs fogo ao palácio e à cidade. Desse modo, em menos duma semana da subida ao trono, pereceu nas chamas da sua própria capital.

Como Zimri houvesse assassinado todos os irmãos de Elab durante a semana de governo, não existia nenhum candidato legítimo ao trono. A solução estava no acesso de Omri – e tornou-se ele o rei. Mas Tirzah era um montão de ruínas. Onde estabelecer a nova capital?

Omri adquiriu dum agricultor de nome Shemer umas terras a oeste, pela quantia de dois talentos (três mil dólares), e nelas ergueu a cidade de Shemer, ou Samaria.

Entre os muitos reis que em rápida sucessão ocuparam o trono de Israel, foi Omri o mais notável. Pelo menos sabia lutar. Bateu-se durante doze anos contra Benhadad, em luta muito desigual, mas conseguiu manter o reino intacto e ainda acrescê-lo de mais algumas terras. Ao morrer legou ao seu filho Acab um reino maior.

Com Acab começam as grandes desgraças do infeliz reino. Era um fraco, mas casado com mulher da maior força – Jezabel, filha de Ethbaal, rei de Sidon, a cidade fenícia. Os fenícios eram adoradores do sol, e Jezabel, uma devotada cultora da fé em Baal. Em regra, as rainhas adotam a religião do esposo; com Jezabel se deu o contrário. Quando veio para a Samaria trouxe seus sacerdotes particulares e imediatamente começou a construir um templo a Baal no próprio palácio de Ahab, no coração da capital israelita.

O povo horrorizou-se e os profetas bradaram aos céus. Nada abalou o ânimo da terrível mulher; ao contrário; a campanha de repulsa fê-la iniciar a perseguição de todos os adoradores de Jeová, instaurando um reinado do terror que iria prolongar-se até à sua queda do trono.

Afortunadamente para os perseguidos adoradores de Jeová, o reino do sul estava sob o governo dum rei sábio e inteligente, de nome Josafat, filho de Asa. Fora bem educado para a função real e era naturalmente diplomata e bom estrategista.

Josafat não ignorava a inferioridade militar de Israel e tratou logo de firmar uma trégua. Fez seu filho desposar Atalia, filha de Acab e Jezabel, e em seguida assinou com Acab um tratado de aliança ofensiva e defensiva. Depois de haver assim assegurado a paz na fronteira norte, atacou os moabitas e amonitas do mar Morto e conquistou-lhes os territórios. Isto deu-lhe grande fama, mas não aplacou a ira do profeta Jeú, que lhe censurava a atitude benévola para com a detestada Jezabel; Jeú denunciou o tratado de paz com os israelitas como um insulto a Jeová.

Não obstante a condenação do profeta, Josafat continuou a ser bem--sucedido em tudo quanto empreendia, e ao morrer foi muito chorado pelo povo. Faleceu no ano 850 a.C. e foi enterrado na sepultura de família, na cidade de Davi.

Vejamos agora o que se passava em Israel.

Depois do casamento do rei com Jezabel, tudo foi de mal a pior. A rainha fenícia estabelecera uma pura inquisição, e punia com a morte ou o exílio a todos quantos recusavam adorar o seu deus. O plano era converter a nação inteira.

Mas, como de costume, na hora suprema a consciência nacional despertava e agia. Um novo profeta apareceu para salvar o povo da completa degradação: Elias.

Pouco sabemos da vida anterior deste homem tão notável. Parece ser oriundo da Galileia, mas não há certeza. A maior parte da sua mocidade

A HISTÓRIA DA BÍBLIA

passou-a nas solidões de Gilead, nas margens orientais do Jordão, e sua vida foi influenciada por aquele ambiente físico. Era homem da escola antiga, dos que aceitavam Jeová sem exame, sem discussão, sem a mínima análise – fanaticamente.

Preferia o viver simples e sem conforto do deserto às amenidades urbanas. Chegava mesmo a detestar as cidades, "canteiros da luxuria e da indiferença religiosa". As cidades que toleravam, e mesmo abraçavam, os estranhos deuses trazidos da Fenícia, do Egito ou de Nínive eram focos de heresia que tinham que ser varridos da terra com todos os seus habitantes.

Do ponto de vista de Acab e Jezabel o profeta Elias era homem perigoso. Dava-lhe grande força a sua sublime convicção da certeza. Bravo como um leão. Completamente despido de ambições terrenas. Nada desejava para si. Todas as suas posses se resumiam num grosseiro burel de pele de camelo. Comia o que a caridade pública lhe dava. E em caso de extrema penúria (diziam) era alimentado pelos corvos do céu.

Em suma, um homem absolutamente invulnerável, que nada ligava ao mundo e para o qual a morte, por mais violenta que fosse, não faria mossa. Não admira, pois, que semelhante mestre causasse profunda impressão em seus contemporâneos.

Levava Elias uma vida inquieta e possuía forte senso do dramático. Aparecia de súbito na feira duma cidade qualquer e clamava imprecações. E antes que a multidão se recobrasse da surpresa, desaparecia. Pouco tempo depois era avistado em outro ponto, donde também desaparecia misteriosamente. O povo entrou a admitir que era um ser dotado de maravilhosos dons, entre os quais o da invisibilidade.

O povo sempre foi inclinado a exagerar as virtudes dos seus heróis. Com o passar do tempo Elias começou a assumir as proporções dum grande mágico. Suas palavras de sabedoria eram esquecidas, mas seus milagres andavam de boca em boca; e muitos anos depois de sua morte ainda as mães judias contavam às crianças as proezas do homem que anulava todas as leis da natura, que com um gesto detinha o curso dos rios, que multiplicava uma medida de trigo por doze, que curava os doentes e com igual facilidade revivia os mortos.

133

Essa tremenda figura, temida e reverenciada por todos os contemporâneos, fez-se um dos maiores atores do drama religioso do seu tempo.

Como raio descido do céu, caiu o profeta sobre o descuidado Acab no momento em que vinha de fazer algumas concessões ao culto de Baal. Isaías fulminou-o com maldições.

– Vai haver uma grande seca na terra – disse ele –, e fome, e peste, porque Jeová não tolera o pecado da idolatria.

O profeta clamou e desapareceu. Os soldados de Acab procuraram-no em vão. Elias havia sumido no deserto. Simples choça à beira duma profunda garganta – o Cherit – era o seu tugúrio. Lá ficou até meio do verão, tempo em que a escassez de água o induziu a procurar novo pouso. Elias cruza o país de leste a oeste até alcançar a aldeia de Zarefat, na costa do Mediterrâneo, dentro da jurisdição da cidade fenícia de Tiro. Mas a sua reputação de milagreiro o acompanhava até na terra dos pagãos, pois sabemos dos feitos que operou nessa aldeia: a ressurreição do filho morto da mulher que o abrigara, o aprovisionamento do celeiro dessa mulher durante os anos de carestia.

Elias esperou que a miséria e a fome de seus súditos levassem Acab à razão, mas enganou-se. A calamidade nacional só serviu para acirrar o ódio de Jezabel, que passou a perseguir os adoradores de Jeová ainda com maior furor. Bem poucos sacerdotes sobreviveram, graças ao socorro dum Obadias, mordomo do palácio real, que era um bom homem e soube escondê-los. Mas antes que também esses fossem descobertos e mortos, Jeová resolveu intervir.

Ordenou a Elias que voltasse a Israel e se dirigisse novamente ao rei. Elias foi, sabendo o perigo que corria ao cruzar as fronteiras do reino. Diante do palácio real esperou a chegada de Obadias (o mordomo andava por fora, em procura de pastagens para os cavalos do rei) e ao revê-lo pediu-lhe que preparasse Acab para outra solene visita do mensageiro de Jeová.

E novamente o rei e o profeta se defrontaram. Acab, que receava o mágico poder de Elias, atendeu-o com a maior paciência e seguiu suas instruções. Convocou os sacerdotes de Baal para uma reunião no alto do monte Carmelo a fim de dar-lhes ensejo de salvar o país. Do contrário sobreviria a revolução.

Os sacerdotes de Baal apressaram-se em reunir-se no monte Carmelo, e para lá também afluiu o povo, na esperança de assistir a alguma estranha mágica do profeta.

Viram o estranho velho de pé diante dum arruinado altar de pedra erigido centenas de anos antes, no tempo em que os judeus tomaram posse da zona.

Elias falou. Clamou ao povo que não podia haver dúvidas quanto ao deus mais poderoso, Jeová ou Baal. Era questão decidida já de muito tempo. Entretanto ia dar mais uma prova: pediu dois terneiros, deu um aos sacerdotes para que o preparassem para o sacrifício, e conservou o outro para si.

Os animais foram abatidos e a carne colocada sobre lenha nos dois altares – o velho altar de Jeová e o recente, de Baal.

– Vede o milagre – clamou Elias. – Não será acesa a lenha dos dois altares, mas cada facção pedirá a intervenção do seu deus e veremos o que acontece.

Durante horas os pagãos imploraram a assistência do deus Baal, sem nada conseguirem; a lenha do altar de Baal não se acendeu, por mais encantações e mágicas que fizessem.

Elias falou.

– Admirável deus, esse vosso Baal! – disse ele, esquecendo-se do perigo que corria. – Um poderoso deus que não pode nem socorrer os seus adeptos! Talvez ande de viagem. Talvez esteja dormindo. Gritai mais alto! Vamos!

Mas nada sobrevinha.

Elias esperou até ao cair da tarde, e então mandou ao povo que se aproximasse e observasse. E tomando doze pedras, símbolo das doze tribos judaicas, com elas reparou o arruinado altar antigo. Abriu-lhe depois em redor uma trincheira, de modo a isolá-lo completamente de tudo e de todos. Por fim, para melhor impressionar a multidão, mandou que derramassem barris d'água sobre a lenha do altar. E ao ver o altar bem encharcado, invocou o Deus de Abraão, Isaac e Jacó.

Imediatamente uma chama desceu do céu, que de jato inflamou e consumiu a lenha num fogo vivo. A oferenda de Elias subiu para o céu em rolos de fumo.

O poder de Jeová fora tremendamente revelado diante de todo o povo, e Elias fez imediato uso da vitória.

– Destruí esses impostores! – gritou ele apontando para os profetas de Baal. E o povo lançou-se contra os sacerdotes, agarrou-os e levou-os para as margens do rio Kishon, onde os trucidou a todos, exatamente quatrocentos e cinquenta falsos sacerdotes.

E Elias voltou-se para o rei:

– Jeová está agora satisfeito e antes da noite porá fim à seca.

Com essa promessa a cantar-lhe nos ouvidos, voltou Acab ao palácio, mas antes de lá chegar já o céu se sombreou de nuvens vindas do mar – e a tão retardada chuva caiu. Pela primeira vez em três anos e seis meses o solo de Israel entrava em contato com a água fecundante.

Quando Acab contou a Jezabel o que se havia passado, a rainha sofreu um acesso de furor. Imediatamente expediu ordem para que Elias fosse castigado como autor da matança dos seus sacerdotes.

Elias, porém, já havia desaparecido. Sabia que daquela vez não teria perdão e escondeu-se melhor do que nunca. Atravessou os territórios de Judá e Israel e só parou na aldeia de Beer-Sheba, na fronteira do reino sulista.

Mesmo ali não se sentiu a seguro, e tratou de mergulhar no deserto, onde errou durante quarenta dias sem tomar alimento. Por fim alcançou o monte Horeb, um dos picos da península do Sinai. Era um lugar sagrado. Mil anos antes Moisés recebera ali, por entre raios e trovões, as leis de Jeová.

A experiência que no Sinai Elias teve da presença de Jeová foi diversa da de Moisés. O Deus manifestou-se por meio duma rajada de vento que quase lança o profeta no abismo. Elias procura ouvir a palavra divina, mas em vão. Em seguida irrompe um fragor de terremoto e sobrevém o fogo. Elias escuta e nada ouve. Súbito, as manifestações cessam. O silêncio faz-se profundo – e Elias, afinal, ouve a voz do Deus.

Disse-lhe Jeová que voltasse e procurasse um sucessor capaz de prosseguir na tarefa, porque estava com os dias no fim e havia ainda muito trabalho a fazer-se em Israel.

Elias obedeceu. Deixou o deserto e penetrou nas detestadas cidades. Quando atingiu as planuras de Jezreel, onde os antigos Juízes tinham derrotado os exércitos dos amalecitas e midianitas, encontrou um campônio calmamente a lavrar a terra.

Jeová sugeriu-lhe que era aquele o seu sucessor. Elias deteve-se. Deixou a estrada e foi lançar o seu manto de camelo sobre os ombros do jovem desconhecido.

Eliseu (era o nome do moço) sabia da significação daquele gesto. Largou a charrua. Voltou para casa, despediu-se dos pais e acompanhou o novo mestre a fim de aprender com ele o segredo da sabedoria.

Entrementes o rei, sempre inquieto, mudava-se da Sumaria para a cidade de Jezreel a fim de lá erguer um novo palácio. Ora, aconteceu que o terreno mais adequado pertencia a um cidadão de nome Nabot. Acab propôs-lhe compra do terreno, até ali ocupado com um vinhedo. Nabot recusa. Era um bem de família que não tencionava vender.

Jezabel entra em cena. Acab era rei, não era? Podia, portanto, fazer como quisesse. Por que não malar Nabot e não ficar com o vinhedo? Tão simples.

Acab, porém, recusa-se a fazer isso. Receava novo encontro com Elias – e para pôr termo ao debate alega sentir-se adoentado e recolhe-se.

Jezabel aproveita-se da oportunidade. Na ausência do esposo acusa Nabot de alta traição, e sem qualquer forma de julgamento manda lapidá-lo, a ele e aos filhos, futuros herdeiros das cobiçadas terras. Os corpos das vítimas foram lançados aos cães famintos.

Mas eis que o vulto de Elias surge diante dos jardins do palácio, e suas palavras enchem o rei de indizível terror. Declara o profeta que antes de um ano os mesmos cães que haviam lambido o sangue de Nabot lamberiam o seu, e despedaçariam as carnes de Jezabel quando o corpo da má rainha fosse lançado à rua.

Tal predição parecia absurda e improvável; não obstante Acab, aterrorizado, só pensou nos meios de fugir ao triste destino vaticinado.

Havia ele estabelecido com tanta firmeza o seu governo tirânico, que nada temia dos próprios súditos. Logo, a morte, se tivesse de vir, só poderia vir do lado dos seus inimigos. E esses inimigos estavam ao norte. Acab tinha de guardar-se do rei Aram. Felizmente, para ele, o reino de Aram andava assolado pelo rei da Síria, e um ataque pelo sul, naquele momento, era de molde a pôr termo a todas as ambições dos aramitas.

Acab decidiu entrar em ação sem perda de tempo. Mandou mensageiros a Josafat, rei de Judá, propondo-lhe parceria na campanha contra Damasco. Josafat aceitou – e ambos marcharam rumo norte.

Os sacerdotes de Baal predisseram uma grande vitória, mas Micaias, um dos poucos profetas que tinham permanecido fiéis a Jeová, repetiu a predição de Elias, que o rei estava fadado a perecer, por mais que se esforçasse por fugir a tal sorte.

A maneira de proceder de Acab mostra que tipo de homem ele era. Disfarçou-se em soldado e fez que Josafat vestisse os seus trajes reais. "Porque assim", pensou ele, "os arameanos o reconhecerão, e de tal modo se empenharão em destruí-lo que se esquecerão de mim".

Mas quando o ataque se realizou, Josafat, apesar das vestes reais, nada sofreu, e Acab, vestido de soldado comum, foi atravessado por uma seta perdida, que o matou.

Seu corpo foi levado a Jezabel, e depois das cerimônias fúnebres os servos lavaram o carro de guerra que havia trazido o cadáver do rei. A água carregou para o chão o sangue de Acab, e os cães beberam da mistura – confirmando-se assim o vaticínio do profeta.

A morte de Acab significou mais que uma simples mudança de soberano. Foi o começo de um longo período de anarquia.

Acab teve como sucessor a seu filho mais velho, Aazias, mas logo depois da unção o jovem soberano caiu duma janela do palácio de Samaria, ferindo-se gravemente. Foram mandados mensageiros ao templo de Baal, em consulta se o doente convalesceria. Elias interceptou esses mensageiros e declarou-lhes que "Não".

De fato, Aazias faleceu em consequência da queda.

Seu irmão Jeoram não foi mais afortunado. Mesha, rei de Moab, comprometido ao pagamento dum tributo anual a Israel, levantou-se em rebeldia. Jeoram convidou Josafat para a invasão às terras dos moabitas, que seriam divididas entre Israel e Judá. Josafat concordou. Mas a expedição foi malsucedida desde os começos. Por motivo inexplicável os dois reis experimentaram cruzar o deserto do mar Morto, em vez de seguirem pelo caminho usual, muito mais conveniente. Perderam-se no deserto e quase morreram de sede. Ao alcançarem Moab, viram-na tão bem defendida que o recurso único era o assédio.

Durou longos meses o assédio. Por fim, quando a presa parecia prestes a render-se, o rei de Moab decidiu fazer um sacrifício. Um sacrifício tremendo, de que os homens e os deuses jamais se esquecessem. Tomou ao próprio filho mais velho e matou-o sobre as muralhas da cidade, à vista das tropas sitiantes, e queimou-lhe as carnes para maior glória dos ídolos moabitas.

Ao verem aquilo, os judeus desanimaram, porque já não tinham muita confiança no velho Jeová e temiam a ira do deus de Moab, que vinha de receber tão tremenda prova de devoção. Consideraram inútil prosseguir no assédio e retiraram-se.

Foi esse um momento bem crítico da história do povo judeu. A casa de Omri era onipotente nos dois reinos. No do norte Jezabel governava, com o despotismo de sempre; ao sul sua filha Atalia governava não só o país como o esposo, de acordo com as sugestões de seus conselheiros de fora. Nos dois reinos o predomínio de Jeová parecia completamente morto. Baal triunfava. Qualquer coisa tinha de ser feita, e depressa, para sacar o povo àquela loucura.

Mas o homem das grandes ocasiões já não existia. O grande profeta rendera a alma. Certa vez, em que passeava com Eliseu, um carro vindo do céu arrebatou-o. Pelo menos foi assim que Eliseu explicou ao povo o fim de Elias, quando apareceu sozinho da cidade de Betel – e ninguém duvidou da sua palavra. Eliseu havia herdado do grande mestre o mágico poder sobre as forças da natureza, e era, portanto, merecedor do máximo respeito.

Quando os garotos travessos da cidade de Betel motejaram da sua calvície, dois ursos irromperam duma moita e devoraram as crianças, dando assim um terrível aviso às outras. Isto aliás é pouca coisa, porque não tinham fim as coisas que Eliseu podia fazer. Como Elias, estacava a correnteza das águas, fazia o ferro flutuar e os doentes levantarem-se sãos. E também era dotado da mesma invisibilidade.

Muito lhe valeram tantos dons quando viu que era tempo de alijar Jezabel da vida judaica, e Eliseu deliberadamente se colocou à testa dum movimento revolucionário, resolvido a desmontar a casa de Omri e purgar Israel e Judá das iniquidades do culto do sol.

Eliseu, entretanto, não tomou parte ativa no levante. Não era homem da espada, embora fosse violento quando se tratava duma questão de princípios. Deixou a luta para um homem de nome Jeú – uma das mais pitorescas figuras do Velho Testamento.

Jeú era um capitão do exército israelita, famoso por sua imprudente bravura. Corria mais veloz que qualquer outro homem, lançava setas com inigualável pontaria, era incansável na perseguição dos inimigos. Por todas estas razões, exatamente o chefe a ser escolhido para a perigosa tarefa de derrubar uma dinastia tão firme no poder. E além do mais tinha sorte.

O rei da Judeia e o rei de Israel, intimamente aparentados, viviam harmônicos e atentos. O de Israel foi o primeiro a farejar o perigo. Quando soube que Jeú chefiava as tropas em marcha contra ele, procurou fugir em seu carro de guerra. Muito tarde, Jeoram caiu atravessado por uma flecha. Seu corpo ficou à margem duma estrada e quando os soldados do exército regular, que vinha perto, o encontraram, arrastaram-no para o terreno que o rei Acab havia extorquido de Nabot, e lá o deixaram entregue à sanha dos cães famintos.

Aazias, sabendo da sorte do tio, procurou alcançar as fronteiras. Perto de Inleam, na terra de Manassés, foi atacado pelos rebeldes, que o feriram mortalmente. Conseguiu, entretanto, arrastar-se até Megifo, a célebre fortaleza próxima ao campo de batalha de Armagedom, onde tantos reis judeus haviam encontrado morte violenta, e lá morreu.

Destruídos esses dois elementos, a ira de Jeú se voltou contra Jezabel. Ao ver-se perdida, a velha tirana arrostou o fado com grande dignidade. Entrajou-se nas vestes reais e esperou impávida a vinda dos algozes; Jeú penetrou no palácio e deu ordem aos servos para que a lançassem pela janela. Dois eunucos do harém obedeceram à ordem.

Jezabel foi lançada à rua, e por cima de seu corpo passou Jeú de carro, sem olhar para trás.

Nessa noite, ajudados pelas trevas, uns poucos servidores fiéis do rei Acab deixaram o palácio para dar a Jezabel o funeral que lhe cabia como filha de rei.

Não lhe encontraram o corpo; havia sido devorado pelos cães.

E a vez também chegou a todos os descendentes de Acab. Pela maior parte haviam fugido para Samaria, mas ao verem que o país inteiro acompanhava Jeú, entregaram-se incondicionalmente. Era impossível a luta. Jeú não poupou a um só. Suas cabeças foram arrumadas em dois montes fora dos muros da cidade, como advertência aos que ainda tentassem opor-se ao chefe rebelde.

Pouco depois quarenta e dois príncipes da real casa de Judá sofreram igual destino.

Restavam os sacerdotes de Baal. Jeú proclamou que nada tinha contra eles e até se sentia bem disposto quanto à sua religião; e convidou-os a se reunirem em certo templo para a discussão do que devia ser feito. Vieram os sacerdotes. Assim que entrou o último, as portas do templo foram fechadas, e ao cair da noite já não existia um só adorador do sol.

Dum golpe Jeú pôs termo ao perigo da dominação estrangeira.

A casa de Omri fora exterminada.

Os sacerdotes de Baal já não existiam.

Jeú subiu ao trono e Eliseu exultou. O triunfo de Jeová havia sido completo.

Mas breve verificou o povo que aquela vitória, obtida à custa de tanto assassínio, nada fizera para o bem comum. Não havia dúvidas sobre a impetuosidade de Jeú, mas faltava-lhe sabedoria e senso de proporções. Tornou-se logo amoldável como cera nas mãos dos chefes religiosos, reunidos em redor de seu trono para induzi-lo a pôr em prática as suas estreitas ideias políticas.

O medo que tinham a tudo que fosse estrangeiro, deuses ou homens, era excessivo. Não toleravam a ninguém que não fosse do mais puro sangue judeu. Erigiram uma imaginária barreira em redor de Israel e Judá, para isolá-las do mundo exterior. Desprezaram alianças com outras nações e declararam que tratados com povos que não reconheciam a Jeová como o deus único eram odiosos a esse deus.

Mas tanto Judá como Israel eram muito fracas para sobreviver sem o concurso de bons amigos e aliados a leste e oeste, de modo que a política de isolamento dos profetas resultou desastrosa, sobretudo num momento em que todos os chefes militares profissionais (os príncipes de sangue real) haviam sido exterminados e o exército privado de oitenta por cento da alta oficialidade.

Aos olhos dos fiéis a grande revolução de Jeú tinha purgado Israel e Judá de todas as influências barbarescas. Daí por diante os dois países iriam permanecer "territórios sagrados". Era uma bela ambição, mas destinada a falhar.

Nada se consegue no mundo com o crime. Mesmo homens piedosos, como os profetas Amoz e Oseas, tiveram mais tarde de reconhecer este fato e exprimiram repugnância pelo derrame de tanto sangue inocente. Mas falaram já muito tarde.

Também no Aram ocorrera uma revolução. Azael, o general sírio, assassinou o rei Benhadad II e subiu ao trono. Conseguiu aumentar o poderio de Damasco, mas quando Shalmaneser, filho de Ashurnasirpal, da Síria, atacou o Aram, a estrela de Azael apagou-se. Seus exércitos foram batidos junto ao monte Hermon e Damasco foi capturada. Quando a notícia chegou às costas do Mediterrâneo, os reis de Sidon, Tiro e Israel apressaram-se em aceitar as condições que o assírio houve por bem impor. Perceberam que um novo senhor chegara.

Certos documentos assírios dessa época demonstram que a batalha do monte Hermon se deu no ano 842 a.C. e que Jeú, sucessor de Omri, se tornou tributária da Síria. Para consolar-se do que perdera, logo que Shalmaneser voltou para Nínive Azael invadiu o norte de Israel e apoderou--se de vários distritos judeus. Exterminou tribos inteiras, matando os homens, roubando as mulheres, lançando as crianças do alto das rochas – e repovoou a região com gente vinda do Aram.

Não sabendo o que fazer, Jeú apelou para Shalmaneser, de quem se fizera vassalo; mas, antes que os assírios pudessem prestar-lhe qualquer assistência, os arameanos, sabedores desse passo, invadiram Israel, destruíram em boa parte o exército de Judá e juntamente com os moabitas, edomitas e filisteus saquearam à farta os dois países.

Os que escaparam à espada do invasor e não morreram de fome aceitaram a escravidão. Samaria foi a única cidade que permaneceu na posse dos judeus.

Nessa tremenda hora de desastres, vem Eliseu em ajuda de Jeú. O rei e o profeta defenderam Samaria até que a Síria os socorresse. Do ponto de vista patriótico tornaram-se eles os salvadores da nação. Os assírios batem o rei de Aram, ocupam Damasco e assim aliviam a pressão dos arameanos sobre Israel. Mas em seguida apresentaram a conta.

Exigiram pesadíssima paga, e ainda um tributo anual em retribuição da proteção futura.

Daí por diante os israelitas passaram todo um século tentando libertar--se do jugo estrangeiro – às vezes com algum sucesso. Jeoaaz, filho de Jeú, teve sorte em sua guerra pela independência. Tomou Damasco e levou suas tropas na direção de Nínive.

Jeoas, seu filho, também foi um guerreiro de sorte. Deixou que Eliseu o guiasse e nunca se afastou do grande profeta. Manteve-se fiel a Jeová – o que o não impediu de saquear o templo de Jerusalém logo que a oportunidade se ofereceu.

Mas foi Jeroboão, o filho de Jeoas, quem deu a Israel o seu último lampejo de independência e glória.

Os contemporâneos deste grande rei tiveram a impressão do retorno dos grandes dias salomônicos. Tudo parecia a ponto de voltar à grandeza de outrora. Mas sobreveio logo o mais amargo desapontamento. Era clarão de lâmpada que vai extinguir-se.

Não há dúvida que a primeira metade daquele século foi uma era de repentina e inesperada prosperidade. Rapidamente aldeias se transformaram em cidades. As estradas comerciais foram restauradas. O tráfego das caravanas intensificou-se.

Mas com a volta da riqueza vieram os males econômicos dum sistema baseado na especulação. A vida simples dos patriarcas tornou-se coisa do passado. Voltaram os dias de Salomão, mas no que tinham de pior.

Jeová foi esquecido. Com infinita paciência e corajosa tenacidade, os profetas Amoz, Isaías e Oseas – os grandes profetas do século oitavo – esforçaram-se por convencer o povo do erro em que caía, porque apenas a riqueza não torna o homem feliz.

Elias e Eliseu haviam denunciado a perversidade do mundo por entre relâmpagos e trovões. Amoz, Isaías e Oseas eram de tipo diferente. Não se limitavam a pregar. Também escreviam.

Naquele tempo já tinham os judeus aprendido com os seus vizinhos da Babilônia a arte da escrita e começaram a reunir coleções de histórias do passado; as palavras dos profetas eram fixadas para lição das gerações futuras.

Sem descanso, Isaías, Oseas e Amoz repetiam suas advertências, de que o acúmulo de ouro não era tudo no mundo. E com inesgotável energia procuraram persuadir os moços de que o prazer, conquanto não condenável em si, não produz aquele misterioso contentamento espiritual que, só ele, dá interesse à vida.

Quando se convenceram da inutilidade do ensinamento e começaram a prever, com clareza cada vez maior, o fim da independência nacional, mudaram de tom e explodiram em palavras de fogo, como o povo não as tivera desde o tempo de Elias.

Durante a maior parte de sua carreira, entretanto, conservaram-se afastados da política; só a discussão da verdade os interessava.

A homens desse tipo chamamos modernamente "reformadores sociais". Pregavam aos ricos a caridade e aos pobres a paciência. Propagavam a nova doutrina da indulgência e da mútua assistência. E como final conclusão às suas ideias básicas, lançavam também a nova doutrina dum Jeová bondoso, que amava aos seus seguidores como a filhos, e pedia que todos os fiéis fizessem o mesmo uns aos outros.

Ah! bem pouca gente os ouvia... De tal modo exultavam os judeus com a onda de prosperidade, com as conquistas do seu rei Jeroboão, com o aumento do comércio, que não tinham tempo a perder com os anunciadores de desgraças. Como desgraças, se tudo corria tão bem?

Quando começaram a suspeitar do acerto existente nos avisos daqueles homens, era tarde.

Na distante Nínive um soldado de sorte e grande astúcia se havia apoderado do trono. Chamava-se a si próprio Tiglat Pileser, em honra a um herói nacional que vivera quinhentos anos antes. Tiglat sonhava a formação dum império que fosse do Tigre ao Mediterrâneo – e mais cedo do que o esperou, os judeus deram-lhe ensejo de realizar a ambição.

Aaaz, rei de Judá, empenhado numa obscura intriga de que não temos pormenores, ao ver-se em ponto de guerra com Aram pediu auxílio a Pileser. Quando o fato se tornou conhecido, o profeta Isaías foi prevenir o rei dos perigos dessa aliança com um pagão. Um rei de Judá só devia depositar confiança numa força – Jeová. Aaaz respondeu que não pensava assim e recusou-se a confiar no deus da nação. Sabia o que estava fazendo. Sua expedição contra Aram tinha todos os elementos de sucesso.

Isaías, então, previu para breve a desgraça de Israel e de Judá. Antes que as crianças nascidas naquele ano chegassem à virilidade, os dois países estariam escravizados.

Nada demoveu Aaaz do seu intento. Deu todo o ouro e prata que existia no Templo de presente a Pileser, e quando viajou para o norte, a fim de prestar homenagem ao seu augusto aliado, levou consigo o altar de bronze que existia no Santuário desde os tempos de Salomão – e em Damasco o ofereceu ao rei assírio.

Pileser mostrou-se muito agradecido. Mas se o presente o fez mais amigo dos judeus, não o sabemos, porque a morte não tardou a pôr ponto final em seus planos. Supomos, entretanto, que Pileser teria, pelo menos, poupado a Judá.

Seu sucessor, Shalmaneser, que talvez herdasse de Pileser seus planos de política externa, mostrou-se generoso para com Judá – mas implacável para com Israel.

Quando Oseas, o último rei de Israel, soube que seu reino ia ser invadido, procurou precipitadamente aliar-se com o Egito; antes, porém, que de lá viesse socorro, o rei assírio cruza as fronteiras, bate as forças israelitas e manda Oseas para Nínive como prisioneiro de guerra. Em seguida começa o assédio de Samaria.

O povo dessa cidade defendeu-se com a maior coragem durante mais de três anos. Shalmaneser foi ferido num assalto e morreu junto aos muros da cidade. Mas Sargão, seu sucessor, dá ímpeto ao ataque e apodera-se da presa.

Era a última resistência dos israelitas que se quebrava. O reino chegara a um fim ignominioso – e um período de grandes sofrimentos começou.

Cerca de cem mil pessoas foram levadas para o exílio e o pobre país, terrivelmente devastado pelas contínuas guerras, se viu repovoado de emigrantes assírios, os formadores duma raça nova – os samaritanos. No começo eram súditos da Síria; foram depois governados pelos babilônios, pelos macedônios e pelos romanos. Nunca conseguiram viver em estado de independência.

Por mais de século e meio Judá sobreviveu à nação irmã, conseguindo manter uma nominal independência à custa do mais abjeto servilismo. Quando Senacherib subiu ao trono assírio e começou a sua malfadada expedição contra o Egito, Ezequias, rei de Judá, comprou a imunidade por trinta talentos de ouro. Para levantar esse ouro retirou o último que havia nas incrustações do Templo.

É curioso verificar que o povo de Jerusalém não sentia a humilhação que pesava sobre Judá. Comia e bebia alegremente, enquanto funcionários e soldados estrangeiros vagueavam insolentemente pelas ruas da cidade. Mas de súbito aquela indiferença se tornou em horrível medo.

Circularam rumores de que Senacherib, arrependido da sua generosidade, estava disposto a arrasar Jerusalém para prevenir a possibilidade de um ataque pelas costas.

No pânico que se seguiu, os judeus voltaram-se para os profetas. O rei fracassara, mas Isaías dera-lhes palavras de encorajamento, prometendo-lhes o auxílio de Jeová, caso defendessem a capital até aos extremos.

A previsão pareceu prestes a realizar-se. Os exércitos da Síria atolaram-se no delta do Nilo; a maior parte dos homens morreu de febres, e os restantes, apavorados com uma misteriosa doença (e mais ainda com uma invasão de roedores que comiam até a corda dos arcos) recusaram-se a prosseguir na campanha.

Isaías rejubilou-se – mas um tanto cedo. O inimigo preparava-se para terrível revanche.

Em meados do século sexto Zedequias subiu ao trono de Judá, caindo sobre a influência de diversos estrangeiros, e passou a pensar apenas em seu regalo pessoal. A independência do país não lhe interessava.

A Síria sofrera o destino de todos os impérios, fora conquistada pelos caldeus (outra tribo semita), os quais fundaram um novo país, com a Babilônia como capital.

Esta mudança de senhores não afetou Zedequias.

Contanto que o deixassem em paz, tanto pagaria tributo ao rei da Síria, como ao do Egito ou da Caldeia. Mas os povos covardes tornam-se às vezes temerários.

Quando Nabucodonosor, rei da Caldeia, entrou em luta com o Egito, Zedequias deu tento aos que em sua corte propugnavam pelo levante de Judá. Em vão Jeremias, o novo profeta, ergueu sua voz contra a loucura. Aparecendo diante do rei, avisou-o de que qualquer tentativa de revolução terminaria em desastre. Mas o rei, empolgado pelo entusiasmo, recusou-se a ouvi-lo.

Jeremias recordou-lhe que já servira a quatro outros reis judeus, e que os conselhos que dera sempre foram acertados. Zedequias, encolerizado, mandou-o que se retirasse.

Logo depois suspendeu o pagamento dos tributos e proclamou a independência. Nabucodonosor reagiu. Lançou suas forças contra Jerusalém.

Não estava Jerusalém preparada para resistir a um assédio. Havia falta d'água, e a peste irrompeu no povo pobre. Só Jeremias se mantinha firme, não querendo ouvir a palavra rendição. O povo, enfraquecido pela doença, voltou-se contra ele. Acusou-o de estar a soldo inimigo – e quando o profeta quis defender-se, lançou-o numa prisão.

Um negro apiedou-se do velho profeta e tirando-o da escura cova ocultou-o na casa do guarda durante todo o tempo do assédio.

Antes da rendição de Jerusalém, o último rei de Judá abandonou o seu povo. Pela calada da noite, e seguido duns poucos cortesãos, Zedequias deixou o palácio e conseguiu varar a linha das sentinelas inimigas. Quando amanheceu, encaminhava-se no rumo do Jordão.

Nabucodonosor soube da fuga e contra eles enviou tropas de cavalaria. Apanharam-no perto de Jericó.

Terrível, a punição do último rei de Judá. Primeiramente foi obrigado a presenciar a execução de seus próprios filhos. Furaram-lhe depois os olhos e mandaram-no para Babilônia, onde teria de figurar na procissão de triunfo do imperador caldeano. Por fim foi lançado a uma prisão, e lá morreu.

Quanto a Jeremias, os caldeus, que eram um povo de alta civilização para a época, pouparam-lhe a vida e trataram-no com grandes honras. Respeitaram-lhe a sabedoria e a liberdade de movimentos; que vivesse como quisesse; ninguém o molestou.

Os judeus, entretanto, recearam sofrer o mesmo destino dos israelitas já em cativeiro e prepararam-se para fugir rumo ao Egito. Jeremias aconselhou-os a que o não fizessem; que ficassem onde estavam. O pânico na cidade era grande. Ninguém o ouviu. Tomaram às costas o que puderam e partiram. Jeremias, sempre leal para com sua gente, teve de acompanhá-los.

Mas estava por demais idoso para resistir às durezas da marcha. Morreu numa aldeia egípcia e foi enterrado à margem do caminho.

Isso, quinhentos e oitenta e seis anos antes da vinda de Cristo ao mundo.

Jerusalém estava em ruínas.

Um governador caldeano passou a morar na casa de Josué e Davi.

As paredes do Templo, enegrecidas pelo fumo do incêndio, estampavam-se no céu azul de Canaã.

O último estado judeu chegara ao fim. Judá havia pago o preço da sua indiferença para com a vontade de Jeová.

QUEDA E EXÍLIO

Longo exílio na Síria e na Babilônia leva os judeus à compreensão do que haviam feito e do que deveriam ter feito. Longe da velha pátria, espalhados pelas cidades e aldeias da Mesopotâmia, começam o cuidadoso estudo das antigas leis e crônicas, que em tempo próprio os iria levar a uma sincera e profunda adoração de Jeová.

Os novos senhores do povo judeu pertenciam a uma raça deveras notável. Desde os dias de Amurábi, o grande legislador que viveu mil anos antes de Moisés, os babilônios eram tidos como o povo mais civilizado da Ásia ocidental.

A cidade da Babilônia fora poderosamente fortificada e cercada de muralhas duplas. Cem milhas quadradas de casas, ruas, jardins, templos e mercados! Ruas largas e retas. Casas construídas de tijolos, espaçosas, muitas de dois e três andares.

No coração da cidade, numa colina pouco elevada, erguia-se o famoso palácio de Nabucodonosor. Seus inúmeros terraços davam a impressão dum grande parque aéreo – donde veio o mito dos jardins suspensos da Babilônia. Cidade cosmopolita, como a moderna Nova Iorque.

Os mercadores babilônios eram excelentes negociantes que traficavam com o Egito e a remota China. Haviam inventado um sistema de escrita que serviu de base para o alfabeto fenício que ainda hoje usamos. Também muito versados em matemáticas. Foram eles que deram ao mundo as primeiras noções de astronomia, e dividiram os anos em meses e os meses em semanas, como ainda hoje é de uso. A criação dum sistema de pesos e medidas também foi obra deles.

Os babilônios desenvolveram as leis morais mais tarde incorporadas por Moisés nos Dez Mandamentos e que ainda hoje constituem os alicerces do cristianismo.

Eficientes organizadores, ampliaram deliberadamente, e com firmeza, os seus domínios. A conquista de Judá, entretanto, não passou de mero acidente, que nada tinha a ver com a tradicional política de expansão. Um dos seus soberanos saíra à conquista do Aram e do Egito. Judá estava no caminho. Por simples precaução militar ele a ocupou. Nada mais.

Temos sérias dúvidas se os babilônios do tempo de Nabucodonosor estavam conscientes da existência dos judeus. Talvez os olhassem como aqui nos Estados Unidos olhamos os "pueblos" dos índios. Sabemos que uma tribo aborígene se conserva em estado de semi-independência em qualquer parte a sudoeste. O ponto exato ignoramos e não nos interessa. Contentamo-nos que alguém no Bureau dos Negócios dos Índios o saiba e cuide deles. A vida é muito cheia de coisas. Vivemos muito ocupados com os nossos próprios negócios para darmos atenção a um pequeno grupo racial que nada significa para nós.

O leitor deve ter isto em mente se deseja compreender o que se segue. Não havia ainda nenhum sinal do importante papel que os descendentes de Abraão e Isaac iriam desempenhar na história da humanidade.

Os mais velhos cultores da história nem sequer se referem aos judeus. Heródoto, por exemplo. Esse "pai da história" procurou dar um relato de tudo que aconteceu no mundo depois do dilúvio (o dilúvio grego, não o dos judeus, o qual faz parte dum antigo mito babilônico). Como o geral dos atenienses, Heródoto era tolerante e curioso. Ansiava por conhecer tudo que os vizinhos da Grécia haviam dito, pensado ou feito, tudo que pudesse caber em livro.

Heródoto não tinha preconceitos raciais, e sempre viajava em busca de informações de primeira mão. Conta-nos muita coisa interessante dos egípcios, dos babilônios e outros povos da costa do Mediterrâneo, mas nunca ouviu falar dos judeus; refere-se à gente que povoava a Palestina de modo muito vago, como uma tribo desconhecida que praticava a higiene a seu modo.

Quanto aos caldeus, olhavam para os pobres exilados como nós hoje olhamos para um esquecido grupo de imigrantes russos ou armênios que cruza a nossa cidade com destino a qualquer parte lá pelo oeste.

Ora, isso nos deixa com uma única fonte de informação: o Velho Testamento. Mas os compiladores dessa grande história nacional não eram historiadores como os entendemos. Muito desleixados quanto ao nome certo de seus senhores de fora. Muito vagos em geografia. Constantemente se referem a lugares que ninguém pode identificar com alguma precisão.

E muitas vezes deliberadamente ocultavam o real sentido de suas palavras. Empregavam estranhos símbolos. Referiam-se a uma baleia que engoliu um náufrago e dias depois o vomitou em terra firme, querendo dizer que o grande império da Babilônia conquistara a pequena Judá e depois de meio século foi obrigado a libertá-la. Isto seria muito compreensível para os homens de vinte e cinco séculos atrás, mas não é claro para os que, como nós, só conhecem a Babilônia como um árido montão de pedras.

Apesar disso, os últimos vinte livros do Velho Testamento desforram-se em quantidade do que lhes falta em precisão, permitindo-nos reconstruir o quinto, o quarto e o terceiro séculos antes de Cristo com bastante segurança.

Com a ajuda deste material, tantas vezes duvidoso, vamos dizer ao leitor o que vale a pena saber-se do drama espiritual que se seguiu.

O exílio, no caso do povo de Judá, não significava escravidão. De certo ponto de vista, a mudança da Palestina para a Mesopotâmia foi um bem para a grande massa. Os exilados de Israel tinham vindo século e meio antes, de quatro ou cinco cidades, largamente separadas, para as vizinhanças da Babilônia. Mas aos exilados de Judá no ano 586 foi permitido manterem-se juntos e estabelecerem-se de modo a formarem uma honesta colônia judaica.

Eram na realidade um bando de peregrinos involuntários, que vinham dos superpovoados pardieiros de Jerusalém para o ar livre de Chebar. Deixavam os campos e vales estéreis da velha terra de Canaã para irem habitar as bem irrigadas pastagens da Babilônia central.

E não sofriam injustificada violência dos novos amos, como lhes sucedera no Egito mil anos antes. Permitiam-lhes conservar os chefes e sacerdotes. Suas cerimônias religiosas e seus costumes não sofriam interferências. Podiam corresponder-se com os amigos deixados na Palestina. Eram encorajados a praticar as velhas artes a que andavam afeitos. Livres, portanto, com direito a terem servos e escravos. Nenhuma profissão ou ramo de comércio lhes era fechado, e breve um grande número de nomes judaicos começou a aparecer na lista dos grandes mercadores da Babilônia.

Eventualmente, ainda os mais altos cargos oficiais lhes eram franqueados, e os reis da Babilônia mais de uma vez solicitaram os favores das mulheres judias.

Em suma, os exilados dispunham de tudo que os podia fazer felizes, exceto a liberdade de irem para onde lhes aprouvesse.

Mas, ai, os judeus se viram atacados duma nova doença: a nostalgia.

Esta aflição sempre exerceu uma estranha influência sobre a alma humana. Aformoseia com suaves reminiscências a terra abandonada. Dilui, apaga tudo que no passado foi ruim. Inevitavelmente transforma os "velhos tempos" nos "belos tempos", e dá aos anos vividos no velho ambiente o tom das "idades de ouro".

Quando um homem se sente atacado de nostalgia, recusa-se a aceitar o que quer que seja da terra nova em que vive. Seus novos vizinhos não valem os antigos (com os quais, entretanto, sempre andavam a ferro e fogo). A cidade que agora os abriga (embora dez vezes maior e vinte vezes mais brilhante que a aldeia que ele deixou) parece-lhe uma coisa miserável. E o clima, aquele clima novo? Que horrível!

Tudo, em suma, que é "velho" torna-se "bom" e tudo que é "novo" passa a significar "mau", "abjeto" "objecionável".

Um século mais tarde, quando os judeus no exílio tiveram permissão para regressar a Jerusalém, bem poucos se aproveitaram do ensejo. Mas enquanto não podiam sair da Babilônia, a terra da Palestina ficou-lhes como o Paraíso Perdido – e essa atitude se reflete em tudo quanto escreveram.

Geralmente falando, a vida dos judeus durante o exílio foi morna e sem incidentes. Cuidavam dos negócios e esperavam. No começo esperavam com a ânsia de quem sente qualquer coisa súbita a acontecer. As palavras de condenação do grande Jeremias, que havia predito o desastre, ainda lhes cantavam nos ouvidos. Mas Jeremias estava morto e ninguém viera substituí-lo.

Nos capítulos anteriores dissemos umas poucas palavras sobre os profetas judeus. Desde tempo imemorial foram eles os chefes espirituais do povo, e em diversas ocasiões se tornaram a expressão concreta da consciência nacional.

Mas os tempos mudaram. Em matéria de instrução religiosa os judeus já não dependiam da palavra falada. Tinham agora um alfabeto próprio e uma gramática.

Esse alfabeto fora bastante cru no começo. Sem vogais. Deixava muito campo à imaginação.

O mesmo pode ser dito das regras da escrita. Nenhuma distinção clara entre os tempos perfeitos e imperfeitos. O mesmo tempo indicava a coisa já acontecida ou a acontecer. Temos de adivinhar a verdadeira significação da sentença.

Tal forma de expressão cabe bem na poesia, e daí a beleza de muitos salmos. Já desmerece quando o escritor tem que lidar com ideias concretas ou procura relatar coisas sucedidas.

Não se percebe onde a profecia acaba e a história começa. Mas foi o melhor que os judeus tiveram antes que adquirissem o uso do alfabeto aramaico; apesar de cru e imperfeito, servia excelentemente aos fins.

O alfabeto permitiu aos profetas de ideias novas a possibilidade de alcançar os elementos judaicos onde quer que se achassem, no Egito, na Babilônia, nas ilhas do mar Egeu. Também lhes permitiu ordenar as velhas e vagas formas do culto, tornando possível o grande sistema de codificação religiosa e civil que encontramos no Velho Testamento e no Talmud. O profeta assumiu funções novas. Passou a explicar às crianças das novas gerações a palavra escrita dos antepassados. Para o homem de ação, era um sábio contemplativo, que vivia e morria rodeado de livros. De quando em quando ainda vemos profetas caminhando entre os homens e falando nas feiras. Mas como o número de escolas onde os profetas se treinavam fosse aumentando, sua influência ia diminuindo.

Jeová cessou de ser o Jeová dos descampados batidos pelos ventos e das montanhas agrestes. Tornou-se a Lei. Já não falava aos homens por entre raios, ao estampido dos trovões. Sua voz só era ouvida na solidão das bibliotecas. E o profeta se tornou o rabi – o sacerdote que expõe, explica, elucida e gradualmente soterra o espírito da Vontade Divina sob montanhas de eruditas anotações e críticas, em quantidade tanto maior quanto mais os séculos se passam.

Este novo desenvolvimento, entretanto, não veio de chofre, e o tempo do exílio deu surto a diversos homens que suportam a comparação com os seus grandes predecessores.

Dois profetas desse tipo se destacam. Um, Ezequiel. Do outro não sabemos o nome – o que foi o "evangelista entre os profetas". Falava uma língua nova, jamais ouvida em Israel ou Judá. Suas palavras nós as encontramos embutidas na última metade do Livro 33 do Velho Testamento, denominado Isaías.

Esse livro contém 66 capítulos. Os primeiros 39 podem ser obra do profeta Isaías, que viveu durante os reinados de Jatam, Aaaz e Ezequias, e predisse o fado das duas nações judaicas muito antes do advento de Senacherib e Nabucodonosor. Mas os últimos 23 capítulos são evidentemente obra dum homem que viveu séculos depois e usava língua e estilo muito diversos.

Não nos surpreende que duas obras tão dissemelhantes fossem enfeixadas no mesmo livro. Os compiladores do Velho Testamento não eram meticulosos em certos pontos. Tomavam tudo que lhes parecia bem, de onde quer que lhes viesse, e tudo iam colando nos rolos, sem o moderno cuidado com que ordenamos excertos.

Em consequência disso perdemos a identidade do homem que escreveu a segunda parte do livro de Isaías. Mas não é coisa que importe muito. Como "Autor Desconhecido" o poeta ganhou mais fama do que muitos contemporâneos cuja genealogia foi incorporada no Velho Testamento.

O que torna o seu trabalho tão valioso é a sua nova visão do poder e caráter de Jeová, deus que para ele já não é o deus tribal dum grupo de tribos semitas, sim um deus com o nome escrito no céu de todas as terras – o soberano senhor de todos os homens.

O próprio rei da Babilônia, tão poderoso, e o não menos poderoso rei da Pérsia (para o qual os judeus escravizados olhavam com esperança) eram inconscientes servos do Deus Único cuja vontade é a lei suprema dos homens.

Esse Deus não é uma divindade cruel que odeia aos que o não conhecem. Bem ao contrário, oferece o seu amor e a sua misericórdia aos que ainda vivem nas trevas e nunca lhe souberam o nome. Não se oculta ao homem atrás das nuvens da sua própria perfeição. É visível a todos quantos têm olhos para ver. Suas palavras são claras a todos que têm ouvidos para ouvir. É o Pai amoroso de todos os homens, o Pastor que procura levar os rebanhos rebeldes ao porto seguro da paz e da equidade.

Uma tal linguagem estava muito adiante dos tempos. A média dos exilados ouvia-a com desconfiança. A nova dum Deus que amava a todos os seres não seduziu uma pequena comunidade que para a sua existência diária dependia do ódio diário quase tanto como do pão diário, e que incessantemente ansiava nas suas preces para que Jeová apressasse a destruição dos detestados babilônios, seus captores. E cerraram fileiras em torno de outro homem não apartado das velhas ideias, crente de que Jeová tinha escolhido os filhos de Abraão e Jacó (e só eles) para instrumento da vontade divina; esse homem nunca cessou de predizer o instante em que todas as nações cairiam prostradas diante das hostes da Nova Jerusalém.

Entre os profetas mais populares do exílio ergue-se Ezequiel, com uma força de granito.

Seu pai fora sacerdote e o menino Ezequiel cresceu na atmosfera altamente religiosa de Jerusalém, onde sem dúvida ouviu os sermões de Jeremias. Mais tarde tornou-se profeta. Parece ter sido homem de alguma importância social na comunidade, porque foi dos primeiros a ser expulso da capital quando os babilônios a ocuparam, anos antes do grande exílio.

A notícia do desastre final alcançou-o na aldeia de Tel-Abib, à margem sul do Eufrates, onde residia. E nessa aldeia continuou a viver até o fim.

As qualidades literárias da obra de Ezequiel estão muito abaixo das do Autor Desconhecido. Estilo duro. Falta-lhe o calor das qualidades humanas que tanto nos seduz nos antigos profetas. E nada modesto.

Ezequiel frequentemente cai em verdadeiros transes de excitação; vê as mais estranhas visões e ouve misteriosas vozes, o que o não impedia de ser homem de grande senso prático. Como Jeremias, nunca cessou de disputar com os fanáticos que tinham Jerusalém como invencível pelo fato de ser a capital do Povo Eleito.

Ezequiel os advertia. Dizia-lhes que fé sem ação jamais salvou ninguém. Mas quando a cidade foi tomada e a gente de menos fé perdeu a confiança no futuro da raça, Ezequiel levantou-se como o advogado do futuro.

Nunca cessou de predizer o dia glorioso em que o Templo seria restaurado e o altar de Jeová orvalhado com o sangue dos terneiros.

Essa pátria assim ressurreta, entretanto, pregava ele, não sobreviveria a não ser que adotasse certas práticas por ele prescritas detalhadamente. E por momentos representou o papel de Platão na Grécia.

Ezequiel deu-nos a descrição dum estado ideal, segundo o seu ponto de vista. Propugnava a restauração e o fortalecimento das partes das Leis de Moisés que outrora haviam permitido que cultos pagãos se incorporassem no de Jeová. Dum modo geral, advogava o restabelecimento do reino de Davi e Salomão.

Mas em sua república o Templo, e não o Palácio, se tornaria o núcleo central da atividade da nação. Só o Templo era a Casa de Jeová; o Palácio não passava da residência do soberano. Essa diversidade devia ser embutida no espírito do povo.

Além disso, o homem médio havia que ter profundo respeito pela santidade do seu Deus, compreendendo que era Ele um Ser muito afastado do comércio humano.

O Templo, no estado de Ezequiel, seria rodeado de duas enormes muralhas e se situaria no meio do recinto, de modo que a multidão dos fiéis se conservasse sempre a distância. Tudo quanto fizesse parte do Templo seria sagrado. A nenhum estrangeiro se permitiria a entrada. E mesmo os judeus, com exceção dos sacerdotes, só seriam admitidos em raras ocasiões. Os sacerdotes formariam uma espécie de corporação, composta dos descendentes de Zadoc. Sua influência seria grandemente aumentada, de modo que ficassem os verdadeiros chefes do estado – como já fora concebido por Moisés.

A fim de fortalecer o império dos sacerdotes sobre o povo, acrescer-se-ia o número de festas, com especial atenção à prática das oferendas para a expiação dos pecados.

A ideia do pecado perpétuo seria mantida firmemente, e nada de culto privado. Tudo relacionado com a adoração no Templo devia ser feito em nome do povo. O rei agiria nas festas como o representante da nação. Quanto ao resto, não passaria de simples figura ornamental, despida do verdadeiro poder.

Nos velhos tempos, Davi e Salomão outorgaram-se o privilégio da nomeação dos sacerdotes. Ezequiel suprimiu esse privilégio. A classe sacerdotal tinha de se tornar um corpo que se perpetuava a si próprio e trataria o rei como a servo, não como a senhor.

A HISTÓRIA DA BÍBLIA

Finalmente, as melhores terras do país, nas vizinhanças de Jerusalém, seriam atribuídas aos sacerdotes, para que dispusessem de rendas adequadas, e não haveria apelo de nenhuma lei ou decreto que deles emanasse.

O programa era realmente estranho, mas não parecia desrazoável aos contemporâneos de Ezequiel. Logo que o Templo fosse reconstruído e os exilados regressassem, poriam em prática o plano do profeta.

Esse dia estava para vir mais depressa do que os exilados supunham.

Para além das distantes montanhas de leste um jovem chefe bárbaro andava treinando a sua cavalaria. Iria ser o libertador dos judeus.

Era um jovem persa de nome Kurus.

Ou Ciro, como o conhecemos.

O RETORNO

Depois que uma tribo de pastores persas abateu os poderosos impérios da Ásia ocidental, Ciro deixou que os judeus regressassem à terra natal. A maioria deles, entretanto, sentia-se perfeitamente feliz nas agradáveis cidades babilônicas e deixaram-se ficar onde estavam. Só a pequena minoria que tomava a sério os seus deveres religiosos voltou para as ruínas de Jerusalém; reconstruiu o Templo e fê-lo o único centro de adoração de Jeová para todos os judeus do mundo.

Nos começos do século VII a.C. uma pequena tribo semita – os caldi, ou caldeus, se havia transportado para o norte, vinda dos desertos natais da Arábia. Depois de muitas aventuras e falazes esforços para penetrar nas terras da Síria, os caldeus fizeram causa comum com os montanheses do leste da Mesopotâmia. E juntos derrotaram os exércitos assírios – tomaram e aniquilaram a cidade de Nínive.

Sobre as ruínas do velho império, Nabopolassar, o chefe dos caldeus, fundou um reino a que os velhos historiadores deram o nome de Nova Babilônia.

Seu filho, Nabucodonosor, dilatou e fortaleceu as fronteiras do reino herdado, de modo que a Babilônia voltou a ser o que fora trezentos anos antes – o centro do mundo civilizado.

Durante a interminável guerra com os seus vizinhos, Nabucodonosor invadiu e conquistou o que restava do velho estado judeu – Judá – e transplantou diversas colônias desse povo para as margens do Eufrates.

Suas relações com os súditos judeus, entretanto, não eram inamistosas. Como todos os déspotas orientais, Nabucodonosor interessava-se muito pelos adivinhos. O homem que pudesse explicar-lhe satisfatoriamente um sonho caía logo em sua graça.

Foi o que sucedeu com o profeta Daniel.

Segundo o livro que traz o seu nome (embora escrito 400 anos mais tarde), Daniel era um jovem príncipe judeu que com mais três primos fora levado para a Babilônia a fim de ser educado na corte caldaica.

Os quatro rapazes mantiveram-se fiéis a Jeová. Obedeciam à Lei Velha em todos os seus detalhes. Exemplo: quando lhes davam a alimentação normal do palácio, eles recusavam-na e insistiam em carne e vegetais preparados ao modo das receitas antigas – verdadeiros ritos que prescreviam como abater os animais e como cozer os vegetais.

Por felicidade, graças à tolerância dos caldeus os jovens cativos tinham as coisas que pediam.

Eram moços diligentes e vivos. Aprenderam tudo que as escolas da Babilônia podiam ensinar-lhes e prometeram lealdade à pátria de adoção.

Num dos últimos anos do reinado de Nabucodonosor teve este rei um sonho que muito o incomodou. Chamando intérpretes para que lho interpretassem, pediram-lhe estes que lhes contasse o sonho.

– Já não me lembro – respondeu o rei –, mas tenho a certeza de que sonhei, e a vós incumbe dizer as duas coisas: o que sonhei e o que significa.

Os adivinhos pediram misericórdia.

– Como pode um homem dizer a outro o que esse outro não sabe? – argumentaram.

Mas os déspotas orientais pouco se incomodavam com a lógica, e os adivinhos foram mandados para a forca. Nabucodonosor devia estar de mau humor naquele dia. Não só condenou aqueles à morte como ainda ordenou a extinção de todos os mágicos e feiticeiros do reino.

Um oficial foi mandado aos cômodos de Daniel e seus primos com advertência de que possivelmente seriam alcançados pela medida. Mas Daniel, que em muita coisa se assemelhava a José, tinha boas relações na corte e conseguiu que lhe dessem um pouco de folga.

E agora, que fazer? Daniel procurou a solução metapsíquica. Deitou-se para dormir e imediatamente Jeová lhe revelou o sonho do rei.

Na manhã seguinte o capitão da guarda, de nome Arioc, levou Daniel à presença de Nabucodonosor, o qual resolveu dar àquele jovem estrangeiro uma última oportunidade.

Daniel contou o sonho que o rei tinha tido, uma estranha história ligada aos acontecimentos políticos dos últimos quatrocentos anos. Depois o explicou. E em consequência da sua habilidade conquistou a gratidão do real amo, o qual o fez governador da cidade da Babilônia e nomeou Shadrac, Meshac e Abedenago, companheiros de Daniel, governadores de três ricas províncias.

Mas aquela felicidade não iria durar muito. De acordo com o desconhecido autor desses capítulos, Nabucodonosor, entrado na velhice, inclinou-se a uma forma de idolatria não só avessa ao gosto dos judeus, como ao dos próprios caldeus inteligentes. Mandou o rei que se fizesse uma grande estátua de noventa pés de altura por nove de largura, totalmente revestida de ouro. E ergueu-a na planície de Dura, de modo que pudesse ser vista de longe. A um sinal – toque de muitas trombetas – todo o povo do país tinha de prostrar-se diante da imagem e adorá-la.

Shadrac, Meshac e Abedenago, entretanto, não podiam aceitar aquilo. Tinham presente na memória o Segundo Mandamento – e recusaram-se a obedecer à ordem real. Todo o povo se prostrou diante da estátua, menos eles, apesar de não ignorarem o castigo que os esperava.

A HISTÓRIA DA BÍBLIA

Foram levados à presença do rei, o qual ordenou que os lançassem numa fornalha ardente. E para agravar o castigo, essa fornalha foi esquentada sete vezes mais que o usual.

Os três condenados, de mãos e pés atados, viram-se impelidos para as chamas – e fechados no recinto incandescente.

Mas, espanto! Ao descerrarem as portas da fornalha no dia seguinte, os três moços saíram como se estivessem voltando dum agradável banho.

O prodígio convenceu Nabucodonosor de que Jeová era realmente o mais poderoso de todos os deuses, e esquecendo os ídolos passou ele a favorecer aqueles judeus ainda mais largamente do que antes.

Infortunadamente, uma estranha moléstia nervosa o atingiu. Nabucodonosor começou a imaginar-se quadrúpede. Andava de quatro, mugia como boi e morreu miseravelmente num campo para onde fora a pastar capim.

Estamos nesta narrativa seguindo o texto do livro considerado como de Daniel. De acordo com penosas investigações modernas, esse livro foi escrito entre os anos 167 e 165 a.C., quando os judeus já andavam muito desleixados dos seus deveres religiosos. Com a liberdade dum romancista, o autor põe a história no reinado de Nabucodonosor, e provavelmente introduz o episódio da terrível fornalha para mostrar aos contemporâneos o que a fé pode fazer a quem realmente adora Jeová; e atribui a Nabucodonosor aquele estranho e trágico fim para agradar aos leitores judeus.

O uso desses processos é de praxe entre os propagadores das morais religiosas. Mas nós dispomos de muitas fontes históricas sobre a Babilônia, além do Velho Testamento, e temos de duvidar do fim trágico atribuído a Nabucodonosor. Esse rei morreu calma e normalmente em 561 a.C., seis anos antes que a dinastia de Nabopolassar chegasse ao fim, às mãos do general Nabonidus, o qual subiu ao trono.

Este Nabonidus parece ter tido um filho ou genro – Bel-shar – que também ocupou o trono.

No livro de Daniel essa personagem recebe o nome de Baltazar, e segundo a tradição judaica foi o último rei da Babilônia. Mas neste ponto

163

sentimo-nos novamente embaraçados. Dario, o Meda, mencionado no Velho Testamento, foi provavelmente o Dario persa que viveu cem anos mais tarde, e Baltazar só foi morto diversos meses depois da rendição da Babilônia aos persas.

A grande festa que se realizava quando a cidade caiu de surpresa nas mãos dos persas é mencionada por Heródoto e Xenofonte, e foi num barulhento banquete que Daniel alcançou fama de profeta.

Baltazar, diz a história, havia convidado mais de mil nobres. Estavam em pleno banquete, a comer e beber ruidosamente. Súbito, na parede oposta ao assento do rei surgiu misteriosa mão a escrever quatro palavras. E desapareceu.

Curioso: essas palavras eram da língua aramaica. Natural, pois, que o rei as não entendesse. Mandou buscar mágicos. Nenhum decifrou coisa nenhuma. Alguém então lembrou o nome de Daniel, como dez séculos antes alguém lembrara o nome de José na corte dos faraós.

Vem Daniel, que era versado na escrita mágica. E lê as palavras de alto a baixo, depois de baixo para cima e de cima para baixo novamente – e encontra o seguinte:

M	U	P
E	L	H
N	E	A
E	K	R
M	E	S
E	T	I
N	E	N

E leu: MENE MENE TEKEL UPHARSIN

Mas a combinação das letras não deu sentido.

"Mene" ou "mina" era uma moeda ou peso judaico de cinquenta vezes o valor do "shekel". O "u" que aparece diante da palavra seguinte era apenas uma partícula de ligação, e "pharsin" (que se torna "Peres" na translação) tanto podia significar "meia-mina" como referir-se aos "peres" ou persas.

Assim, as quatro palavras mágicas podiam significar "Nabucodonosor era uma mina. Nabucodonosor era uma mina (repetição com o fim de acentuar o argumento). Baltazar, sois unicamente um shekel. Os persas são meia-mina".

Ou, interpretado, isto: "O poderoso império do grande Nabucodonosor, agora reduzido a um pequeno reino sob vosso fraco cetro, ó rei Baltazar! breve estará dividido em duas metades pelos persas".

Isto não passa dum enigma filológico que não procurarei solver. Daniel parece ter considerado os substantivos como particípios passados dos verbos "contar", "pesar" e "computar". E dá a seguinte explicação da sua terrífica substância: "Jeová vos pesou em sua balança, ó rei Baltazar, e vos encontrou deficiente".

Em recompensa da profecia, e na esperança de ganhar o favor do deus dos judeus, Baltazar nomeou Daniel vice-rei. Mas esta honra pouco significava naquele momento. Os persas estavam às portas da grande Babilônia. O império chegara ao fim. No ano de 538 Ciro penetra na cidade por um dos condutos do serviço de águas.

Ciro poupou a Nabonidus, o rei. E só matou a Baltazar quando o viu tramar um levante.

O rei persa transformou o território da Babilônia numa província do seu império, justamente como os babilônios, havia apenas meio século, fizeram com o reino de Judá.

Quanto a Dario, o Meda, que aparece no livro de Daniel, nada sabemos dele, além do nome. Já Ciro é um famoso herói merecedor de alguma atenção.

Os persas que Ciro governou formavam um ramo da raça ariana. Quer isto dizer que não eram semitas, como os babilônios e assírios, os judeus e fenícios, mas pertenciam ao mesmo grupo racial de que nossos antepassados provieram. Originalmente essas tribos parecem ter vivido nas costas orientais do mar Cáspio.

Em data desconhecida deixaram os velhos pagos para uma grande arrancada. Parte seguiu rumo oeste e estabeleceu-se entre os aborígenes da Europa, que acabaram destruindo ou subjugando. Parte rumou para sul e ocupou o planalto do Irã e os vales da Índia. Os persas, juntamente com os medas, tomaram posse de várias montanhas despovoadas pelas ferozes incursões bélicas dos assírios, e lá se organizaram numa espécie de república de vaqueiros. Foi destes humildes começos que emergiu esse estranho reino da Pérsia, mais tarde elevado a império por força das conquistas de Ciro.

Era um homem realmente notável este Ciro. Só recorria à guerra quando falhavam todos os recursos da intriga e da diplomacia. Não marchou contra a Babilônia senão depois de haver isolado a poderosa cidade de todos os seus primitivos aliados e vassalos. E isso foi uma obra lenta; durou vinte anos – vinte anos de forte excitação para os exilados judeus.

Desde o começo os judeus haviam suspeitado que "Kurus" poderia ser o Messias que, a instigações de Jeová, estava destinado a libertá-los do jugo babilônico. E em consequência seguiam as suas aventuras com o mais ansioso interesse.

Primeiro, souberam que ele estava em luta com os capadócios. Pouco depois, que entrara em guerra com Creso, rei da Lídia e amigo pessoal de Sólon, o grande legislador dos gregos. Depois chegou notícia de que estava na Ásia Menor construindo uma esquadra para atacar os gregos.

Um bando de profetas observava os passos de Ciro com zelo quase indecoroso. Sempre que chegava a nova dum triunfo persa, o povo rompia em cânticos de louvor e esperança.

Os dias da Babilônia estavam contados – da cidade perversa que se recusara a ouvir as palavras de Jeová.

O Deus dos judeus ia punir-lhe os crimes. Quando, afinal, o impossível sobreveio, e a cidade da Babilônia foi tomada, os judeus celebraram o acontecimento com uma alegria delirante. E correram a beijar os pés dos novos senhores, pedindo-lhes que os devolvessem aos pagos natais. Ciro, entretanto, foi além.

Revelava uma indiferença quase romana pela opinião dos outros povos. Se os judeus, os fenícios ou os cilícios preferiam seus próprios deuses aos persas, ele nada tinha com isso. Que construíssem os templos que quisessem. Que os enchessem de ídolos ou os deixassem nus. Contanto que pagassem os impostos e obedecessem aos "sátrapas", ou governadores, que se organizassem religiosa e politicamente como lhes aprouvesse – o rei velaria para que ninguém os aborrecesse.

Além disso o retorno em massa dos judeus para a terra de Canaã tinha um lado prático que interessava ao fino rei persa. Seu pensamento era fazer da Pérsia uma nação marítima.

As cidades da Fenícia já acompanhavam a sua vontade, mas entre a Fenícia e a Babilônia espraiavam-se as ruínas da Palestina. Era necessário povoar aquele deserto.

Algumas tentativas nesse sentido já tinham sido feitas pelos babilônios. Tentativas de povoamento com imigrantes do antigo reino de Israel, os quais se haviam estabelecido entre os famintos resíduos da população original, com eles formando uma nova raça – os samaritanos. Até hoje encontram-se restos dessa raça nas aldeias ao norte da Palestina.

Esse povo jamais conseguiu prosperar. Formava-o uma estranha mistura de hebreus, babilônios assírios, hititas e fenícios, sempre olhados com o mais profundo desprezo pelos judeus de pura cepa. Quando Ciro deu começo à restauração da Palestina, tratou primeiramente de reunir os descendentes dos cativos de Israel – mas já não encontrou traços dessa gente. Haviam sido totalmente assimilados pelos babilônios – e o mistério que isso foi continua mistério para nós hoje.

Era fácil, por outro lado, entrar em entendimento com a gente de Judá, que havia mantido a integridade racial. E um edito real apareceu em 537 a.C. ordenando-lhe o imediato retorno a Jerusalém, com licença para a reconstrução do Templo. Ser-lhe-iam devolvidos todos os objetos de ouro e prata que Nabucodonosor de lá trouxera quarenta anos antes, tudo para que os homens de Judá pudessem restaurar a velha capital, revivendo a Jerusalém dos tempos de Salomão.

Depois de meio século de expectativa, as palavras dos profetas iam realizar-se. O exílio dos filhos de Jeová chegara ao fim. Os judeus podiam deixar a prisão.

Mas, ai, agora que o edito real lhes abria as portas do cárcere, bem poucos se animavam a sair dele. A maioria ficou na Babilônia ou mudou-se para Ecbatana, para Nipur, para Susa, ou para outros grandes centros do novo império persa. Muito pequeno foi o número dos que empreenderam a longa e penosa jornada através do deserto – só os de crença mais fervorosa, que tomavam muito ao pé da letra os seus deveres religiosos.

Essa minoria estabeleceu-se nas ruínas de Jerusalém e lá criou um novo estado que, sem nenhuma influência exterior, iria devotar-se unicamente à adoração de Jeová.

Seria natural que Daniel assumisse a chefia desses homens, mas o profeta estava muito velho para viajar. Os persas trataram-no bondosamente e conservaram-no no cargo que tinha. Por breve tempo foi Daniel suspeitado de deslealdade, em vista de continuar na sua adoração de Jeová quando um decreto do rei proibia, durante o período de um mês, qualquer ato de petição, aos deuses ou aos homens. E em vista da sua desobediência Daniel foi condenado às garras dos leões.

Essas feras, entretanto, recusaram-se atacar o velho profeta. Pela manhã Daniel saiu da jaula sem uma arranhadura – e desde então passou a viver em paz.

Quando se tornou certo que Daniel não podia empreender a viagem para Jerusalém, os persas procuraram outro candidato para a governança de Judá, e a escolha recaiu num certo Zerubabel, remotamente aparentado com velhos reis judaicos. Zerubabel foi para Jerusalém e com o sumo sacerdote Josué empreendeu o trabalho de reconstrução.

Não era obra fácil. A cidade toda tinha de ser reedificada. A mor parte dos terrenos circundantes estava transformada em pequenas propriedades agrícolas e pastoris dos samaritanos. Essa gente não se conformava com a entrega das terras e fez o possível para atenazar a vida dos recém-vindos.

Pensaram em ganhar a vida trabalhando para o Templo, mas foram informados de que os pagãos estavam excluídos de qualquer trabalho que interessasse ao Templo.

O espírito de vingança fê-los mandar misteriosas mensagens a Ciro, denunciando os judeus como em preparo duma rebelião para tornar Judá independente logo que o Templo estivesse concluído.

Ciro era um homem ocupado. Não tinha tempo para preocupar-se com bagatelas, como os judeus e a revolta judaica; mas como medida de precaução deu ordens para que as obras do Templo fossem interrompidas até que se apurassem as acusações.

Logo depois morreu Ciro e o incidente foi olvidado. Anos se passaram. As obras interrompidas estavam sendo conquistadas pelas ervas loucas. O profeta Hagai então entra em cena. Denuncia Zerubabel pela sua indolência e timidez, e intima-o a prosseguir nas obras mesmo sem autorização real. Zerubabel, que estava à espera de encorajamento, promete fazer assim e ordena a continuação dos trabalhos.

Mas entrou logo em choque com Tatnai, o governador da Samaria; Tatnai quis saber com que autorização estava sendo construída aquela casa de Deus, que mais parecia uma fortaleza. Zerubabel declarou que anos antes havia obtido licença de Ciro. Tatnai manda esta resposta à corte. Entrementes, Cambises, sucessor de Ciro, morre e é sucedido por Dario, o qual ordena uma busca nos arquivos. O caso complicava-se. Afortunadamente, o decreto original de Ciro, a que se referiu Zerubabel, foi encontrado.

Tatnai cessou com a sua oposição e quatro anos depois o Templo estava concluído.

Lentamente mais exilados foram retornando; a grande maioria, entretanto, continuou a viver nos centros comerciais do Egito, da Babilônia e da Pérsia. Sempre que as circunstâncias o permitiam, os judeus celebravam suas grandes festas dentro dos muros da cidade. Reconheciam e honravam a velha Jerusalém como a sua cidade sagrada, mas aquele pequeno centro urbano, de estreitas ruas sujas e lojas miseráveis, não tinha elementos para um papel mundial.

Logo que a última oferenda era feita e o último salmo cantado, os visitantes apressavam-se em retirar-se para os centros mais comerciais, sobretudo Susa e Dafne. Sentiam-se orgulhosos de ser judeus e amavam Jerusalém, contanto que pudessem viver onde lhes convinha.

Desse modo desenvolveu-se aquela estranha dupla lealdade que seria a causa de tantas mortificações nos próximos quatro séculos. Porque embora os judeus, na sua dispersão, vivessem pacíficos entre persas e egípcios, gregos e romanos, nunca adotavam os costumes desses povos.

Por toda parte formavam um estado dentro do estado. Viviam em quarteirões próprios. Eram um povo diferente. Não deixavam que seus filhos pequenos brincassem com as crianças para as quais Jeová não existia. Preferiam matar as filhas a dá-las em casamento a um pagão.

Comiam alimentos especiais, e preparados de modo diverso do comum entre os outros povos. Obedeciam às leis alheias, mas não se apartavam das suas próprias. Espontaneamente usavam trajes que os distinguiam dos demais. E celebravam ritos que eram verdadeiramente misteriosos para os outros.

O povo desconfia sempre dos vizinhos cuja vida não pode compreender. O afastamento das colônias de judeus, a aberta repulsa de todos os judeus para com os deuses das outras raças, juntamente com o seu dom racial para o trabalho associado, com frequência os tornavam impopulares e davam origem a desordens.

Numa dessas desordens, no começo do século V a.C., os judeus da Pérsia estiveram a pique de completa destruição. As causas reais da explosão não as sabemos, mas temos os detalhes no livro de Ester.

Esse livro, o último dos chamados livros históricos do Velho Testamento, foi, como o de Daniel, escrito vários séculos depois da morte de Xerxes, mas não nos chegou nenhuma inscrição persa capaz de ajudar-nos em sua interpretação. Esse rei nos é bastante conhecido. Rei fraco e indigno; a história de sua conduta com a esposa revela-lhe muito bem o caráter.

Xerxes, ou Assuero, como lhe chamam os judeus, divorciara-se de sua mulher depois de muita luta. Bebia em excesso. Certa vez, numa das bebedeiras, depois de calorosa disputa, a rainha Vashti foi forçada a abandonar o palácio.

Xerxes imediatamente procurou nova esposa e escolheu Ester, uma órfã judia que morava com seu primo Mardoqueu, homem de boa situação social e favoravelmente visto na corte.

Ester veio para o harém, onde Mardoqueu frequentemente a visitava. Certo dia, numa antessala, percebeu ele que dois homens concertavam planos para matar o rei. Avisou Ester e Ester advertiu o rei. Os dois homens foram presos e executados – mas Mardoqueu não teve nenhuma recompensa pela salvação da vida do rei.

Isto, porém, não o afetou. Era um homem de recursos; de nada precisava. Além disso, como ex-tutor da rainha, recebia muitas honras, que muito o lisonjeavam. Essa ascensão, entretanto, despertou a inveja e criou-lhe inimigos.

Justamente nessa época um árabe de nome Haman se havia tornado um dos ministros de mais confiança do rei. Pertencente à tribo dos amalecitas, os acirrados inimigos dos judeus, Haman desprezava Mardoqueu – e era pago na mesma moeda.

Um dia Haman insistiu para que Mardoqueu se curvasse primeiro, quando passassem um pelo outro. O judeu recusou, e o caso foi submetido ao rei. Como Xerxes declarasse que não queria aborrecimentos, o incidente, em vez de ser resolvido, agravou-se. Criou ódios.

Era um inimigo perigoso, esse Haman. Começou a encher a cabeça de Xerxes de coisas contra os descendentes dos velhos judeus exilados. Contou que viviam na riqueza, e como o rei nunca tivesse visto os pardieiros onde habitava a maior parte dos seus súditos judaicos, a história pegou. E assim foi Haman conduzindo aquele dissoluto monarca até ao ponto de assinar um decreto condenando à morte todos os judeus residentes no império persa.

A Haman cabia a execução da terrível lei. Alma mesquinha que era, procedeu com lento apuro a fim de melhor gozar a vingança. Lançou dados. Recorreu à sorte para a escolha do melhor mês para a grande matança dos seguidores de Jeová, e isso lhe deu tempo para a ereção duma forca no alto dum morro, de modo que Mardoqueu, o seu odiado inimigo, "pudesse erguer-se acima de todos os homens".

A conspiração, entretanto, era tão complicada que não ficou secreta por muito tempo. Ester, a sugestões de Mardoqueu, aparece inopinadamente diante do real esposo e implora que sua gente seja poupada.

Xerxes a princípio encoleriza-se; mas depois lembra-se que um judeu lhe havia salvo a vida, e meditando melhor sobre o caso começa a compreender que Haman o informara mal movido apenas pelo despeito. Mensageiros são mandados a galope a todas as partes do reino para avisar os povos da revogação da lei, e é Haman empalado ao alto do mesmo monte em que tanto se empenhara por ver Mardoqueu na forca.

Quando os detalhes da conspiração se tornaram conhecidos, os judeus entraram a meditar no perigo de que haviam escapado. E resolveram perpetuar a memória de tão importante acontecimento.

Cada ano, daí por diante, entre 13 e 15 do mês de Adar (mês babilônico, que abrangia parte de fevereiro e março) realizava-se uma grande festa da Sorte, ou "Purim".

Nessa ocasião o livro de Ester era lido em voz alta para os judeus, e o nome de Haman submetido à execração pública. E os ricos davam liberalmente aos pobres, em honra da boa rainha que salvara o povo judeu da destruição.

Os judeus fiéis a Jeová, que haviam retornado a Jerusalém, não receberam de boa cara esta inovação, e por longo tempo se opuseram à celebração do Purim. Parecia-lhes coisa "estrangeira". Mas a festa foi ganhando popularidade e sobreviveu até hoje.

A história de Ester mostra com clareza quão importantes eram as colônias judaicas no estrangeiro, durante o reinado dos reis persas. Essas colônias sobrepujavam a velha pátria, que em todas as narrativas aparece em desoladora situação de precariedade.

O Templo havia sido restaurado, mas as muralhas de Jerusalém permaneciam em ruínas e o comércio teimava em não reviver. Zerubabel morrera e fora sucedido por vários governadores, que por falta de meios e de imigrantes em nada conseguiram melhorar a situação.

Por fim os judeus de fora decidiram-se a fazer alguma coisa pela pátria distante. Um sacerdote de nome Ezra recebeu o dinheiro necessário para ir a Jerusalém e observar de viso a situação. Ezra quis levar companheiros. Não encontrou entusiasmo. Só com muita insistência conseguiu formar uma comitiva de quinhentos homens.

Após quatro meses de jornadeio, o bando de peregrinos alcançou a cidade sagrada, mas em que terrível situação! Os imigrantes haviam até tomado esposas nas aldeias vizinhas. E que desleixados dos seus deveres religiosos! Judá ia a caminho de tornar-se outra Samaria.

Habilmente ajudado por Neemias, um antigo serviçal do rei Artaxerxes, Ezra empreendeu a salvação e a reorganização de Jerusalém. As muralhas foram reconstruídas. As ruas, mundificadas do velho lixo. As esposas estrangeiras devolvidas a seus pais. E fora da porta principal do Templo, um púlpito de madeira foi erguido de onde Ezra regularmente lia e explicava as velhas leis para que o povo mantivesse em mente os seus deveres.

Mesmo assim a maior parte da cidade ficou em abandono, fato que representava um perigo permanente; os homens de que a cidade dispunha não bastavam para guarnecer as muralhas; daí os passos concretos que Ezra deu para aumentar o número de habitantes.

Um décimo de todos os judeus que viviam nos países adjacentes, escolhidos pela sorte, tinham de mudar-se para lá. Outros vieram voluntariamente e eram muito festejados pelo desinteresse de seu patriotismo. Os demais vinham à força.

Apesar de tudo, Jerusalém permaneceu uma sombra do que fora. Os gloriosos dias de pujança comercial e política tinham passado para sempre.

O sonho de Ezequiel talvez não se realizaria nunca.

Jerusalém, entretanto, iria ser a pátria do grande profeta cuja aparição fora predita pelo Autor Desconhecido – esse homem sem nome que ousou olhar para a frente, quando todos os seus companheiros de exílio só punham fé nas glórias do passado.

OS LIVROS MISCELÂNICOS

Os livros miscelânicos do Velho Testamento.

O Velho Testamento era o álbum de recortes dos judeus. Continha de tudo – história e lendas, genealogias, poemas de amor, salmos, tudo arranjado, classificado e reclassificado sem nenhum respeito pela ordem cronológica ou a perfeição literária.

Suponha-se que não houvesse história americana e um patriota do ano 2923 se decidisse a compilar um volume. Muito provavelmente dirigir-se-ia às coleções dos nossos grandes magazines e jornais (acaso existentes) e reuniria tudo que lhe parecesse de alguma importância histórica e literária. Mas a não ser que fosse homem de alto preparo para a empresa, dar-nos-ia uma compilação a muitos respeitos semelhante ao Velho Testamento.

Haveria lendas estranhas dalguma tribo de índios, que compendiassem misteriosos romances da criação do mundo. Haveria isso a que chamamos "história dos domingos", dizendo da descoberta da América por Colombo e dando a narrativa das durezas com que lutaram os primeiros penetradores do nosso território.

E isso seria seguido duma minuciosa descrição das tentativas para organizar as treze pequenas colônias (correspondentes às doze tribos dos judeus) numa só nação. As aventuras deste novo estado viriam a seguir, especialmente a descrição da Guerra da Secessão, que por pouco não dividiu os Estados Unidos como os judeus se dividiram entre Israel e Judá.

Com essa parte histórica viria uma miscelânea de fragmentos poéticos e dos cantos que se tornaram parte da nossa herança nacional.

E se o nosso patriota americano revelasse tão pouco treino para essa espécie de trabalho, como o revelaram os escribas judeus, nós veríamos que os capítulos referentes à conquista do oeste continham versos tirados das obras de Longfellow, Whittier e Emerson; que uma narrativa da Revolução havia sido acrescentada ao capítulo sobre a aquisição do Alasca; e que Roosevelt era mencionado como o autor de quase todas as importantes medidas do estado.

Evidentemente este imaginário livro não seria uma obra histórica merecedora de confiança, coisa que hoje não importaria muito. Em qualquer biblioteca da França, da Inglaterra ou da Espanha (admitindo-se que não tivessem sido destruídas como o foram as da Babilônia), nós poderíamos com facilidade reconstruir o nosso passado histórico com o recurso a essas fontes estrangeiras.

No caso do Velho Testamento, nada disso. Egípcios e assírios, caldeus e persas, pouca atenção davam à tribo estranhamente piedosa que se conservava alheia à vida nacional da pátria de adoção. E em vista disso a nossa informação depende unicamente dos textos hebraicos e arameanos.

Até aqui estivemos expondo o período lendário dos judeus e o período em que tiveram história escrita. Vamos agora dizer alguma coisa sobre os capítulos de pura poesia que formam a parte mais atrativa do Velho Testamento.

Já nos referimos à história de Rute. O oposto desta vida idílica dos velhos judeus rurais, temo-lo no Livro de Jó.

Trata-se da velha história, muito popular, dum homem piedoso que foi terrivelmente provado pela desgraça, mas nunca perdeu a fé no bem final. Jó não entendia por que tanta coisa horrenda lhe desabava sobre a cabeça; por que fora atacado de lepra; por que, sendo um homem culto, não podia aproveitar-se da sua cultura; por que, sendo o melhor dos pais, perdera todos os filhos.

Jó não entende, mas resigna-se ao destino. Não discute. Aceita.

Mas, quando se encontra com três de seus velhos amigos, ocorre aquele memorável diálogo que faz o Livro de Jó tão caro a todos os amantes da literatura de ficção.

Jó sustenta que todos os seus sofrimentos são para benefício de sua indigna alma. Ele não pode devassar os desígnios de Jeová, mas com esses desígnios é que estará a verdade, ao passo que ele, Jó, na sua ignorância, está errado.

Por fim a provação chega a termo. Jó sara de seus males e é restaurado na posse das antigas riquezas. Casa-se de novo e tem sete alentados filhos e três formosas meninas. Vive cento e quarenta anos e morre o mais próspero e importante homem do país.

O Livro de Jó é seguido pelos Salmos.

A palavra grega "psalter" significa um instrumento de corda, provavelmente de origem fenícia, que foi muito popular a oeste da Ásia. Era usado nas ocasiões festivas para acompanhamento do canto, e tocado com um plectro, como o bandolim de hoje. Não ia além de dez notas, mas servia bem àquele fim.

Os Salmos eram tão variados de assuntos como os poemas dos últimos seis séculos, que encontramos no "The Oxford Book of English Verse". Vão do sublime da bondade ao sublime da maldade. Contêm as mais velhas e belas descrições da natureza que o passado nos legou. Tudo o que as criaturas verdadeiramente religiosas ainda sentiram, ou sonharam, ou oraram, aparece nessas linhas sublimes de esperança e consolação. Os Salmos abrangem quase todo o período da vida nacional dos judeus. Alguns foram escritos durante o tempo dos reis. Outros datam do grande exílio. Com o perpassar dos anos tornaram-se parte de todas as celebrações religiosas – e com o mesmo fim foram adotados pela Igreja Cristã. Grandes poetas neles se inspiraram, e os traduziram em todas as línguas; foram postos em música por grandes compositores. A sombria dignidade dos Salmos transparece mesmo que os não leiamos na língua em que foram compostos.

Qualquer que seja o futuro dos livros históricos e proféticos do Velho Testamento, os Salmos sobreviverão enquanto os homens derem valor à beleza, sob qualquer aspecto que se apresente.

O mesmo não pode ser dito dos Provérbios. É um livro sem visão, nem paixão. Contém apenas o que diz o título – os adágios de diversas gerações de velhas e velhos astutos. Cada povo tem uma tal coleção de provérbios próprios. Nossa república, solidamente baseada no senso comum dos pioneiros, deu ao mundo uma quantidade deles.

A sabedoria de Confúcio, o grande mestre chinês, é quase toda composta de suaves observações sobre a loucura dos homens e a paciência dos deuses. E justamente como nós atribuímos a sabedoria duma geração a Abraão Lincoln, assim também os judeus do período persa, recordando Salomão como o maior dos seus reis, proclamavam-no o autor de toda essa massa de sabedoria caseira.

Na realidade, a maior parte dos Provérbios foi escrita quatrocentos anos depois da morte do grande monarca. Mas isto não tem importância. Os Provérbios seriam igualmente bons se tivessem sido coligidos ontem. Eles mostram-nos o que o homem da rua pensava, e ensinam-nos mais a respeito do ponto de vista judeu do que uma dúzia de obras históricas ou proféticas.

O capítulo seguinte do Velho Testamento é o Eclesiastes, ou o Pregador – obra unicamente religiosa.

É um livro cansado, mas humaníssimo. Mergulha fundo nos problemas da vida e da fé. Reflete a lassidão e a peculiar sabedoria do famoso médico judeu ao qual o atribuem.

Para que servem, pergunta ele, os setenta anos de trabalheira e ansiedade, que representam a média da vida humana? O fim de tudo é a tumba.

O bom morre. O mau morre. Tudo morre. Que significa isto? Os justos sofrem perseguição. Os ímpios enriquecem. Não haverá razão na miséria humana?

"Vaidade das vaidades, tudo é vaidade" – e assim por doze capítulos. Os judeus, como todos os povos orientais, eram extremados. Dos mais alto: cimos da alegria descambavam para os maiores abismos do desespero.

Sua literatura era a sua música. Quando estavam tristes, ouviam ler o Eclesiastes – que tem a beleza dolorosa dum estudo de Chopin. Quando estavam felizes, liam os Salmos – tão bem refletido nos acordes iniciais da "Ode à Criação", de Haydn.

O homem muda, mas sua alma permanece a mesma. Nós de hoje também encontramos muita consolação nesses livros de poesia. O que sofremos outros sofreram antes de nós e outros sofrerão no futuro. O que deu esperanças novas aos que morreram há mil anos pode um dia dar esperanças ao ainda não nascidos.

O homem muda, mas a sua aflição e o seu prazer permanecem como eram nos dias de Abraão e Jacó.

O último dos livros miscelânicos do Velho Testamento é muito curioso – o Cântico dos Cânticos. O nome não quer dizer que realmente signifique uma coleção de cânticos. A repetição da palavra procura apenas indicar o superlativo da perfeição. Como quem diz "Este é o mais belo cântico entre todos os cânticos".

O Cântico dos Cânticos é na realidade um poema muito antigo. O rei Salomão é tido como o seu autor, coisa inevitável, em vista da sua tremenda reputação. Mas se não é o autor, é o herói do poema.

E a heroína? Uma pastora.

O rei a vê e tira-a de sua casa, na aldeia de Shunem. E dá-lhe um lugar de honra no harém, onde procura ganhar o seu favor.

Mas a pastora, a simples Sulamita, permanece fiel ao namorado, também pastor, que deixou na aldeia. Está instalada num lindo apartamento no coração do palácio real – mas só pensa nos dias felizes em que ela e o namorado erravam pelos montes e guardavam os rebanhos.

A Sulamita repete trechos das conversas de outrora. À noite sonha com a força e o calor dos braços do amante. Por fim os dois amantes novamente se encontram e tudo acaba pelo melhor.

O Cântico dos Cânticos não é um livro religioso, mas significa a primeira prova de algo novo e muito sutil, que havia aparecido no mundo.

No começo dos tempos, a mulher não passava duma besta de carga. Pertencia ao homem que a capturava. Trabalhava para ele nos campos. Zelava-lhe do gado. Gestava-lhe filhos. Cuidava da sua comodidade – e em paga recebia os restos que sobravam da mesa do homem.

Mas tudo entrara a mudar. A mulher começava a ser reconhecida como igual ao homem – sua companheira. A que lhe inspira amor e o recebe. Sobre esta firme base de mútuo respeito e afeição, um novo mundo iria ser construído.

O ADVENTO DOS GREGOS

Enquanto o que ficou narrado se foi passando, uma grande mudança se dera no mundo. O gênio dos gregos libertara o homem da sua antiga ignorância supersticiosa. Assentam-se as bases do mundo moderno – da ciência, da arte, da filosofia, do estadismo.

Longe, a leste, onde as velas púrpuras dos navios fenícios se apagavam no horizonte, jazia a atormentada península da Grécia.

A Grécia – um pequeno país maior que o estado de Delaware e não tão grande como a Carolina do Sul. Mas habitado por um povo que iria desempenhar o mais alto papel na história da humanidade.

Como os judeus, os gregos eram imigrantes. Enquanto Abraão tangia os seus rebanhos rumo oeste em busca de novas pastagens, a vanguarda do exército grego fazia explorações nas encostas a norte do monte Olimpo.

O problema dos gregos não fora tão difícil como o que defrontaram Moisés e Josué, quando esses homens procuraram firmar pé nas terras de Canaã.

Os pelasgos, habitantes originais do Peloponeso e dos vales da Ática, eram fracos e pouco civilizados, ainda não saídos do nível do homem da idade da pedra. Foram conquistados e exterminados sem grande dificuldade por um inimigo que já usava lanças e espadas de ferro.

Terminada a "limpeza", os gregos fixaram-se atrás das altas muralhas de suas pequenas cidades e abriram os alicerces da civilização que é hoje a nossa. Não deram no começo muita atenção aos seus vizinhos d'além mar. Conquistaram as ilhas do Egeu, mas não procuraram entrar na Ásia. Os fenícios mantiveram a dominação sobre o comércio internacional e os gregos raramente se aventuravam além do cabo Males ou dos Dardanelos.

Ocorreu uma exceção quando os gregos, contemporâneos de Jeftá e Sansão, se lançaram contra a cidade de Troia. Mas depois de vingado o insulto feito a Menelau, retornaram à Grécia e raramente se aventuravam além dos portos de Pérgamo e Halicarnaso. O que jazia atrás das azuis montanhas da Frígia não lhes interessava. A Babilônia não passava dum nome para os cidadãos de Atenas. Nínive não tinha nenhum interesse para os puritânicos soldados de Esparta. Todos falavam dessas misteriosas metrópoles como nossos avós falavam de Tombuctu ou Lassa.

A terra de Canaã era-lhes um território desconhecido. Judeus?

Nunca tinham ouvido falar dessa gente.

Mas no século V a.C. tudo mudou. Se a Europa não veio para a Ásia, a Ásia procurou penetrar na Europa – e quase o fez.

Já mencionamos o nome de Ciro, que para os judeus escravizados veio como o libertador e restaurador das glórias do velho Templo. Mas os gregos viam-no com olhos diferentes. Ciro estava muito ocupado na consolidação do seu império para avançar além dos plainos da Mesopotâmia; oito anos após sua morte, entretanto, Dario, o filho de Histaspes, subiu ao trono – e lá se foi a paz de Helade.

O exército persa, depois de longa preparação, cruzou o Helesponto e conquistou a Trácia. Isso no ano 492 a.C. Mas a expedição sofreu desastre perto do monte Atos – uma derrota que os gregos atribuíram à interferência do seu grande Zeus.

Dois anos depois os persas voltaram. Foram detidos em Maratona.

Duas vezes ainda, mais tarde, repetiram a experiência, mas embora destruíssem uma força grega nas Termópilas, e saqueassem e incendiassem Atenas, nunca puderam dominar a Grécia.

Foi esse o primeiro choque entre a velha civilização da Ásia e a jovem civilização da Europa – e a Europa venceu.

Na Grécia, o triunfo de suas armas foi seguido duma expansão mental e artística sem precedentes. Num século apenas esse país produziu mais sábios, escultores, pintores, matemáticos, físicos, filósofos, poetas, teatrólogos, arquitetos, oradores, estadistas e legisladores do que todos os outros países durante os últimos vinte séculos.

Atenas tornou-se o centro do mundo civilizado. De muito longe vinha gente para a Ática, estudar-lhe as graças do corpo e as sutilezas do espírito. Haveria por lá judeus?

Temos razões para duvidar.

Jerusalém nunca ouvira falar da capital da Grécia, e aquelas coisas que enchiam o espírito ocidental de curiosidade eram matéria desprezível para os fanáticos da Palestina, gente para a qual o conhecimento da vontade de Jeová era o começo e o fim de todas as coisas.

Os judeus não sabiam, nem curavam de saber, o que se passava nas terras pagãs.

Só frequentavam os seus próprios templos. Ouviam as exortações de seus sacerdotes nas sinagogas recém-abertas. Só cuidavam dos interesses locais. Viviam vida tão acanhada que sua história nesse período de tempo nos é ignorada.

Jerusalém como que morrera. Ou fora esquecida – e não era outra coisa o que os piedosos judeus desejavam.

JUDEIA, PROVÍNCIA GREGA

Um século mais tarde, um jovem chefe macedônio, treinado pelos melhores mestres gregos, resolveu impor a sua civilização adotiva a todo o gênero humano – e conquistou a Ásia. O país dos judeus foi varrido pelos exércitos de Alexandre e transformado em província macedônia. Depois da morte de Alexandre, Ptolomeu, um dos seus generais, fez-se rei do Egito – e a província da Palestina foi adida às suas posses.

Durante a longa residência na Pérsia, os judeus travaram conhecimento com um novo sistema religioso. Os persas seguiam um grande mestre de nome Zaratustra, ou Zoroastro.

Zaratustra considerava a vida como uma eterna luta entre o Bem e o Mal, o deus do Bem, Ormuzd, estava sempre em guerra com o deus do Mal e da Ignorância – Ariman. Ora, isto era uma ideia nova para a maior parte dos judeus.

Até então haviam eles reconhecido a um senhor único, ao qual deram o nome de Jeová. Quando as coisas corriam mal, quando eles eram derrotados nas batalhas ou assolados por moléstias, invariavelmente atribuíam o desastre à falta de devoção do povo. A ideia de que o pecado proviesse da interferência dum espírito do mal nunca lhes ocorrera. A própria serpente no Paraíso parecia-lhes menos culpada que Adão e Eva, os quais conscientemente haviam desobedecido à vontade divina.

Sob a influência das doutrinas de Zaratustra, os judeus começaram a crer na existência dum espírito que procurava desfazer a obra de Jeová. E a esse adversário deram o nome de Satã.

Passaram a odiá-lo e temê-lo, e no ano 331 convenceram-se de que Satã andava pela terra.

Um jovem príncipe pagão, Alexandre, destruíra nas planuras de Nínive os remanescentes dos exércitos persas. Dario, o último rei da Pérsia, tombou à beira duma das estradas de seu país. O poderoso império, que havia sido tão amistoso para com os judeus exilados, já não existia. Alexandre e os gregos triunfavam. Situação terrível. O mundo parecia ter chegado ao fim.

Mas o mundo nunca chega ao fim. Quando se fecha um capítulo, abre-se outro – e o capítulo novo que para os judeus ia abrir-se era dos mais estranhos.

Alexandre não era grego. Os verdadeiros gregos consideravam-no macedônio – estrangeiro. Ele, porém, levado pelo amor à vida e à cultura gregas, recusava-se a aceitar essa classificação. Apresentou-se ao mundo como o paladino da causa grega; sua ambição era levar as ideias de Sólon e Péricles aos confins do globo, para que todos os homens com elas se beneficiassem.

Alexandre começou a sua carreira em 336 a.C. Treze anos depois seu corpo entrava em estado de rigidez no palácio que fora de Nabucodonosor. Nesse entretempo os macedônios haviam conquistado todas as terras que vão do Nilo ao Indo, e levado os rudimentos da civilização grega a todas as nações da Ásia ocidental.

Quando os exércitos do grande conquistador começaram a penetrar nas planícies da Síria, os judeus se viram defrontados por um duro problema. Como se comportariam diante dos novos senhores? Anos antes eles haviam ousado revoltar-se contra certas atrocidades que lhes infligira Artaxerxes, um dos últimos reis sírios.

Por algum tempo, e graças ao auxílio de Nectabenus, rei do Egito, e dum corpo auxiliar grego, os judeus conseguiram manter-se. Essa fácil vitória animou os fenícios a seguir-lhes o exemplo e a levantarem-se em rebelião. Resultado: a cidade de Sidon foi totalmente arrasada.

Logo depois Jerusalém sofreu igual calamidade. A maior parte das casas foi destruída. O Templo viu-se profanado com o sacrifício solene de animais imundos. Muita gente foi exilada para a Hircânia, uma província ao sul do mar Cáspio. O sonho de independência dos judeus desfazia-se com o fumo da pátria pilhada e incendiada.

Foi um terrível golpe contra o orgulho do povo judeu. Por anos havia sido esse povo muito atento à observação das velhas leis sagradas, convencido de que a conduta exemplar lhes asseguraria o apoio absoluto de Jeová, e que esse deus defenderia Jerusalém com o seu gladio de fogo. E, no entanto, depois de Artaxerxes e seus terríveis mercenários, surgia agora aquela ameaça grega!

Infortunadamente (ou afortunadamente), Alexandre não lhes deu muito tempo para a meditação. Mal as notícias da destruição de Tiro e da conquista da Samaria lhe chegaram, já os judeus recebiam intimação para mandar dinheiro e provisões para o exército grego. Com Gaza nas mãos dos gregos e todas as ligações com o mar cortadas, não havia para os judeus esperança de coisa nenhuma.

De acordo com uma bem duvidosa tradição, Alexandre em pessoa visitou Jerusalém e lá teve o famoso sonho em que era urgido a ser generoso para com o povo de Judá.

A cidade submeteu-se, humilde às imposições do conquistador, e mandou-lhe o ouro e a prata que ele exigia. Em paga da submissão, os judeus não foram molestados e gozaram um período de sossego, enquanto em redor impérios e reinos viam-se reduzidos a pó.

Poucos anos depois a cidade de Alexandria começou a erguer-se na embocadura do Nilo, para substituir as metrópoles fenícias aniquiladas.

Aos judeus, cuja habilidade comercial era preciosa para Alexandre, foram oferecidas residências na parte norte da cidade. Muitos se aproveitaram do ensejo para sair de Jerusalém e emigrar para o Egito. E a cidade santa, assim abandonada dos seus elementos mais energéticos, lentamente perdeu as últimas características de capital nacional. Tornou-se o que ainda hoje é – o centro espiritual da raça judaica, reverenciado por todos, mas visitada por poucos.

A morte de Alexandre não trouxe alterações. O império foi dividido entre os seus generais. Um deles, Ptolomeu Soter, teve como quinhão o Egito, e no ano de 320 entrou em guerra com o general a quem coubera a Síria e, com a Síria, a provinciazinha de Judá. Ptolomeu atacou Jerusalém num sábado; os judeus, fiéis ao Quarto Mandamento, recusaram-se a lutar – e perderam a cidade.

Os vencidos, entretanto, não foram maltratados. Começaram a mudar-se em número crescente para o Egito – e o mato cresceu nas ruas da cidade onde fulgira a glória de Salomão.

A história dos seguintes cem anos é destituída de interesse. Os descendentes dos generais de Alexandre disputavam entre si sem interrupção, e Judá frequentemente mudava de dono. Por fim, durante o século II a.C., figurou como parte dos domínios dos selêucidas.

No ano de 175, Antíoco Epifânio, o oitavo soberano da famosa dinastia dos selêucidas, tornou-se chefe da maior parte da Ásia ocidental – e com esse inteligente, mas intolerante monarca abre-se um novo capítulo na história da formação da consciência nacional dos judeus.

Quando Antíoco subiu ao trono, Judá estava se despovoando com rapidez. Os encantos da vida grega conquistavam os últimos aderentes da cultura hebraica. Tudo levava a crer que muito breve a nação judaica seria absorvida pela civilização helenística, a qual era uma perfeita mistura de tudo quanto havia de bom e de mau tanto na Ásia como na Europa.

Mas Antíoco Epifânio não tinha aprendido a lição do *laissez aller*. Rapidamente desfez todo o trabalho dos seus predecessores e transformou os já arrefecidos judeus nos mais ardentes patriotas.

Revolução e Independência

Duzentos anos depois uma família judaica, os Macabeus, começou um levante com o fim de libertar o país da dominação estrangeira. Mas o estado que os Macabeus fundaram não floresceu, e quando os romanos penetraram na Ásia fizeram da Palestina um reino semi-independente e nomearam um protegido político como rei da infeliz terra.

Na velha terra de Canaã não havia lugar para duas formas divergentes de culto religioso. Um povo que aceitava Jeová como o senhor absoluto e indisputado não podia tolerar a rivalidade dum Zeus que (segundo os pagãos, está claro) vivia no alto duma montanha lá na terra dos bárbaros.

Antíoco Epifânio não percebeu isto, e em consequência gastou muitos anos da vida e o melhor das suas energias no esforço vão de transformar os obstinados judeus em amuados gregos.

Era Antíoco o oitavo monarca da família dos selêucidas, como já dissemos, e ainda muito jovem fora mandado a Roma como refém. E quinze anos passou na cidade que era o centro tanto do mundo civilizado como do bárbaro.

Roma tornara-se imensamente rica, e as velhas virtudes romanas (se é que existiram, o que sinceramente duvidamos) haviam dado lugar a uma vida de prazeres, alimentados sobretudo pelos numerosos elementos gregos da cidade.

Os gregos daquele tempo representavam o papel que os estrangeiros representam na Nova Iorque de hoje. O americano típico vende e compra, constrói e planeja, absorvido na tarefa de criação do continente. Mas as orquestras são formadas com alemães, holandeses, franceses; os teatros dão muita importância a peças escritas por noruegueses e russos; e os restaurantes empregam cozinheiros franceses e são decorados por pintores de meia dúzia de nações europeias.

O americano sente-se muito ocupado para atender a todas essas atividades, e pacientemente (e muitas vezes com desprezo) as deixa para a gente de fora, hábil em exercê-las melhor que ele, mas à qual falta a ambição para a vida de criação política ou física.

Fora assim em Roma. Antes de mais nada era o romano um soldado e um legislador, um estadista e um cobrador de impostos, um construtor de cidades e um rasgador de estradas. Conquistava, administrava o mundo inteiro, desde as nevoentas costas de Gales até as intermináveis planuras da Dácia ou os escorchantes areais da África equatoriana.

Era essa a tarefa do romano, que a fazia bem e com gosto. Mas só. Teatros e escolas, academias, igrejas e lojas – isso não o interessava, e caiu nas mãos de gente de fora, sobretudo os gregos. E Roma logo se encheu dos brilhantes, mas pouco dignos de confiança, descendentes de Ésquilo, Péricles e Fídias.

Eram notáveis oradores, aqueles belos professores helenos de cabelos negros que falavam de mil coisas desconhecidas ao honesto romano, e que portanto nada significavam para sua vida. Esses mestres discutiam sobre os deuses ao mesmo tempo que ensinavam o melhor modo de vestir-se. Explicavam às damas os mistérios duma nova religião do Oriente depois de dar-lhes uma receita de cosmético. Nunca perdiam o ensejo duma palavra de espírito, e acabaram tornando a grave e rude comunidade romana em qualquer coisa viva que lembrava o famoso Ágora de Atenas.

O jovem Antíoco, filho da Síria distante, tornou-se fácil presa da agradável sedução da grande metrópole (como um jovem não desasnado que duma fazenda do Michigan surge em plena Broadway), e durante os seus quinze anos de residência em Roma afervorou-se na admiração da filosofia grega, da arte grega, da música grega, de tudo quanto fosse grego.

Ora, nada mais claro que, quando teve de regressar ao seu país de origem, tudo lá o iria desapontar tremendamente. Jerusalém nunca mais conseguira restaurar-se no antigo esplendor dos tempos de Davi e Salomão. Mas mesmo a Jerusalém do apogeu não podia sofrer comparação com centros mundiais como Atenas, Roma, Corinto ou Cartago.

Jerusalém sempre viveu muito à margem da grande estrada da civilização. Era olhada pelos babilônios, gregos e egípcios (que por acaso a conhecessem) como um belo centro, mas muito provinciano, e habitado por gente de espírito muito estreito, que se levava a sério demais e não compreendia o que era de fora.

O longo período de exílio em nada melhorou os judeus. Muitos adaptaram-se à Babilônia e por lá ficaram, e dois séculos depois a maior parte dos sobreviventes localizou-se em Alexandria e Damasco; unicamente os mais piedosos permaneceram em Jerusalém, transformando-a num centro de debates teológicos.

Nada mais compreensível que a reação de Antíoco ao cair inopinadamente em tal meio. Ele, que vinha transbordante dos deleites de Roma, das festas atléticas, das procissões dionisíacas, ver-se obrigado a passar seu tempo com os lúgubres eruditos que cegavam os olhos nos livros da lei, decifrando as obscuridades de regras pelas quais ele Antíoco e seus amigos sentiam a mais profunda repulsa.

E Antíoco resolveu tornar-se o apóstolo da cultura grega no ambiente judaico, como se fosse possível a um homem apressar o natural avanço duma geleira.

Muito pouca coisa de bom conseguiu Antíoco; o seu desastre foi completo.

A princípio começou a fazer jogo com as eternas dissenções dos judeus, entre os quais havia um grupo simpatizante com a cultura grega. Encorajado por este grupo, Antíoco instituiu competições atléticas em Jerusalém e auxiliou financeiramente certas festividades organizadas em honra dos deuses gregos. Isso ofendeu grandemente a maioria dos judeus, mas, como um escândalo recente os trazia de cabeça baixa, nada puderam fazer.

O caso foi que surgiram dois candidatos ao cargo de Sumo Sacerdote. Um deles, Menelau, ofereceu ao rei muitos milhares de moedas de ouro, a fim de ser nomeado. A soma pareceu grande demais, e realmente estava muito acima das forças financeiras do pobre candidato, o qual, para fazer face à primeira prestação, foi obrigado a roubar os fundos do Templo. Quando foi descoberto o desfalque, uma onda de indignação se ergueu contra Menelau – e subiu muito a cotação de Jasão, o seu rival, que em coisa nenhuma era melhor que ele. Um choque sobreveio, que o rei do Egito tomou como pretexto para justificar a ocupação da cidade de Jerusalém e o ataque ao Templo (no qual, naquela época, bem pouca coisa de valor devia existir).

Antíoco pediu a ajuda dos seus amigos de Roma, e como sobreviessem dificuldades, resolveu ir em pessoa a Roma e debater o caso no Senado.

Roma, entretanto, não se interessava pelas brigas íntimas de seus aliados. Contanto que as tribos da Ásia ocidental não perturbassem a paz do Império ou a segurança das grandes linhas de comércio, podiam agir como entendessem. Uma guerra no Oriente, certo que interferiria no comércio da Ásia – e Antíoco e o Egito foram aconselhados a terem juízo, nada mais.

Mas o turbulento Antíoco não sossegou; depois que os egípcios se retiraram, entregou-se à tarefa de curar aqueles judeus de suas velhas superstições.

Começou proibindo a celebração das festas religiosas. Nada mais de guardar o dia de Sábado; nada mais de sacrifícios a Jeová, um deus tribal pertencente a um já remoto período de barbarismo. Os livros religiosos apanhados pela sua gente iam para o fogo, e a posse dum deles por qualquer habitante da cidade equivalia a sentença de morte.

O povo judeu, que vivia num mundo imaginário de regras e visões proféticas, despertou estremunhado à brutalidade daqueles fatos. Fechou as portas da cidade e tentou resistir às ordens reais. As forças de Antíoco atacaram o Templo num sábado – e, como de novo os judeus se recusassem a lutar, Jerusalém foi novamente ocupada pelos inimigos.

Os habitantes de boa constituição corporal foram poupados a fim de serem vendidos como escravos. Os outros foram mortos. Nenhum respeito para com o Templo. No mês de dezembro de 168 a.C. um novo altar foi erguido em seu recinto, depois da destruição do consagrado a Jeová. E dedicaram-no a Zeus, com uma liberal oferenda de porcos.

Como fosse o porco o "animal imundo" dos judeus, o insulto era desses que não encontram igual. Mas os judeus tiveram de submeter-se. Uma forte guarnição, acomodada numa fortaleza reconstruída, fiscalizava os sobreviventes, com a gana nos olhos. Ai do homem ou mulher que procurasse substituir a carne de porco, posta no profanado altar, pela carne de vaca, que era o certo!

Mas esta estúpida tirania de Antíoco teve a réplica merecida.

A umas seis milhas de Jerusalém, bem ao norte da aldeia fronteiriça de Modin, vivia um velho sacerdote chamado Matatias, pai de cinco rapazes valentes. Viviam em paz. Mas eis que chega a Modin os mensageiros de Antíoco com a ordem para a adoração de Zeus de acordo com as últimas instruções. O povo reuniu-se na praça do mercado. Ninguém sabia o que fazer. Antíoco estava perto, e Jeová muito longe. Em dado momento um pobre campônio, apavorado, apresenta-se para executar o ritual prescrito.

Ah, aquilo era demais para Matatias! Toma ele da espada e abate o pobre campônio; e com outro golpe mata o oficial do rei que tivera a coragem de sugerir tão terrível sacrilégio aos fiéis adoradores de Jeová.

Depois daquilo só havia um caminho para Matatias e os cinco moços: a fuga – e fugiram. Cruzaram as montanhas e perderam-se no vale do Jordão.

A notícia do grave acontecimento espalhou-se. O poder do rei fora publicamente desafiado. Jeová havia encontrado um novo paladino da sua causa. E os que acreditavam no futuro da raça, acorreram ao Jordão a fim de juntar-se aos rebeldes.

Antíoco a princípio tentou abafar o levante usando a velha estratégia: atacar os judeus no Sábado. Mas Matatias era homem prático. Preferia viver pela letra da lei a morrer por ela. E ordenou a seus homens que lutassem. As forças Sírias foram derrotadas.

Matatias estava muito velho para dirigir a campanha. Morreu logo. Mas seus filhos, João, Simão, Judas, Eleazar e Jônatas, o sucederam como chefes dos patriotas judeus, e a guerra foi levada por diante.

Um desses moços, Judas, o terceiro filho de Matatias, tornou-se famoso. Sempre era avistado no mais forte da luta, donde lhe veio o cognome de Macabeu – Judas Macabeu, ou Judas, o Malho. Sabiamente evitava choques com as tropas inimigas e inaugurou o sistema de guerrilhas que vinte séculos depois seria, com tanta eficiência, usado pelo general Washington.

Judas não dava um momento de descanso às tropas Sírias. Atacava-lhes os flancos às súbitas, no meio da noite, e assim que o inimigo se voltava da surpresa e se alinhava para a reação, se sumia nas montanhas com sua gente. Mas voltava ao ataque assim que os exasperados sírios, cansados da inútil espera, relaxavam a guarda.

Após vários anos de tais guerrilhas, Judas ficou tão senhor da situação que pôde arriscar um ataque a Jerusalém. Lançou-o, e conquistou a velha cidade, expelindo de lá o inimigo.

O seu primeiro ato foi a restauração do Templo em sua glória e santidade antigas. Infelizmente, quando atingia o topo da fama, Judas pereceu numa escaramuça, e os judeus ficaram sem chefe.

João e Eleazar já haviam morrido, o primeiro capturado na guerra e executado, e o segundo morto acidentalmente por um elefante de combate.

Jônatas, o mais moço, foi eleito chefe, mas semanas depois cai assassinado por um oficial sírio. Assume então o comando Simão, o único sobrevivente do clã de Matatias.

Entrementes, Antíoco morre. Sobe ao trono um seu filho, mas é assassinado por Demétrio Soter, seu primo, o qual, no ano 162, se proclama rei da maior parte da Ásia ocidental.

Essa mudança foi favorável aos judeus. Atrapalhado com as perturbações caseiras, Demétrio desistiu de continuar a guerra contra eles. Entrou em negociações, fez as pazes com Simão Macabeu, o qual daí em diante governaria Judá como "Sumo Sacerdote e Governador", uma vaga dignidade que podemos comparar com a de Oliver Cromwell quando foi feito "Sumo Lord Protetor da Inglaterra".

Os outros países, impressionados pela habilidade dos Macabeus, virtualmente reconheceram o novo estado como um reino independente, e aceitaram o "Sumo Sacerdote e Governador" como o legítimo chefe da nação.

Simão pôs-se ao trabalho de dar ordem à coisa pública. Concluiu tratados com os vizinhos. Cunhou moeda com a sua efígie e foi reconhecido pelo exército como o comandante supremo.

Quando Simão e dois filhos foram mortos no ano de 135 a.C., a família dos Macabeus estava tão firmemente estabelecida que dum modo automático o trono coube a João, o Hircano, que reinou quase três décadas e foi o soberano dirigente dum pequeno, mas bem organizado, país em que Jeová era adorado de acordo com as mais rígidas exigências da antiga lei e no qual nenhum estrangeiro era tolerado, exceto em visita.

Mas, ai! logo que uma relativa paz deu folga aos judeus, voltaram a ser vítimas do mal da controvérsia religiosa, que tanto dano já lhes havia feito outrora.

Teoricamente, o país era ainda uma teocracia. O Sumo Sacerdote retinha nas mãos o poder supremo, e como Matatias Macabeu fosse membro duma família de sacerdotes hereditários, tudo estava de perfeito acordo com a velha lei.

Mas o mundo muda.

A ideia da teocracia já morrera em todos os países da Ásia, da Europa e da África. Impossível, pois, mantê-la naquela pequena comunidade estanque, de todos os lados rodeada de povos já influídos pelas ideias políticas gregas e romanas. E sob a pressão dessas ideias os judeus começaram a dividir-se em três partes distintas, cada uma norteada por um diferente conjunto de princípios quanto a governo e culto.

Esses três grupos iriam desempenhar papel muito importante na histeria dos próximos dois séculos. Temos, pois, de dar-lhes atenção aqui.

O grupo mais importante era o dos fariseus, cuja origem desconhecemos. O partido parece ter sido fundado durante os anos penosos que precederam ao levante dos Macabeus, porque logo que Matatias deu o brado de revolta, um grupo de homens, conhecidos como os "hasideanos" ou "os piedosos", veio juntar-se a ele.

Quando a luta pela liberdade triunfou, e a maré do entusiasmo religioso começou a baixar, os hasideanos, sob o nome de "fariseus", assumiram posição de destaque e mantiveram-se na linha da frente até o colapso da independência.

Os fariseus eram exatamente o que essa palavra hebraica diz. Eram o "povo separado". Diferentes do resto do povo pelo fanático aferro à letra da lei. Conheciam de cor os antigos livros de Moisés. Cada palavra, cada letra, lhes sugeria alguma coisa.

Viviam num mundo de estranhos mandamentos e de incompreensíveis tabus. Havia poucas coisas que podiam fazer e mil coisas que não podiam fazer. Só eles eram os puros seguidores do onipotente Jeová. Enquanto o resto da humanidade sofria a pena de perdição eterna, os fariseus, graças à obediência absoluta a todas as vírgulas da lei, tinham a segurança de entrar no reino dos céus.

Geração após geração, gastavam eles as horas do dia e da noite no esmiuçamento dos rolos antigos, a interpretar, a anotar, e elucidar detalhes obscuros e sem importância duma sentença já esquecida dum vago capítulo do Êxodo.

Em público faziam praça de grande humildade. Mas no imo eram tremendamente orgulhosos das qualidades que os distinguiam (aos olhos deles mesmos) de todos os outros homens, para os quais, a despeito da humildade aparente, sentiam o mais profundo desprezo.

A princípio os fariseus foram inspirados por motivos nobres e pelo mais alto patriotismo, decorrente da fé no poder de Jeová. Mas com o passar do tempo tornaram-se uma congérie de sectaristas intolerantes e irredutíveis em seus preconceitos e superstições. Deliberadamente voltavam as costas ao futuro, só dando atenção à passada glória dos tempos de Moisés.

Odiavam a tudo quanto fosse de fora. Detestavam as inovações e condenavam todos os reformadores como inimigos do estado. E quando o maior de todos os profetas lhes falou dum deus de amor e pregou a fraternidade universal, os fariseus lançaram-se contra ele com tal violência que a nação que tinham ajudado a fundar acabou naufragando.

Depois dos fariseus vinham os saduceus, menos numerosos e menos poderosos. Eram mais tolerantes, mas da tolerância que se baseia mais na indiferença do que na convicção. Pertenciam à elite judaica. Viajavam. Tinham visto outras terras e outros povos, e, conquanto fiéis a Jeová, admitiam que muito podia ser dito das ideias sobre a vida e a morte propugnadas por tantos filósofos gregos.

Não se sentiam grandemente interessados no mundo dos fariseus, muito cheio de demônios e anjos e outras estranhas criaturas imaginárias, trazidas do Oriente à Palestina pelos viajantes.

Aceitavam a vida como a encontravam, e procuravam viver honrosamente, sem dar muita fé às recompensas prometidas depois da morte.

Quando os fariseus procuravam discutir com os saduceus sobre este ponto, limitavam-se estes a pedir o testemunho de algum texto dos antigos livros que tal dissesse – e assim fechavam a questão.

Em suma, os saduceus viviam muito mais em contado com os tempos do que os fariseus, e consciente ou inconscientemente haviam absorvido a sabedoria dos filósofos gregos. Admitiam um deus único, fosse ele chamado Jeová ou Zeus. Mas não concebiam que tal deus interferisse nos mesquinhos detalhes da vida humana, e portanto todas as considerações interpretativas dos fariseus pareciam-lhes perda de tempo e de energia.

Achavam mais importante viver com nobreza e bravura do que fugir da vida e concentrar-se na salvação de sua própria alma por meio do escolasticismo. Olhavam para a frente, não para trás, e exprimiam dúvidas quanto às ilusórias virtudes dos tempos passados.

Gradualmente perderam todo o interesse nas matérias puramente religiosas, e passaram a devotar-se à política. Anos depois, quando os fariseus insistiram pela condenação de Jesus como herético, os saduceus fizeram com eles causa comum e também denunciaram o nazareno por considerá-lo uma ameaça à ordem estabelecida – razão política, não mais religiosa. Não estavam interessados nas doutrinas de Jesus, mas temiam-lhe as repercussões políticas.

A tolerância dos saduceus, porém, era tão estéril como o acanhamento mental e a confessada intolerância dos seus oponentes – como o drama desfechado no Gólgota o revelou.

Temos agora o terceiro grupo, que só mencionamos por amor à exação histórica – grupo de pequena atuação na vida judaica.

Muitos judeus viviam num eterno pavor do que nós chamamos pecado inconsciente. Suas leis eram tão complicadas que ninguém podia gabar-se de cumpri-las integralmente. Mas a desobediência, mesmo que involuntária, era coisa terrível aos olhos de Jeová, o qual, como encarnação da Lei, punia as pequenas infrações com a mesma severidade com que punia o desrespeito aos Dez Mandamentos.

Para escapar a essas dificuldades, os "essênios ", ou "homens santos", deliberadamente se abstinham do que podemos chamar os "atos de vida".

Não faziam coisa nenhuma. Habitavam o deserto, longe de todo movimento social, e fugiam de qualquer convívio. Mas por necessidade de proteção frequentemente se juntavam em pequenas colônias. Não admitiam a propriedade privada. O que pertencia a um pertencia a todos. Com exceção da roupa, do catre e da cuia em que tomavam comida na cozinha comum, um essênio nada possuía que pudesse chamar seu.

A HISTÓRIA DA BÍBLIA

Parte do dia davam-na à cultura dos pequenos campos donde tiravam a alimentação. O resto do tempo consagravam-no à leitura dos livros sagrados, e a torturarem-se no estudo das obscuridades dos velhos profetas.

Um programa de vida, em suma, bem pouco atraente, razão pela qual o número de essênios era muito menor que o de fariseus e saduceus.

Nunca eram vistos nas ruas das cidades. Não faziam negócios. Não tinham contato com a política. Eram felizes porque tinham a certeza de estar salvando as respectivas almas, mas nada faziam para o vizinho, nem exerciam qualquer influência sobre a vida da nação.

Indiretamente, porém, representavam um grande papel, porque, quando esse austero ascetismo se combinava com a veemência dos fariseus (como no caso de João Batista), eles influenciavam muita gente e revelavam-se uma força.

Por esta rápida explanação depreende o leitor que não era fácil governar um país onde o equilíbrio de forças estava na dependência desses grupos de fanáticos religiosos. Os Macabeus fizeram o possível para assegurar o equilíbrio. Durante os primeiros cem anos tudo correu muito bem. Mas sob o reinado do filho de João Hircano a dinastia chegou ao fim.

Aristóbulo, o "amigo dos gregos", foi um incompetente que precipitou a queda do reino. Encolerizara-o o fato de os judeus não lhe darem o título de rei, embora lhe conferissem todos os poderes dos reis. Mas para os fariseus, com a mania do respeito à tradição, tais coisinhas eram da maior importância. Os judeus haviam aceitado o governo dos Juízes porque os Juízes se abstinham de reclamar o título de rei. Agora aparecia aquele dirigente, que nem sequer provinha da casa de Davi, insistindo por um título que o próprio Jeová só ocasionalmente usava.

Os fariseus enfureceram-se e Aristóbulo, necessitado de apoio, imprudentemente fez causa comum com os inimigos dos fariseus. E para agravar a situação, o incidente foi seguido duma dessas disputas de família tão comuns naqueles tempos.

A mãe e os irmãos do novo "rei" bandearam-se para o lado dos inimigos de Aristóbulo – e começou a guerra.

Foi morta a mãe de Aristóbulo, e pouco depois também cai apunhalado Antígono, irmão de Aristóbulo. O "rei" lança então uma campanha contra os vizinhos do norte, para desviar a atenção do povo.

Seu exército apodera-se de grande parte do velho reino de Israel, já extinto havia quatro séculos, o qual já não reaparece com esse nome, sim com o de Galileia, nome dum dos distritos do norte.

Os planos de Aristóbulo não puderam ser revelados; adoeceu e faleceu após um ano de governo.

Foi sucedido por Alexandre Janeu, o terceiro filho de João Hircano, rapaz exilado pelo próprio pai, que o detestava. Alexandre governou quase trinta anos – e pode-se dizer que com ele morreu o reino.

Como Aristóbulo, também cometeu o erro de tomar partido nas disputas religiosas, e de tentar estender os territórios nacionais à custa dos vizinhos. E embora fosse tão malsucedido fora de casa como dentro, nada a experiência lhe ensinou.

Não valia mais que ele sua esposa Alexandra, a qual se tornou um instrumento nas mãos dos fariseus; o verdadeiro governo do país foi ter a um gabinete de copa, em que homens expertos governavam Judá e a Galileia para benefício próprio e dos amigos.

Para melhor firmarem o poderio próprio, os fariseus induziram Alexandra a elevar ao cargo de Sumo Sacerdote seu filho mais velho, Hircano, medida que não agradou a Aristóbulo, o filho mais moço, que herdara o nome e muitas das más qualidades do primeiro Aristóbulo.

O Sanhedrim, ou Conselho, continuou a ser dominado pelos fariseus, mas Aristóbulo e os saduceus rebelaram-se e ocuparam várias cidades importantes – e já se sentiam bastante fortes para ameaçar Jerusalém, quando Alexandra morre. Seu filho encontrou o tesouro vazio e a nação dividida pela guerra civil.

Não era novidade uma tal situação. Aquele recanto do mundo sempre vivera vida agitadíssima, mas, como já dissemos, o mundo mudara. Mil e quinhentos anos antes ninguém pensaria no que os semitas andavam a fazer, contanto que se conservassem dentro dos seus limites. Mas a maior parte da Ásia ocidental estava agora na mão dos romanos, herdeiros do império de Alexandre.

O interesse dos romanos se resumia na manutenção duma perene caudal de taxas com despejo em Roma. E como a renda que lhes vinha da Ásia dependia do comércio, eles insistiam em paz e ordem, que eram condições para a prosperidade do comércio.

Um certo rei do Ponto, na Ásia Menor, Mitrídates, tentou interferir na política romana, e depois de longa e desastrosa guerra foi forçado a suicidar-se, enquanto o seu império era anexado à República.

As desgraças deste rico e poderoso tirano não foram bastantes para abrir os olhos de Hircano e Aristóbulo, que continuaram a brigar e a perturbar a paz romana – e tal barulho fizeram que Roma ouviu.

O comandante das tropas do Oriente teve ordem de ir a Jerusalém observar o que havia. Quando lá chegou, Aristóbulo e seus amigos estavam dentro do Templo e Hircano e seus adeptos fora, no papel de sitiados e sitiantes. E ao verem por ali o representante de Roma, os dois pediram-lhe o apoio.

O general romano, com aquela fria compreensão dos fatos tão notória na raça, viu que era muito mais fácil derrotar Hircano, que estava com as tropas do lado de fora, do que Aristóbulo, que tinha as suas dentro. E expulsou de lá Hircano. Por esse processo tão simples, Aristóbulo tornou-se o dirigente de Judá e da Galileia.

Não por muito tempo, entretanto.

O famoso Pompeu aproximava-se, e Hircano apressou-se em ir-lhe ao encontro para, pessoalmente, justificar a sua causa. Mal soube disto, Aristóbulo também marchou para o acampamento romano a fim de recomendar-se como o candidato mais adequado (isto é, o mais obediente) para qualquer governo que os romanos quisessem instituir naquela parte do mundo.

Mal acabou Pompeu de ouvir a argumentação de Aristóbulo, eis que irrompe um toque de corneta. Uma terceira delegação chegava, a dos fariseus que vinham explicar ao general romano que o povo judaico estava tão cansado de um príncipe como de outro, e desejava retornar à velha forma duma pura teocracia, em bases estritamente farisaicas.

Pompeu ouviu entediadamente aos três e recusou-se a tomar decisão. Disse que daria resposta depois do regresso duma expedição contra as tribos árabes que andavam a perturbar o sossego das terras outrora pertencentes ao Império Assírio. Enquanto isso, as três partes – que se acomodassem e esperassem.

Mesmo num momento daqueles os judeus não apreenderam plenamente a péssima situação em que se achavam. Aristóbulo voltou à capital e conduziu-se como se realmente fosse o rei de todos os judeus e pudesse agir como se não existisse nenhum soldado romano no mundo.

Esse estado de coisas durou enquanto Pompeu conduziu a sua expedição. Mas logo após a vitória sobre os árabes, voltou ele e interpelou os judeus sobre os motivos que os levaram a desrespeitar seus conselhos.

Aristóbulo, então, deu um passo errado. Tentou representar o mesmo papel que seu bisavô havia representado. Retirou-se para o Templo, cortou a ponte que o ligava à cidade (o Templo era uma verdadeira fortaleza) e intrepidamente hasteou o pavilhão da revolta.

Era uma luta muito desigual. Hircano avançou, sitiou o Templo de acordo com as regras mais adiantadas daqueles tempos.

Três meses durou o assédio. A guarnição da praça sofreu terríveis privações, mas o desespero aumentava-lhes a coragem. Traídos por Hircano, consideravam-se os defensores da sagrada causa de Jeová e da independência judia.

Desertores puseram os romanos ao par desse fanatismo religioso, e Pompeu deu ordem para um ataque geral num sábado.

Caía esse sábado no mês de junho do ano 63 a.C.

As legiões romanas assaltaram a cidadela judaica e capturaram todos os seus defensores. Os oficiais foram decapitados. Aristóbulo com a esposa e os filhos foram enviados para Roma, como futuros enfeites do triunfo de Pompeu. Esse triste destino, porém, foi-lhes evitado. Os romanos permitiram-lhes fixar-se nos subúrbios de Roma, onde lançaram os

A HISTÓRIA DA BÍBLIA

fundamentos duma colônia judaica que ia representar papel importante na história do Império.

Depois de abafada a luta, os romanos de Pompeu, com aquela sábia moderação que os norteava, não permitiram o saque do Templo, nem interferiram com as práticas religiosas do povo. Mas esse ato de generosidade de nada valeu.

Movido pela curiosidade, e de todo ignorante dos preconceitos daquela gente, Pompeu e seu estado maior, durante a inspeção do Templo, penetraram no Oráculo.

Nada viram. Apenas um recinto de paredes de pedra, inteiramente vazio. E ao verificarem que nada havia ali de interesse, retiraram-se. Essa visita ao Oráculo por estrangeiros "impuros", entretanto, significava para os judeus um crime horrendo, que Jeová castigaria sem piedade. E passaram a odiar Pompeu.

Tudo quanto ele fizesse em prol daquele povo nada seria em comparação do inconsciente insulto feito à religião judaica. Pompeu nunca soube que havia cometido um insulto, e mostrava-se extremamente suave. Permitiu a Hircano voltar a Jerusalém e ainda o nomeou Sumo Sacerdote, a fim de pacificar os fariseus. E como derradeiro ato de graça, deu-lhe o posto de Etnarca – um título um tanto vago, conferido a velhos soberanos independentes. Não aumentava o poder do titular, mas lisonjeava o orgulho do povo. Os romanos mostravam-se muito pródigos desta distinção, contanto que o candidato seguisse as suas instruções e se comportasse discretamente.

Se Hircano houvesse sido um homem capaz, teria salvo a pátria da ruína. Mas era um incompetente, e breve perdeu o pouco prestígio que ainda gozava.

Trinta anos antes, quando Alexandre Janeu, o pai de Aristóbulo e Hircano, ainda estava no trono, foi nomeado governador do distrito de Edom, ou Idumeia, ao sul de Jerusalém, um certo Antipater. E esse Antipater, vendo propícia a situação para pescar em águas turvas, entrou em cena. Apresentou-se como fiel amigo de Hircano, ao qual sussurrava conselhos ao ouvido. Mas quanto mais o aconselhava, mais complicações surgiam nas terras de Judá. Tão habilmente manobrou Antipater que o poder foi passando para as suas mãos, com todo o apoio de Roma.

Quando a guerra civil estalou e os exércitos de Pompeu se lançaram contra os de Júlio César, o governador Idumeu fez causa comum com César.

Em paga da adesão, César, vitorioso, outorgou a Antipater a cidadania romana e tacitamente lhe permitiu ser a força real atrás do vacilante trono da Judeia.

O novo "cidadão" fez bom uso do poder. Reforçou a sua influência sobre os judeus, dando-lhes mais liberdade do que nunca. Isentou-os de servir nos exércitos romanos e permitiu-lhes a reconstrução das muralhas do Templo. Também exonerou-os dos tributos que Pompeu impusera.

Mas Antipater não foi mais feliz que Pompeu em matéria de cair na simpatia dos fariseus. Acusavam-no de ser de fora, um arrivista, um usurpador do trono de Davi. Falavam em elevar a esse trono o neto de Alexandre Janeu, Antígono. Mais uma vez se comportavam como se eles, não os romanos, fossem os senhores da Ásia ocidental.

Mas isso não importava muito, visto como Antipater lhes era superior tanto em astúcia como em completa falta de escrúpulos. Em seu cérebro, alimentava planos de criação duma nova dinastia e tudo lhe indicava que a dos Macabeus chegara ao ponto final.

Antipater marchava com lentidão, mas nunca perdia de vista o seu propósito secreto. Mas quando se ia aproximando da meta final, eis que cai morto pelo veneno ministrado por um amigo de Hircano.

A sua obra interrompida, porém, iria ser continuada por Herodes, seu filho – e com igual sucesso.

Antígono foi insidiosamente aconselhado a rebelar-se contra Roma, e o levante terminou no desastre previsto por Herodes. Antígono fugiu a encerrar-se no Templo, onde, depois de prolongada resistência, teve de render-se.

Implorou aos romanos que lhe poupassem a vida – mas dessa vez não houve clemência. A generosidade romana não estava dando resultados naquela terra. Toda sorte de privilégios havia sido outorgada aos judeus e a paga fora uma rebelião atrás da outra. Era preciso impressioná-los com um exemplo terrível, dos que o povo jamais esquece.

Antígono foi tratado como um criminoso comum, publicamente chibatado e decapitado. A dinastia dos Macabeus recebia assim o ponto final e transmitia o trono para Herodes.

Herodes matrimoniou-se com Mariamne, neta de Hircano, e assim estabeleceu uma vaga relação parental com os legítimos governantes da Judeia.

E foi assim que Herodes, por graça das legiões romanas, se tornou rei dos judeus, exatamente trinta e sete anos antes do começo da nossa era.

O NASCIMENTO DE JESUS

Ora, aconteceu que durante o reinado dum daqueles reis, de nome Herodes, Maria, esposa de José, o carpinteiro de Nazaré, deu à luz um filho, conhecido como Joshua entre sua gente e como Jesus, pela vizinhança grega.

No ano de 117, Tácito, o grande historiador romano, procurou justificar as perseguições que o estado movia contra uma nova seita religiosa.
Tácito não era amigo de Nero. Mesmo assim esforçou-se para justificar aquela violência.
"O Imperador", escreve ele, "tem infligido cruéis torturas sobre certos homens e mulheres muito odiados pelos seus crimes e popularmente denominados "cristãos". O Cristo de que proveio esse nome foi mandado executar no reinado do Imperador Tibério por um certo Pôncio Pilatos, que era então governador da Judeia, uma remota província da Ásia.

A HISTÓRIA DA BÍBLIA

Embora reprimida por algum tempo, essa terrível e detestável superstição irrompeu de novo, não somente na Judeia, seu ninho de origem, como também em Roma, cidade para a qual, infortunadamente, todas as infâmias e irregularidades do mundo tendem a afluir".

Tácito menciona toda a matéria com a mesma leviandade e descaso como um jornalista inglês do ano 1776 se referiria a um certo movimento insurrecionário, muito insignificante, ocorrido numa remota colônia do Império Britânico...

O historiador romano nada sabia desses "cristãos" dos quais escrevia com tanto desprezo, nem desse Cristo de que "tinham tomado o nome". Não sabia, nem se interessava em saber.

Nunca deixava de haver perturbações dessa ordem num estado tão grande e complexo como o Império Romano, e os judeus encontradiços em todas as cidades de importância estavam sempre disputando uns com os outros, e aborrecendo os magistrados com questões originadas da tenacidade com que se apegavam a certas leis religiosas e higiênicas incompreensíveis.

O Cristo em causa havia sido, com certeza, algum pregador de sinagoga, numa pequena cidade da Galileia ou da Judeia.

Pode ser que as autoridades de Nero hajam procedido com maior severidade do que o caso pedia. Por outro lado, não era bom ser muito generoso em tais assuntos. E aí parou Tácito. Nunca mais em sua obra aparece a menor referência à seita perseguida.

Seu interesse, revelado naqueles períodos, era meramente acadêmico, como o que nós tomaríamos por um choque da Polícia Montada do Canadá e aquelas estranhas seitas russas que se fixaram no oeste do vasto império dos pinheiros e campos de trigo.

As informações de outros escritores do tempo não nos esclarecem mais.

Josefo, um judeu que no ano 80 da nossa era publicou uma detalhada história de sua pátria, menciona Pôncio Pilatos e João Batista – mas o nome de Jesus não aparece em sua obra.

205

Justo de Tibérias, contemporâneo de Josefo, aparentemente nunca ouviu o nome de Jesus, embora se mostre familiar com a história dos judeus dos dois primeiros séculos.

Observamos um completo silêncio por parte de todos os historiadores contemporâneos, e isso nos deixa na absoluta dependência dos primeiros quatro livros do Novo Testamento, chamados "evangelhos" – ou "boas novas".

Como o livro de Daniel e os Salmos de Davi, e muitos outros capítulos do Velho Testamento, os Evangelhos trazem nomes fictícios. São atribuídos a Mateus, Marcos, Lucas e João, mas parece provável que esses discípulos de Cristo nada tenham que ver com as famosas composições literárias a que deram o nome.

O assunto ainda está envolto em mistério. Por muitos séculos foi um tema de disputas escolásticas; mas como nada é mais fútil do que um debate teológico, não insistiremos na matéria, limitando-nos a explicar por que motivo provocou tanta discussão.

A gente de hoje, que desde criança já é obrigada a viver numa verdadeira inundação de papel de imprensa (jornais, livros, horários, menus, listas telefônicas, folhinhas, passaportes, telegramas, cartas etc.) parece incrível que não possuamos um só pedaço de papel, contemporâneo e evidenciativo da vida e morte de Jesus.

Mas, historicamente falando, nada há que estranhar nisto.

Os famosos poemas de Homero só foram fixados séculos depois do desaparecimento dos bardos ambulantes. Naqueles tempos em que ainda não havia escrita, a tradição oral era tudo. As histórias eram contadas de pais a filhos, com tanto cuidado como hoje as transmitimos pela escrita.

Além disso não devemos esquecer que Jesus, depois que se recusou a assumir a chefia dos judeus (o que foi esperado por muitos), viu-se forçado a andar exclusivamente com criaturas muito pobres e simples, pescadores e taverneiros, gente sem cultura e ignorante da escrita.

E depois de sua crucificação havia de parecer perda de tempo fixar-lhe a biografia. Seus discípulos acreditavam firmemente no próximo fim do mundo. E preparavam-se para o Juízo Final sem nenhuma ideia de escrever livros que tão breve seriam queimados pelo fogo dos céus.

Com o passar dos anos, entretanto, dada a insistência do mundo em não perecer, sobrevieram esforços para reunir as memórias dos que haviam conhecido Jesus pessoalmente ou sido seus companheiros nos últimos anos. Muitos ainda viviam, e contaram o que sabiam. Gradualmente fragmentos dos sermões de Jesus foram sendo recordados e fixados, até formarem um livro.

Depois foram recordadas as parábolas e reunidas em outro volume. A gente antiga de Nazaré era entrevistada. Em Jerusalém, várias pessoas que tinham ido ao Gólgota testemunhar a execução de Cristo deram um relato das suas últimas horas de agonia.

Uma literatura foi aparecendo sobre o assunto, literatura que cresceu à proporção que se intensificava a procura. Em pouco tempo assumia desmarcadas proporções.

Exemplo moderno temos no caso de Lincoln. Existe um fluxo constante de obras devotadas ao estudo da vida e morte do maior dos profetas americanos. Tão grande, que é impossível a uma pessoa lê-las todas. Ainda que pudesse reuni-las todas, um homem mal teria tempo, durante a vida, de tocar no mais essencial.

Por isso, de vez em quando um erudito que se devotou ao estudo do assunto manuseia todo o imenso material e surge com uma breve e concisa "Vida de Lincoln", a qual lança luz sobre pontos importantes, mas não toca no que só tem interesse para os historiadores profissionais.

Foi exatamente assim que os autores dos quatro evangelhos fizeram com a vida de Jesus. Cada qual, de acordo com as suas aptidões, recontava com as próprias palavras a história dos sofrimentos e do triunfo do Mestre.

Ninguém pode afirmar com segurança quem era Mateus e como vivia. Mas da maneira dele contar-nos a sua "boa nova" deduzimos ter sido uma criatura simples, amigo das histórias singelas que Jesus contava à gente humilde da Galileia, sob forma de parábolas e sermões.

Já muito diverso se mostrava João Batista. Deve ter sido um professor de erudição um tanto pesada, perfeitamente familiarizado com as mais modernas doutrinas ensinadas em Alexandria; sua "Vida de Jesus" revela um torneio teológico que falta aos outros evangelhos.

Lucas, presumido autor do terceiro evangelho, era, segundo a tradição, um doutor – e pode ter sido um mestre-escola. Estabelece ele com grande ênfase que havia lido as outras vidas de Jesus em circulação, mas não as achava de todo satisfatórias, por isso também traçava a sua. Pretendia dizer aos leitores tudo que já era sabido e mais alguma coisa nova, e fiel à promessa deu muita atenção a detalhe que haviam escapado a Mateus e João – e nos prestou grande serviço.

Quanto a Marcos, seu evangelho constituiu e ainda constitui matéria de muita atenção para todo os estudantes da Bíblia.

Sobre o fundo nevoento dos últimos dias de Jesus, apanhamos frequentes reflexos desse jovem, brilhante e inteligente, que desempenhou um papel definido, embora secundário, na tragédia do Gólgota.

Às vezes vemo-lo desempenhando comissões para Jesus.

Na noite da última ceia Marcos entrou precipitadamente no jardim de Getsêmani para avisar o Profeta de que os soldados do Conselho vinham em sua procura.

Encontramo-lo depois como secretário e companheiro de viagem de Pedro e Paulo. Mas não podemos saber ao certo quem ele era, e o que realmente fazia, ou o que representava para Jesus.

O evangelho que traz o seu nome torna a matéria ainda mais complicada. Mostra muita familiaridade com os acontecimentos. Omite grande parte do que já está nos outros evangelhos. Mas quando trata de descrever qualquer incidente com algum detalhe, a história se torna um documento vivo, cheio de pitorescas pequenas anedotas.

Este toque íntimo e pessoal tem sido com frequência alegado como prova de que pelo menos nesse caso temos pela frente um homem que conhecia de primeira mão os fatos de que tratava.

Mas, ai! o evangelho de Marcos, como os outros, revela certas características literárias que o colocam de modo definitivo no século II, obra talvez dum dos netos dos primitivos Marcos, Mateus e João.

A completa falta de documentos contemporâneos tem sido um forte argumento nas mãos dos que afirmam a inutilidade dos nossos esforços para recompor a vida de Jesus em bases históricas.

Pessoalmente não compartilho dessa opinião.

Conquanto seja fora de dúvida que os reais autores dos evangelhos, na forma em que os temos, não conheceram Jesus pessoalmente, também é fora de dúvida que eles colheram as informações dadas em textos que circulavam correntemente no ano 200, mas que se perderam.

Tais lacunas são muito comuns nos começos das histórias europeia, americana e asiática. O próprio "livro da natureza" não escapa a esses saltos dum par de milhões de anos, que nos obrigam a usar a nossa imaginação ou as hipóteses científicas.

No caso dos evangelhos, entretanto, não temos de lidar com vagas figuras históricas, mas sim com uma personalidade de tão extraordinário encanto e força que sobrevive a tudo mais que existiu há vinte séculos.

Além disso, o documentário direto da evidência, tão desejável nos estudos históricos, parece supérfluo quando tratamos de Jesus. O número de obras que o estudam, aparecidas nos últimos dois mil anos, não pode ser contado. Em todas as línguas, em todos os dialetos, e de todos os pontos de vista. Com igual zelo, provam ou negam a sua existência. Afirmam ou infirmam a autoridade evidencial dos evangelhos. Duvidam da fidedignidade dos escritos dos apóstolos ou juram sobre eles.

Mas isto não é tudo.

Cada palavra do Novo Testamento já foi cuidadosamente submetida aos testes da crítica filológica e cronológica. Guerras irromperam, países foram devastados, nações inteiras viram-se destruídas porque dois eminentes expositores das Escrituras estavam em desacordo sobre um ponto do Apocalipse ou dos Atos, que nada tinha que ver com as ideias de Jesus. Poderosas igrejas foram instituídas para comemorar fatos imaginários, e terríveis assaltos sofreram certos acontecimentos de existência inegável.

Cristo tem sido pregado como o Filho de Deus, e muitas vezes denunciado, com incrível violência, como impostor. Pacientes arqueólogos cavaram fundo no folclore de mil tribos para explicar o mistério do Homem tornado Deus.

O sublime, o grotesco e o obsceno foram chamados à balha, com fundamento numa riqueza de textos e fontes e cláusulas e parágrafos que parecem absolutamente irrefutáveis.

Mas nada disso faz diferença.

Talvez os antigos discípulos estivessem certos. Eles não escreviam, não argumentavam, não racionalizavam.

Aceitavam o que havia e deixavam o resto à fé.

E é com base nesta herança que vamos reconstruir a história de Jesus.

✳ ✳ ✳

Herodes era o rei, e um mau rei.

Seu trono alicerçava-se no crime e na fraude.

Não tinha princípios; só uma ambição o animava – rivalizar com Alexandre. O que o príncipe macedônio havia feito trezentos anos antes, um poderoso rei judeu poderia reproduzir. E Herodes planejou friamente a conquista da maior glória para a casa de Antipater, sem pensar nos homens, nem em Deus – só atento no governador romano de cujas graças dependia para a conservação do trono.

Mil anos antes um tal despotismo vingaria, mas o mundo estava mudado, como Herodes o iria verificar antes do seu triste fim.

Os romanos haviam definitivamente implantado a ordem nas terras banhadas pelo Mediterrâneo. Ao mesmo tempo tinham os gregos devassado as ignotas vastidões da alma, no seu esforço científico para chegar a conclusões lógicas sobre a natureza do Bem e do Mal.

A língua grega, grandemente simplificada em benefício dos que viviam fora da Grécia, tornara-se a língua das elites de todas as nações. Embora os autores dos quatro evangelhos fossem de sangue judeu, escreveram em grego e não no idioma arameano, que se havia substituído ao velho hebraico depois do exílio na Babilônia.

Para contrabater a influência de Roma como senhora do mundo, os gregos da era helenística haviam concentrado suas forças na rival de Roma, a cidade egípcia fundada pelo conquistador macedônio. Alexandria levantava-se na boca do Nilo, não muito longe do famoso centro de civilização faraônica, já morta de muitos séculos quando Jesus veio ao mundo.

Os gregos, brilhantes, instáveis, curiosos de tudo, tinham examinado e clarificado todos os conhecimentos humanos. Além disso haviam passado por todas as possíveis experiências de vitórias e desastres. Podiam recordar--se da idade de ouro, quando, sozinhos, derrotaram as inumeráveis hordas dos persas e salvaram a Europa do derrame asiático.

Podiam igualmente recordar o tempo em que, enfraquecidos pelas dissenções, deixaram que a Grécia caísse nas mãos dum povo mais bem organizado, os romanos.

Mas mesmo depois de privados da independência política, os gregos conseguiram elevar-se a grande altura, como mestres dos seus próprios conquistadores. E havendo provado de todas as alegrias da vida, seus sábios chegaram à conclusão de que tudo é vaidade, e que a vida não pode ser completa sem o contentamento espiritual que não se baseia apenas na riqueza. A mesma conclusão do Eclesiastes.

Os gregos, sempre firmes na crítica cientifica, não davam muita importância a vagas predições do futuro. Em vez de profetismo, cultivavam a filosofia.

Existia, entretanto, uma grande semelhança entre filósofos como Sócrates de Atenas e o Profeta Desconhecido da Babilônia. Ambos lutavam por ser justos, de acordo com a íntima impulsão de suas almas, sem respeito às ideias preconcebidas e ao murmúrio dos que os rodeavam. E honestamente procuravam propagar suas ideias do justo entre os vizinhos, a fim de que o mundo se tornasse mais humano e razoável.

Alguns desses filósofos, como os cínicos, mostravam-se tão severos em seus princípios como os essênios das montanhas da Judeia.

Outros, como os epicuristas e estoicos, eram mais mundanos. Ensinavam suas ideias no palácio do imperador, e frequentemente eram empregados como preceptores dos filhos das ricas famílias romanas.

Mas todos compartilhavam duma convicção comum – a felicidade só depende do que há dentro de nós, não vem de nada de fora.

Sob o influxo destas novas doutrinas, os velhos deuses gregos e romanos foram perdendo o prestígio. As classes superiores começaram a abandonar os templos.

Homens, como César e Pompeu, ainda cumpriam as velhas formas do culto de Júpiter, mas consideravam a história do Deus Tonante, que habitava as nuvens do monte Olimpo, como um conto de fadas para impressionar cérebros infantis e as massas sem nenhuma educação dos subúrbios de Roma. Homem que houvesse dado algum cultivo ao cérebro não podia aceitar como verdade semelhantes fábulas.

Nenhuma sociedade humana existe composta só de criaturas altamente educadas. Desde os começos de sua história, Roma enxameava de aproveitadores da guerra. Como capital do mundo por mais de três séculos, Roma atraía essa espuma internacional que inevitavelmente aflui para metrópoles como Londres, Paris ou Nova Iorque, nas quais a vitória social é comparativamente fácil e onde nenhuma pergunta indiscreta lhes é feita sobre o passado.

A conquista de tantas terras novas na Europa e na Ásia havia transformado muitos romanos pobres em ricos proprietários rurais.

Os filhos e filhas desses homens, seguros da renda das propriedades paternas, juntavam-se ao bloco da "gente fina", que olhava a religião como coisa da última moda. As doutrinas de Epicuro e dos estoicos, despidas de qualquer ostentação, eram pouco sedutoras. Eles ansiavam por coisa mais pitoresca e não tão séria. Algo que lhes falasse à imaginação sem interferir nos deleites da boa vida que tinham.

Esse anseio foi realizado. Impostores e charlatães do Egito e da Ásia Menor afluíam para Roma e vendiam palavras de felicidade e salvação, que em nossos iluminados tempos de hoje renderiam milhões. Essas mistificações espirituais tinham o nome de "mistérios".

Os charlatães sabiam que muitos homens, e sobretudo as mulheres, adoram a posse de segredos que não são obrigados a compartilhar com os vizinhos.

Um estoico declarava brutalmente que suas regras de conduta serviam para todas as criaturas do mundo, ricos e pobres, brancos e pretos. Mas os astutos negociantes de conhecimentos invisíveis e de mistérios orientais não cometiam esse erro. Nada de generalizações. Tudo era exclusivo. E em vez de coisas que interessassem à totalidade dos homens, só negociavam sua mercadoria com pequenos grupos da elite – e muito caro.

Não pregavam a céu aberto, ou em recinto de entrada livre a todos. O cenário escolhido eram pequenas baiucas mal iluminadas, tresandantes a incenso, e com estranhas figuras pelas paredes. Nesse quadro realizavam seus mistérios e nunca deixavam de impressionar os semieducados assistentes.

Alguns destes missionários eram sinceros. Criam em suas próprias visões e nas vozes que lhes comunicavam mensagens do outro mundo. Mas a grande maioria era composta de aventureiros que enganavam o público pela simples razão de o público querer ser enganado e pagar para isso.

Por muito tempo a coisa prosperou. A competição dos mistérios era quase tão aguda como a que observamos hoje entre tiradores de horóscopo e ledores de mão. Súbito, sobreveio a crise. O público foi se cansando daquela novidade já envelhecida, além de que certas mudanças no Império os levavam à mudança de atitude.

Em regra, a felicidade dum povo está na razão inversa da sua riqueza. Quando se enriquece além de certa medida, começa a perder o interesse nos prazeres simples sem os quais a vida humana se torna um longo tédio estendido do berço ao túmulo.

O Império apresentava o melhor exemplo deste axioma. Para um número cada vez maior de romanos, a vida se ia tornando uma carga pesada. Haviam comido demais, e bebido demais, e gozado demais todos os prazeres, para sentirem satisfação com qualquer experiência humana normal. E a solução do problema não lhes vinha de ninguém.

Os velhos gregos não os ajudavam.

Os homens dos "mistérios" de nada lhes valiam. Os eruditos doutores dos cultos de Ísis, Mitra e Baco também nada podiam fazer.

Os homens cansados sentiam o desespero na alma.

Foi quando Jesus nasceu.

* * *

Quarto ano antes da nossa era. Na encosta dum calmo vale da Galileia erguia-se o vilarejo de Nazaré.

Lá vivia um carpinteiro de nome José, com sua esposa Maria. Não eram ricos, nem pobres. Eram como todos da aldeia. Trabalhavam duro e diziam aos filhos que o mundo esperava deles alguma coisa, visto que eram descendentes do rei Davi, o qual rei Davi, como eles sabiam, era tataraneto da gentil Rute. Não havia criança judia que não conhecesse a história de Rute.

José não passava dum homem simples, que nunca saíra da sua aldeia; Maria, entretanto, estivera por bom espaço de tempo em Jerusalém, depois de já pedida em casamento.

Maria tinha uma prima de nome Isabel, casada com um certo Zacarias, sacerdote do Templo. Já velhos ambos, entristecia-os serem um casal sem prole. Certa vez Maria teve novas de Isabel, que lhe dizia duma gravidez, e indagava se estava Maria disposta a vir cuidar dela. Haveria muito trabalho na casa, além dos cuidados exigidos pela parturiente.

Maria foi para Judá, o subúrbio de Jerusalém onde Zacarias e Isabel moravam, e lá ficou até que o pequenino primo João dispensasse os seus cuidados. Voltou a Nazaré e desposou o carpinteiro.

Logo depois teve de realizar outra viagem.

Na distante Jerusalém ainda reinava o perverso Herodes, cujos dias estavam contados. Mais longe ainda, César Augusto havia tomado o governo e transformava a República Romana num Império.

Os Impérios custam dinheiro e o dinheiro tem que sair do povo.

O poderoso César decretou que todos os seus amados súditos, do norte, do sul, de leste e do oeste, registrassem seus nomes num registro oficial para que dali por diante os coletores de impostos pudessem saber quem pagava e quem não pagava.

A Galileia e a Judeia ainda faziam parte, nominalmente, dum reino autônomo. Mas quando se tratava de taxas, os romanos apertavam um ponto ou dois nessa autonomia – de modo que a terra dos judeus foi intimada a registrar-se. Todos deviam comparecer na sede original da sua família ou tribo.

José, como descendente de Davi, tinha de apresentar-se em Belém, e para lá seguiu acompanhado de Maria.

Não foi jornada fácil. Distância longa e estrada má. E quando afinal chegaram a Belém, todos os cômodos estavam ocupados por forasteiros vindos com o mesmo fim.

Era por uma noite fria. Criaturas de bom coração apiedaram-se da pobre moça e deram-lhe cama no fundo dum estábulo.

E foi ali que Jesus nasceu, enquanto fora, nos campos, os pastores guardavam seus rebanhos contra ladrões e lobos e cismavam sobre a vinda do Messias destinado a libertar a terra judaica dos dominadores estrangeiros, que motejavam do poder de Jeová e riam-se de tudo quanto era sagrado para o coração dos judeus.

Estava Maria, uma tarde, amamentando o filhinho à porta do velho estábulo que lhes servia de morada. Súbito, rebentou um grande tumulto na rua: a passagem duma caravana de persas. Com seus camelos e famulagem, ornamentados de joias e turbantes de vivas cores, formavam um quadro desses que chamam às janelas e portas toda a população das aldeias.

A jovem mãe com o filhinho atraiu a atenção dos caravaneiros. Interromperam a marcha e amimaram a criança, e ao partirem deram-lhe alguns presentes tirados da bagagem.

Nada mais inocente, mas a Judeia era um pequenino país, uma terrinha pequena onde as novidades voavam.

Em Jerusalém, no seu sinistro palácio, Herodes, apavorado, meditava sobre o futuro. Já velho e enfermo, sentia-se profundamente miserável.

A lembrança da sua esposa assassinada o perseguia.

As sombras da noite vinham descendo.

A desconfiança era a companheira de seus últimos dias e o medo não o abandonava nunca.

Quando seus oficiais começaram a falar das visitas dos mercadores persas a Belém, Herodes apavorou-se. Como todos os homens do tempo, o rei da Judeia acreditava piamente que os abaçanados magos realizavam milagres como não tinham sido vistos desde os tempos de Elias e Eliseu.

Aqueles homens da caravana não haviam de ser apenas mercadores. Deviam trazer alguma missão especial. Tencionaria vingar as maldades do usurpador, que se sentava no trono de Davi, um nativo da mesma aldeia de Belém onde os magos da caravana haviam criado tamanho tumulto?

Herodes pediu detalhes, e soube de muitas outras coisas estranhas ligadas àquela criança de Belém.

Pouco tempo depois de vir ao mundo fora o menino levado ao Templo e lá, após à cerimônia ofertória, um velho de nome Simeão e uma profetisa de nome Ana enunciaram estranhas palavras sobre o dia da libertação, e Simeão pediu a Jeová que lhe mandasse a morte, porque já havia visto o Messias predestinado à salvação do povo judeu.

Se a coisa era verdade ou não, pouco importava a Herodes. A história corria e era acreditada por muita gente. Bastava isso. Herodes ordenou que todas as crianças nascidas em Belém nos últimos três anos fossem mortas. Pretendia desse modo libertar-se dum possível pretendente ao trono.

Mas o plano não surtiu efeito. Pais que tinham filhos daquela idade foram avisados a tempo e fugiram de Belém. Maria e José tomaram rumo sul – e a tradição quer que tenham ido até ao Egito. E só voltaram quando a matança dos inocentes chegou ao fim, com a morte do sinistro rei.

De novo abriu José a sua oficina de carpinteiro, e Maria entregou-se aos crescentes trabalhos das mães fecundas. Porque teve mais quatro filhos, que tomaram os nomes de Jaime, Simão, José e Judas, e diversas filhas – e todos viveram para ver o triunfo e a morte do estranho irmão mais velho, que incluía todo o gênero humano na suave afeição aprendida no colo maternal.

JOÃO BATISTA

O espírito profético ainda não morrera entre os judeus, pois durante os dias da juventude de Jesus um homem, de nome João, andava, com voz tonante, a advertir o povo da urgência de arrepender-se dos pecados e crimes. Os judeus não pensavam em mudar de vida; e como João continuasse a importunar o povo com sermões e exortações, Herodes mandou matá-lo.

Herodes morrera, morrera Augusto; e Jesus, já em plena virilidade, vivia pacificamente em Nazaré. Muita coisa acontecera desde os tempos da sua meninice. A divisão das posses do rei, que se casara dez vezes, causara dificuldades. Originalmente o número de seus filhos fora muito grande, mas os assassínios e execuções reduziram-nos a quatro apenas.

Os romanos, entretanto, negaram-se a ouvir as razões desses herdeiros rivais e dividiram os domínios de Herodes em três partes, que entregaram aos candidatos mais convenientes à política do Império.

A parte maior, quase metade de todo o reino, incluindo a Judeia, coube a Arquelau, o filho mais velho do extinto rei. A Galileia e a maior parte dos territórios ao norte foram dadas a Herodes Antipas, irmão de Arquelau por parte de mãe – uma samaritana. O resto, uma bem insignificante nesga de terra, foi ter às mãos dum tal Felipe, que nenhum parentesco tinha com Herodes, mas era protegido pelos romanos. Por causa do nome, aliás muito comum na época, este Felipe causou muito embaraço aos historiadores.

E para piorar a situação apareceu outro Felipe, conhecido como Felipe Herodes, que se casou com uma certa Herodias, filha de Aristóbulo, o primeiro irmão germano de Herodes. Herodias teve uma filha de nome Salomé, que parece ter-se casado com o Felipe que governou a parte ao norte do mar da Galileia.

Alguns anos depois todos estes Felipes e Herodes mergulharam-se num atroz escândalo de família, que indiretamente determinou o fim prematuro de João Batista – e só por esse motivo o nome dessa gente aparece aqui.

Para abreviar este capítulo direi apenas que, depois da divisão do espólio do velho Herodes, seus pacientes súditos aclamaram os novos amos, e Tibério, o imperador romano, deu instruções ao seu procurador na Judeia para conservar-se atento – porque aquele povo era de natureza irrequieta.

O nome desse procurador tem varado os séculos. Chamava-se Pôncio Pilatos, e era o direto representante do imperador numa daquelas províncias que pagavam taxas diretamente ao soberano, e não ao Senado.

É difícil definir a posição de Pôncio Pilatos em termos que signifiquem alguma coisa a nós modernos. Mas uma condição semelhante ainda prevalece em certas partes das colônias inglesas e holandesas. Muitos distritos da Índia continuam a ser governados pelos sultões e chefes independentes, que comandam os seus corpos de guarda e promulgam leis, embora não possuam poder real e estejam completamente à mercê de seus senhores estrangeiros.

Por força de razões políticas não são definitivamente anexados esses territórios; há mais conveniência em deixá-los numa aparente autonomia. Mas um "governado", ou um "residente", ou um "cônsul geral" monta guarda ao soberano, superintende os atos do rei e seus ministros, os quais permanecem no cargo enquanto se submetem às sugestões dos vigias. Mas ai deles em caso reverso! Sua Excelência, o Governador, em termos bastante claros, apresenta as suas observações. E se isso não basta, delineia-se um levante do povo (nas docas) e logo em seguida surge no mundo mais um rei no exílio.

Pôncio Pilatos foi o oficial nomeado para exercer esse papel perante as autoridades judaicas. O território de sua jurisdição era bastante dilatado, e só uma vez por ano achava ele ensejo de deixar Cesareia, na costa, e chegar a Jerusalém. E costumava empreender essas viagens por ocasião das grandes festividades dos judeus. Podia então entender-se com todos os chefes distritais sem perder tempo em viajar duma cidade para outra; e ouvia-lhes as queixas, e apresentava-lhes sugestões, e em casos mais sérios tomava medidas para o restabelecimento da ordem.

O procurador não possuía palácio próprio na capital; era hospedado numa ala do palácio real. O rei, está claro, não apreciaria muito o sistema, mas os austeros e ríspidos oficiais romanos interessavam-se tanto pelas vistas pessoais dum rei da Judeia como o governador-geral da Índia se interessa pelas dum humilde príncipe maometano que, graças à submissão, evita que seu reino seja anexado ao Império.

Além disso Herodes sabia o meio de desembaraçar-se do hóspede no menor espaço de tempo possível. Assegurado o pagamento das taxas, a conservação das estradas e a acomodação dos chefes religiosos, de modo a evitar-se a guerra civil, o procurador por si mesmo precipitava a sua volta para Cesareia.

Como muitas instituições romanas, esta forma dualística de governo não era nada ideal, mas dava resultados práticos – e os conquistadores não queriam outra coisa. Os romanos deixavam a parte teorética dos governos para os filósofos gregos, sempre interessados em generalizações, e contentavam-se com os fatos. E como eram em regra bem-sucedidos com o processo adotado, o mundo aceitava-o como a solução mais adequada que ainda lhes surgira pela frente.

Pois bem, justamente quando tudo ia correndo na maior normalidade, eis que a paz da Judeia sofre um abalo graças ao súbito aparecimento da esquálida figura dum homem do deserto.

Para o povo que vivia a oeste do Jordão, os essênios, os homens que desprezavam todas as mundanidades e só visavam a vida santa em seus solitários retiros, eram coisa velha. Tratava-se de gente inofensiva, que se absorvia em suas colônias e raramente vinha às aldeias e cidades ocupadas com um mercantilismo a mil léguas de distância do pensamento de tais eremitas. Mas o novo profeta, embora se vestisse e vivesse como um essênio, não se comportava como eles. Andava de baixo para cima, pelo vale do Jordão empenhado na tarefa de agitar as massas.

Quando os ouvintes se recusavam a concordar com ele, ele os ameaçava com a maior veemência.

Não tardaram os choques entre o novo profeta e os saduceus, o que era deplorável, porque uma ruptura da paz significava denúncias da Palestina para Roma e comissões de inquérito de Roma para a Palestina, e talvez mudança de governo, com mais um rei a amargar o coração no exílio. De modo que antes que o procurador romano, lá na distante Cesareia, tivesse conhecimento da desordem, o braço da lei foi invocado contra o novo profeta que ousava perturbar a paz.

Quem era esse profeta? Nada menos que o filho de Zacarias e Isabel, o que nascera durante a estada de Maria em Jerusalém, uns trinta anos antes.

João (exatamente um ano mais velho que Jesus) havia sido uma criança diferente das outras. Muito jovem ainda, abandonara o lar e afundara no deserto para alçar-se à santidade nas solitárias vizinhanças do mar Morto.

E lá, longe do tumulto das aglomerações humanas, meditou sobre as maldades do mundo – dum mundo que ele ignorava.

Quanto a si próprio, uma criatura sem necessidades nem desejos. Uma velha túnica de lã de camelo era tudo quanto possuía, e em matéria de alimentação só comia o estritamente necessário para conservar-se vivo. Só lia os livros dos antepassados, e nada sabia da civilização greco-romana.

O novo profeta servia a Jeová com absoluta lealdade, como Elias, Jeremias e tantos outros tinham feito. De si mesmo era uma criatura boa, ansiosa de que o mundo inteiro comparticipasse das suas virtudes. Ao ver o mal feito ao país pelo velho Herodes e seus terríveis filhos, e ao verificar a morna aceitação pelos contemporâneos das leis de Moisés, João sentiu-se no dever de advertir e exortar a gente da Judeia.

Sua rude aparência e a violência da sua linguagem causaram profunda impressão. Onde aparecia, a multidão se juntava. Maltratado e sujo, barba em desordem, braços a se agitarem excitadamente quando sua boca ameaçava o mundo com o Juízo Final, João era homem para inspirar medo ao coração do mais endurecido pecador.

Breve começou a correr o murmúrio de que ele era, nada mais nada menos, o tão esperado e anunciado Messias.

João repeliu a ideia. Não, ele não era o Messias. Jeová mandara-o apenas preparar o mundo para a chegada do Messias.

O povo, entretanto, sempre amigo de mistérios, não acreditava. Se aquele homem não era o Messias, então era o próprio Elias, ou pelo menos Eliseu, retornado à terra para a produção de novos milagres.

João negava.

Não saía do papel que escolhera. Não passava dum simples mensageiro do Céu para dar avisos aos homens e anunciar o Messias.

Entrementes, e enquanto aguardava a hora do julgamento final, ocupava-se em batizar os que mostravam sinais de arrependimento; batizava-os com a água do Jordão, simbolizando com isso o renascimento da fé no poder de Jeová.

A gente da Judeia impressionou-se muito com aquilo. A fama de João espalhou-se de aldeia em aldeia, e de longe vinham peregrinos para vê-lo, ouvi-lo e batizarem-se.

Por fim também a Nazaré chegou a notícia dos feitos de João. Lá morava Jesus, na sossegada existência dum aprendiz de carpinteiro.

Na idade de vinte anos seus pais o levaram a Jerusalém, para a festa da Páscoa. A visita ao Templo causou profunda impressão no rapaz. Terminada a festa, Maria e José fizeram-se de volta para casa, mas sem Jesus, o qual (pensavam os pais) se havia juntado a um grupo de nazarenos que voltariam pouco depois, à noite.

Mas quando a noite sobreveio e Jesus não apareceu, os pais, inquietos, recearam algum acidente e voltaram às pressas para a capital.

Após um dia de investigação encontraram Jesus no Templo, empenhado numa discussão com uma turma de rabis.

Quando Jesus verificou a aflição dos pais, prometeu nunca mais fazer aquilo.

Mas já estava quase adulto. Tempos depois começou a interessar-se profundamente pelo grande acontecimento da época, que era a atuação de João Batista; e deixando Nazaré dirigiu-se às praias do mar Morto, misturando-se à multidão que se fazia batizar pelo novo profeta.

O encontro daquele primo abalou Jesus.

Estava ali, afinal, um homem que tinha a coragem das suas convicções.

Mas as maneiras de João e seus processos de combate não estavam no gosto de Jesus. Era Jesus um filho da agradável paisagem do norte, ao passo que João saíra da esterilidade do sul – e essas associações dos primeiros tempos tinham posto marcas indeléveis no caráter dos dois primos.

Jesus percebeu que João podia ensinar-lhe muita coisa; fez-se batizar e em seguida mergulhou no deserto; a solidão talvez o fizesse encontrar o bom caminho.

Quando retornou, a carreira de João precipitava-se para o fim, e daí por diante os dois homens raramente se encontraram, de nenhum modo por desleixo de Jesus, mas por força das circunstâncias.

Enquanto João Batista se limitou a falar do reino dos céus, as autoridades não se moveram; mas quando começou a criticar a situação política da Judeia, tudo mudou.

João, infortunadamente, tinha excelentes razões para anatematizar a vida privada do soberano. Herodes, o Tetrarca, era um digno filho de seu pai. Certa vez em que, com o seu irmão germano Felipe, foi chamado a Roma para debate de questões políticas, Herodes apaixonou-se violentamente pela cunhada Herodias, a qual, já sem nenhum interesse pelo esposo, deliberou casar-se com Herodes, depois que Herodes se divorciasse da esposa árabe que recebera na cidade de Petra.

Em Roma, naqueles tempos, tudo se arranjava, com dinheiro, de modo que a separação legal de Herodes foi fácil. E o rei da Judeia desposou Herodias, cuja filha Salomé passou a viver sob o mesmo teto.

O povo da Galileia e da Judeia ofendeu-se grandemente com o escandaloso arranjo, mas ninguém ousava exprimir em voz alta a reprovação; os soldados do rei podiam ouvir.

João, entretanto, cônscio da sua alta missão de voz de Jeová, não sopitou os impulsos que lhe referviam na alma. E entrou a denunciar Herodes e Herodias onde quer que se apresentasse. E sua fulminação era de molde a amotinar o povo e levá-lo a atos de violência. As autoridades resolveram intervir. Ordens foram dadas para a sua prisão.

Mesmo com ordem de prisão o profeta não se calou. Do fundo do cárcere continuava a trovejar contra os reais adúlteros.

O Tetrarca sentiu-se em posição penosa, e não ocultou o seu pavor daquele misterioso homem do deserto. Mas tinha ainda mais medo à língua da mulher.

Um dia, dava ele ordem para a execução do profeta; no dia seguinte revogava a ordem – prometia-lhe clemência, com a condição de calar-se.

Por fim Herodias cansou-se e decidiu pôr um termo àquilo. Sabedora da grande admiração de Herodes por Salomé, que era uma graciosíssima dançarina, ordenou-lhe que não mais dançasse na sua presença a não ser que Herodes prometesse o que ela pedisse.

Querendo vê-la dançar, Herodes prometeu atendê-la no que ela pedisse e Salomé pediu a cabeça do profeta encarcerado.

Herodes vacilou; ofereceu-lhe o reino inteiro pela retirada da imprudente promessa – mas a mãe e a filha não cederam e João foi condenado à morte.

O carrasco encaminhou-se ao cárcere onde jazia encadeado o primo de Jesus. Instantes depois reapareceu com a cabeça do executado que apresentou à amedrontada Salomé.

Tal foi o fim de João Batista, o homem que ousou falar de coisas sérias a um mundo que só queria divertir-se.

A INFÂNCIA DE JESUS

Jesus cresceu entre camponeses e artesãos da pequenina aldeia de Nazaré e aprendeu o ofício de carpinteiro. Essa vida, porém, não o satisfez. Olhava para o mundo e o via muito cheio de iniquidades e crueldades. Por fim saiu pelas terras a dizer as coisas que tinha no coração.

Jesus demorou-se pouco tempo no deserto, e enquanto lá esteve raramente comia ou dormia. As horas lhe eram poucas para planejar o futuro.

Estava com quase trinta anos, solteiro, livre de perambular e viver à maneira simples da gente do povo. Mas as palavras de João o tinham abalado. Todas as impressões e experiências de sua calma vida em Nazaré o haviam levado ao momento em que, às margens do Jordão, proporia a si mesmo a grave pergunta: "Que significa a vida?"

Jesus pouco sabia dos grandes acontecimentos políticos que transformaram a República Romana no Império Romano, com base na força e lealdade de legiões de mercenários muito bem pagos.

Da língua grega, e de tudo quanto nela fora escrito, nada sabia. Falava o aramaico e provavelmente conhecia o velho hebreu em que os livros sagrados de seu povo haviam sido escritos muitos séculos antes. Mas o pensamento e a ciência dos gregos significavam para ele tão pouca coisa como a jurisprudência e a política romanas.

Era um filho da terra judaica e dos tempos, um humílimo carpinteiro judeu, iniciado no conhecimento das velhas leis mosaicas e das tradições dos Juízes e Profetas, dos quais ouvia falar nas sinagogas e no Templo.

Fielmente cumpria seus deveres religiosos. Sempre que necessário, ia a Jerusalém, para sacrificar no Templo, como o uso mandava. Aceitava o seu pequenino mundo da Galileia como o encontrara, e não fazia objeções ao que os pais lhe ensinavam.

Não obstante, em seu espírito havia dúvidas. Ele não era igual aos outros. Sentia dentro de si qualquer coisa espiritual que o diferençava dos outros homens. A gente de Nazaré não notava aquilo. Conhecia-o muito intimamente. Quem era esse Jesus, afinal de contas, senão o filho do carpinteiro José?

Mas depois que deixou a aldeia natal, tudo foi diferente.

Apontavam-no.

Havia qualquer coisa em seus olhos, em seus gestos, que atraía a atenção dos passantes. E quando Jesus alcançou o rio Jordão, onde o povo se aglomerava à espera dum grande prodígio, percebeu que os seguidores do Batista murmuravam-lhe pelas costas:

– Será este o homem que vai ser o nosso Messias?

Mas o Messias para aquela gente era um grande guerreiro e um juiz severo – uma espécie de imperial vingador predestinado a levantar o grande reino dos judeus e a ele submeter todas as nações da terra. E nada mais distante das ideias de Jesus que esse tipo de novo Sansão, montado em negro corcel, flamejando a espada à frente de exércitos vitoriosos e em perpétua luta contra os que não compartilhassem dos preconceitos dos fariseus ou das convicções políticas dos saduceus.

Todo o seu programa se resumia em quatro letras. O que o separava dos implacáveis romanos, dos céticos gregos e dos dogmáticos judeus era a sua compreensão da palavra "amor".

O coração de Jesus transbordava de amor pela humanidade. Não apenas os seus amigos de Nazaré, ou os seus vizinhos da Galileia, mas todos os homens do mundo inteiro.

Jesus compadecia-se deles.

O esforço tão sem sentido da humanidade, as ambições tão fúteis, o desejo de glória e ouro não passavam de desperdício de energia e tempo preciosos.

É verdade que muitos filósofos gregos haviam chegado às mesmas conclusões. Tinham descoberto que a verdadeira felicidade era coisa da alma, não do bolso ou da barulhenta aprovação do público nos estádios. Mas esses filósofos nunca levaram essas ideias além do pequeno círculo da gente bem educada que naquele tempo se dava ao luxo de possuir uma alma imortal. Haviam-se resignado à existência de escravos, e consideravam a existência dos pobres, dos milhões de criaturas condenadas à miséria, como uma inevitável contingência humana contra que seria loucura lutar.

Eles tanto explicariam os princípios da filosofia epicurista ou estoica aos cães e gatos de suas casas como aos obreiros que mourejavam em suas terras ou aos cozinheiros que lhes preparavam o jantar. Estavam muito adiante dos primitivos líderes judaicos, que terminantemente se recusavam a admitir os direitos de qualquer homem que não pertencesse às suas tribos.

Mas para Jesus (que aliás os não conhecia) esses filósofos não tinham ido bastante longe. Jesus estendia o seu amor a tudo quanto vivia e respirava. E embora tivesse um vago pressentimento do que o esperava, se acaso se pusesse a propagar aquelas doutrinas da bondade, da paciência e a da humildade num país dominado pelo dogmatismo dos fariseus, nada conseguia impedi-lo de orientar-se pelos impulsos do coração.

Em certo momento houve uma crise em sua carreira. Jesus achou-se com três caminhos à frente. O primeiro, uma calma vida em Nazaré, trabalhando em seu ofício e discutindo profundas questões de leis e cerimônias com a gente rústica que à noite se reunia em redor do poço d'água para atender aos rabis. Esse caminho não seduzia Jesus. Era o da estagnação espiritual.

O segundo, uma vida de aventuras. A oportunidade era boa. Havia o entusiasmo despertado pelas pregações do Batista. Se Jesus permitisse que os seguidores de João se confirmassem na ideia de que ele, Jesus, era realmente o Messias, como todos murmuravam, poderia tornar-se o cabeça dum movimento nacionalista como o dos Macabeus, que trouxesse independência e unidade à dividida nação judaica. Mas a tentação de entrar por esse caminho foi afastada como indigna dum homem sério.

Restava o terceiro – sair de casa, abandonar pai e mãe, correr o risco do exílio, da perseguição e da morte, mas dizer a quantos pudesse as coisas que lhe enchiam o coração.

Jesus estava com trinta anos, ao tempo em que iniciou a sua campanha do amor.

Em menos de três, os adeptos do ódio o eliminaram.

OS DISCÍPULOS

De aldeia em aldeia errou Jesus. Falava a toda sorte de gente. Homens, mulheres e crianças vinham ansiosamente ouvir as palavras de boa vontade, caridade e amor, novas no mundo. Chamavam a Jesus o Mestre, e seguiam-no por toda parte, como fiéis discípulos.

No tempo de Jesus era comparativamente fácil para um homem de ideias novas reunir ouvintes. Não havia necessidade de salas de conferências, nem era esse homem obrigado a gastar um tempo precioso em fazer-se professor ou ordenar-se ministro dum culto.

O problema da casa e comida era tão fácil na Judeia como no Egito ou na Ásia ocidental. Clima suave. Uma veste durava a vida inteira. O alimento abundava num país onde a maior parte da população comia o estritamente necessário para viver – e tirava das tamareiras o pão diário.

No tempo dos Juízes e Reis, quando a classe sacerdotal imperava suprema, os oradores ambulantes, pregadores de heresias, não eram tolerados. Mas agora estavam os romanos de guarda à ordem, e os romanos eram indiferentes em matéria de cultos; permitiam que todos os homens procurassem a salvação lá como entendessem, contanto que não interferissem na política. A não ser que provocassem a rebelião, a liberdade de pensamento era praticamente sem limites. As autoridades romanas viviam atentas à manutenção deste regime, e ai do fariseu que ousasse perturbar um ajuntamento para debate de ideias!

Não admira que o novo profeta se visse logo seguido de grande número de curiosos; e sua reputação espalhou-se até aos confins da Galileia.

Foi a vez de João mostrar-se curioso. Estava ainda livre, mas já guardado de perto pela gente do Conselho Nacional. Deixa a sua querida Judeia e vai ao encontro de Jesus.

Seria o último encontro dos dois homens.

Parece bastante duvidoso que João percebesse o que estava no coração de seu primo. Os dois profetas viam as coisas do mundo de ângulos muito diferentes. João urgia o povo a arrepender-se, de medo da ira do cruel Jeová. Nada mais fazia, pois, do que seguir o que tinha aprendido no Velho Testamento.

Jesus, porém, olhava para tudo com a filosofia das flores do campo.

João Batista pregava "Não!"

Jesus, com o mesmo ardor, pregava "Sim!".

João compartilhava as ideias de seus compatriotas judeus, que haviam criado o tipo do Messias à imagem do feroz Jeová.

Jesus tinha uma visão mais alta, e concebia o Pai comum de todas as coisas dotado de eterna indulgência e dum amor acima da compreensão humana.

Era impossível o acordo entre pontos de vistas tão díspares.

Por uns instantes João parece ter tido a compreensão do que Jesus significava. Disse a seus discípulos que não esperassem muito dele, João, porque não passava do precursor dum mestre muito maior. E quando dois destes discípulos, sugestionados por essas palavras, abandonaram-no para seguir Jesus, não se aborreceu.

João havia dado o melhor que havia em si, mas percebeu que falhara. Sua morte, embora terrível, veio aliviá-lo.

Depois do encontro com o Batista, Jesus voltou à Galileia para uma curta visita à aldeia natal. José já era falecido. Maria, porém, habilmente conservava o lar, e nele os filhos podiam reunir-se sempre que necessitassem de descanso.

Não é nada fácil ser mãe dum gênio. Maria nunca pôde compreender aquele estranho filho mais velho, que ia e vinha, que errava pela terra e cujo nome era mencionado com admiração ou ódio sempre que três judeus se reuniam.

Mas a boa mãe era muito avisada para interpor-se no caminho de quem não ignorava o que fazia. E, ainda que não apreciasse o profeta, nunca cessou de amar ao filho.

Daquela vez, quando Jesus voltou de sua primeira viagem a terras estranhas, deu-lhe ela boas novas. Ia haver um casamento para o qual tinham sido convidados.

Jesus respondeu que de bom grado iria, mas que não estava só. Vieram com ele vários amigos aos quais considerava como irmãos – e pois os levou à festa de Caná.

Foi esse o princípio daquela fraternal amizade que durou até o dia do Gólgota.

Séculos mais tarde, quando um toque de milagrismo foi acrescentado a todos os eventos da vida de Jesus, para regalo das mentalidades barbarescas conquistadas à sua fé, a história dessa simples reunião familiar, em que todos se mostravam contentes, e Maria, pela derradeira vez, viu seu filho, não foi considerada suficiente. Tinha de ser adornada com enfeites misteriosos, que os pintores da Idade Média usaram como tema popular para suas telas.

De acordo com esses acréscimos, a súbita chegada dos convivas não esperados determinara falta de vinho. Os criados fizeram cara compungida.

Nada a servir senão água, e nenhum judeu ou grego admitia o oferecimento de água aos estranhos recebidos em suas casas.

Os criados dirigiram-se a Maria, que, como boa dona de casa, tinha de sugerir uma solução, e Maria consultou seu filho.

Jesus, que estava imerso em profundos pensamentos, irritou-se da interrupção por motivo tão prosaico. Mas, humano que era, compreendia a importância das coisas pequenas, e notou que o embaraço do hospedeiro vinha da inesperada aparição da meia dúzia dos convivas não previstos. E para salvar a situação, calmamente, transformou a água em vinho, de modo que a festa terminou com geral contentamento.

Com o perpassar dos tempos, semelhantes pedacinhos de mágica foram constantemente adicionados às histórias originais. Os homens gostam de outorgar poderes sobre-humanos a memórias admiradas.

Os deuses e heróis gregos realizavam inúmeros prodígios. Os velhos profetas judeus haviam feito o ferro flutuar sobre a água, e caminhado através de rios profundos, e até interferido com a ordem do sistema planetário – como Josué quando mandou parar o sol.

Na China, na Índia, na Pérsia, no Egito, para onde quer que nos voltemos, deparamos narrativas de feitos sobrenaturais, coisa frequentíssima entre os povos primários.

Isto prova que a necessidade dum mundo imaginário, em que o impossível se torna evidente, é geral e não restrita a este ou aquele país.

Mas para muitos de nós a influência que Jesus exerceu sobre o mundo foi tão maravilhosamente profunda e inexplicável que de boa mente o aceitamos sem nenhum dos duvidosos embelezamentos da conjuração e do exorcismo.

Podemos estar errados. Mas, como o leitor encontra a descrição de todos esses milagres em milhares de outros livros, não insistiremos neles, e nos contentaremos com uma sóbria descrição dos acontecimentos ocorridos quando Jesus pela última vez deixou sua família e começou a ensinar o evangelho da mútua tolerância e do amor – teoria que o levou a morrer na cruz.

O NOVO MESTRE

Breve se espalhou a notícia dum profeta que ensinava a estranha doutrina de que todos os povos da terra (e não somente os judeus) eram filhos dum deus do amor e, portanto, irmãos.

De Cana Jesus com seus amigos encaminharam-se para Cafarnaum, pequena aldeia situada próximo à costa norte do mar da Galileia. Lá habitavam as famílias de Pedro e André, dois pescadores que haviam abandonado a profissão para seguir Jesus na sua grande viagem de descoberta da alma de Deus e da alma do Homem.

Passaram em Cafarnaum algumas semanas; depois resolveram rumar para Jerusalém, por dois motivos. Um, a festa da Páscoa, já próxima; e outro, proporcionar a Jesus o ensejo de sentir o que povo de Jerusalém pensava dele.

A HISTÓRIA DA BÍBLIA

Os galileus, embora desprezados pelos nativos de Jerusalém, que os acusava de não serem bastante estritos nas práticas religiosas (sobrevivência da antiga rivalidade entre Israel e Judá), eram uma boa gente, amiga de ouvir e atender às novas ideias.

Talvez não se mostrassem excessivos no entusiasmo, mas valiam pela polidez. Já Jerusalém, sempre dominada pelos fariseus, era a poderosa fortaleza das ideias velhas, com a intolerância elevada à categoria de virtude nacional e sem a menor contemplação para com os dissidentes.

Jesus chegou sem novidade a Jerusalém, e antes que tivesse ensejo de expor suas ideias, algo aconteceu que o obrigou a deixá-la precipitadamente.

Nos começos os homens sacrificavam seus irmãos escravizados sempre que queriam obter o favor dos deuses. Mais tarde, nos princípios da civilização, as vítimas humanas foram substituídas por bois e carneiros.

Quando Jesus veio ao mundo, os judeus ainda faziam sacrifícios de animais a Jeová. Os ricos matavam um boi e queimavam a carne e a gordura no altar do Templo, com exceção das partes melhores, que iam para a mesa dos sacerdotes. A gente pobre levava apenas um carneiro; e se era paupérrima, um casal de pombos, aos quais cortava o pescoço, convencida de que tal matança era agradável ao mesmo deus que, com infinito cuidado, criara esses lindos seres.

Agora que a maioria dos judeus morava em terras distantes, tornou-se necessário ter uma boa reserva de animais vivos à mão, para uso dos que vinham de longe e não podiam fazer a viagem com bois ou carneiros à cola.

Anos antes, logo que o Templo foi construído, os condenados bois e carneiros eram postos à venda nas ruas. Mais tarde, para maior conveniência dos fregueses, os negociantes levavam seu gado para dentro do recinto do Templo. E foram seguidos pelos cambistas de dinheiro, que, sentados em suas bancas, realizavam a troca de moedas da Babilônia por shekels judaicos, ou prata de Corinto por minas da Judeia.

Esses traficantes não pretendiam desrespeitar o Templo. Era aquilo um costume dos que não chamam a atenção de ninguém. Mas para Jesus, recém-chegado dos calmos vales da Galileia e com o pensamento a mil léguas de distância de qualquer negócio, a presença dos bois aos mugidos e dos cambistas de moedas pareceu uma blasfêmia e um ultraje. A casa de Deus transformada em rumorosa feira – se isso era lá possível!

Jesus tomou de um chicote e espantou todo aquele povo do Templo, com os animais a correrem-lhe atrás. E a multidão, sempre ávida de ver o que acontece, se juntou por ali para debate do estranho caso.

Muitos deram razão a Jesus; sim, um escândalo o Templo transformado em curral. Outros, entretanto, mostraram-se coléricos. Podia não ser aconselhável aquela traficância no próprio santuário, mas era intolerável que um moço da província – da Galileia, de Nazaré ou de onde seja – viesse derrubar as mesas cobertas de moedas e fazer os pobres banqueiros porem-se de catas a apanhá-las.

Havia ainda outros que não tomavam partido. Entre estes, um membro do Supremo Conselho, chamado Nicodemo.

Não lhe ficava bem ser visto em público com um homem que se comportava daquela maneira num lugar sagrado, mas Nicodemo desejou conhecer que espécie de homem era o autor de tanto barulho. E mandou recado a Jesus para vir vê-lo em sua casa.

No encontro havido, teve Nicodemo a impressão de que Jesus era absolutamente sincero, embora às vezes excessivo em seus gestos. O que ele ouviu das atividades do nazareno na Galileia fortaleceu-o em suas convicções, e Nicodemo aconselhou Jesus a deixar a cidade o mais cedo possível.

O palácio do rei tinha ouvidos muito atentos a tudo quanto soasse a perturbação da paz, e os negociantes de gado, mais os cambistas, certamente que mobilizariam capangas contra o enérgico profeta, que preferia a ação a simples sermões.

E Jesus com seus amigos deixou a capital e regressou à Galileia, através da Samaria. Esta pobre terra, como já vimos, gozava da imerecida fama de canteiro da impiedade. Séculos antes fizera parte do reino de Israel, e depois da queda de Israel seus habitantes foram removidos para a Síria, caindo as terras nas mãos de colonos da Mesopotâmia e da Ásia Menor.

Juntamente com os poucos judeus não removidos, esses imigrantes formaram uma nova raça, conhecida como os samaritanos.

Aos olhos dos verdadeiros judeus, um homem que morasse na Samaria era algo desprezível ao infinito. As terríveis expressões que nos Estados Unidos usamos pejorativamente com referência a imigrantes, como *wop*, ou *kike*, ou *hunky*, não são menos ofensivas do que a palavra "samaritano" na boca dum fariseu, ao referir-se a um cidadão de Shechem ou Shiloh.

Em consequência, sempre que um judeu era obrigado a ir a Damasco ou Cesareia ele atravessava a Samaria o mais depressa possível, procurando reduzir ao mínimo o contato com a gente desprezada.

Os amigos de Jesus, bons seguidores das leis de Moisés, compartilhavam desses preconceitos contra os samaritanos. Tinham pois de aprender a boa lição.

Jesus não teve pressa em atravessar o país, conforme o costume, e falou amistosamente com diversos samaritanos; certa vez chegou a sentar-se no rebordo dum poço para explicar suas ideias a uma mulher pertencente à raça desprezada.

Os discípulos perceberam que as palavras de Jesus eram mais bem compreendidas pelos samaritanos do que pelos emproados cidadãos da Judeia, que tão arrogantemente se orgulhavam da sua religiosidade.

Era a primeira vez que alguém lançava a ideia da fraternidade de todas as criaturas – e aquilo foi o começo da carreira de Jesus como profeta duma nova fé.

O sistema por ele usado também era novo. Às vezes contava aos discípulos uma história da qual decorria uma lição. Mas raramente pregava. Preferia sugerir seus pensamentos por meios indiretos.

Jesus era um professor nato, e por ser um grande mestre compreendia o coração do homem e ajudava aos sem forças para ajudar-se a si mesmos.

Desde os começos do tempo sempre houve criaturas capazes de exercer grande influência sobre as vítimas de certas enfermidades. Essas criaturas não soldam ossos quebrados, nem detêm o curso duma epidemia. Mas, como toda gente de hoje sabe, a imaginação influi muito nas doenças.

Se penso que tenho uma dor, acabo sentindo essa dor. E se alguém me convence de que não estou sentindo dor, deixo de sentir dor.

Este dom de sugestão aparece com frequência entre pessoas simples e bondosas, que ganham a confiança dos pacientes e podem curá-los sem nenhum recurso a remédios.

Jesus, que tanta confiança e fé inspirava pela absoluta honestidade de sua pessoa e gentil simplicidade de seu caráter, era desses homens que podem socorrer aos que se lhe apegam nos momentos de aflição.

Quando se espalhou a notícia de que o jovem nazareno aliviava as dores dos aflitos, homens, mulheres e crianças começaram a acorrer de longe para implorar a sua intervenção.

A tradição no anseio de melhorar a história dos heróis insiste em descrever a segunda viagem de Jesus através da Galileia como a marcha triunfal dum curador maravilhoso.

Primeiramente, na volta a Cafarnaum, foi o caso do filho dum homem rico, já abandonado pelos médicos e que Jesus fez sarar. Sobreveio depois o caso da sogra de Pedro, doente de febres e que num ápice ficou boa a ponto de ir preparar uma refeição para os seus hóspedes. Em seguida começa um desfile de pacientes: aleijados que vinham de muletas; doentes de moléstias estranhas e indescritíveis; sofredores de toda sorte de doenças nervosas – criaturas que com uma palavra de sugestão punham-se lépidas.

Qualquer que fosse o grau de veracidade dessas histórias, a notícia corria e criava grande excitação no povo da Galileia – e também em Jerusalém começaram a ser propaladas.

Mas os fariseus não podiam aprovar aquilo. Concordavam com o que Jesus havia feito para benefício dos doentes, mas como concordar com aquela ideia de igualdade dos homens? Jesus não via diferença entre os de sua raça e os de fora; havia curado a serva dum oficial romano e a filha duma grega; e havia aliviado as dores duma velha que insistira em adoecer num sábado; e deixara que leprosos tocassem na fímbria de sua túnica, na esperança de que com isso se aliviassem do horror da moléstia.

Além disso, a boa vontade de Jesus em aceitar um cobrador de impostos empregado pelos romanos e estacionado em Cafarnaum como um dos seus discípulos era algo horrível. Era nada menos do que traição à causa nacional – e várias pessoas o fizeram ver a Jesus.

Jesus, entretanto, embora lhes compreendesse as intenções, não se convenceu de que estava errado. Para ele, todos os homens e todas as mulheres, fossem cobradores de taxas, políticos, santos ou pecadores, eram iguais.

Aceitava a humanidade comum de todas as criaturas.

E para que não houvesse dúvidas sobre esse ponto, reuniu todos os discípulos e levou-os a jantar na casa dum oficial, como se lhes fosse uma honra sentarem-se à mesa dum romano.

Quando os fariseus souberam disso, nada disseram às francas, mas cochicharam entre si sobre o que fazer quando Jesus lhes tombasse nas unhas. E assim foi. Ao voltar a Jerusalém, na última Páscoa da sua vida, Jesus defrontou a inimizade silenciosa dum grupo de homens convencidos de que sua posição no mundo perigaria, se vingassem os estranhos ideais daquele novo profeta.

OS VELHOS INIMIGOS

Os que se aproveitaram da ordem de coisas existentes (e eram muitos) não gostavam de ver tais doutrinas pregadas em público. Daí declararem o novo profeta perigoso inimigo da ordem estabelecida. Breve estes inimigos de Jesus fizeram causa comum e puseram-se a trabalhar para a sua destruição.

Logo depois de sua segunda e última visita à capital, e antes ainda de chegar ao Templo, já se sentiu Jesus em conflito com os poderes de Jerusalém.

Acontecera que ao aproximar-se do lago de Betsaida, que ficava de fronte à Porta do Carneiro, ouviu os gritos dum paralítico a implorar socorro. Era uma pobre criatura, já com trinta anos daquela doença. Ouvira falar das maravilhosas curas da Galileia e também esperava ser curado.

Jesus encarou-o e ordenou-lhe que se erguesse e voltasse para casa, com o colchão às costas.

A HISTÓRIA DA BÍBLIA

O paralítico obedeceu; levantou-se e foi para casa com o colchão às costas – mas esquecera-se de que era sábado, e que na lei dos fariseus ninguém podia carregar, aos sábados, nem sequer um alfinete.

Na sua alegria de ver-se curado, o paralítico apressou-se em ir ao Templo, agradecer a Jeová a miraculosa cura.

Mas vários fariseus já tinham sido informados do incidente e, não podendo admitir tão horrenda infração da lei (um homem de colchão às costas num sábado!) detiveram-no e fizeram-no ver que estava cometendo uma falta gravíssima, pela qual tinha de ser punido.

O excitado paralítico apenas respondeu:

– Aquele que me curou disse-me que tomasse o colchão às costas e voltasse para casa – e sem mais continuou o seu caminho, deixando os fariseus desapontados. Uma coisa eles sentiam como certa: a necessidade de pôr um paradeiro naquilo. Do contrário, onde iriam parar?

Por instigação desses fariseus, o Sanhedrim foi reunido para deliberação. Como todos os magistrados mal seguros das suas posições, os membros desse conselho decidiram investigar, e Jesus recebeu ordem para apresentar-se. Veio Jesus com a maior boa vontade, e pacientemente ouviu as acusações dos seus inimigos. Como resposta declarou que, com a lei ou sem a lei, não deixaria de fazer o bem pelo fato de ser este ou aquele dia da semana.

Tal réplica constituía um insulto às autoridades constituídas. Mas o Grande Conselho, sabedor da veneração que o povo mostrava pelo nazareno, achou melhor deixá-lo em liberdade e esperar novo ensejo para uma acusação mais definida. Estavam vendo que não era tão fácil destruir Jesus como haviam imaginado. Impossível fazê-lo encolerizar-se. Jesus não revelava nenhum sentimento de repulsa contra os que o odiavam. Calmamente escapava a todas as armadilhas, e se o apertavam num canto saía-se com uma historieta que punha os ouvintes do seu lado.

O Sanhedrim sentiu-se perplexo. Podiam levar o caso ao rei, mas o rei não agiria sem consultar o procurador – e de que valia tentar explicar qualquer coisa a um procurador romano?

239

Por mais de uma vez mostrara Pilatos a sua falta de simpatia pelos que vinham aborrecê-lo com disputas religiosas, e no caso de Jesus fatalmente agiria como nos outros. Prometeria tomar em consideração a matéria, e depois de muitos meses chegaria à conclusão de que Jesus não havia cometido crime nenhum contra as leis romanas; com isso a posição do novo profeta, em vez de enfraquecer-se, fortificar-se-ia.

Herodes, pois, era a única esperança dos fariseus, se fosse abordado manhosamente e com sugestão de manter reserva sobre o caso. É verdade que por diversos anos andou ele de ponta com o Conselho, mas o momento não era próprio para recordar amuos.

O Sanhedrim embainhou o punhal (que havia sido preparado para a destruição de Herodes) e rastejantemente foi ter ao palácio com uma longa lista de agravos atribuídos a um Jesus que se dizia profeta e andava pregando doutrinas sediciosas, capazes de destruir o estado teocrático – pessoa tão perigosa para a segurança da nação como aquele Batista, que, por felicidade, já não podia fazer mal a ninguém.

Herodes, desconfiado como seu pai, tudo ouviu atentamente; mas quando expediu ordem de prisão contra aquele Jesus, já o profeta estava longe, rumo à Galileia, onde se sentia mais à vontade. E seguido dum número crescente de discípulos.

Sua carreira pessoal ia chegando ao clímax. A crença de que realmente era ele o Messias já empolgava as massas. E as massas marchariam contra Jerusalém, e mesmo contra todo o exército romano, se Jesus se colocasse à sua frente.

Mas, ai, aquele Messias não tinha nenhuma ambição mundana. Não visava riquezas, nem poder, nem a glória de ser aclamado herói nacional. Jesus só queria que os homens olhassem um pouco além do momento aqui na terra e procurassem comunhão com o espírito de amor e caridade. Revoltava-se contra os que nele simplesmente viam mais um representante do velho poder real, que andava agora associado ao nome de Herodes.

Em vez de confessar-se o Messias, Jesus declarava bem claramente, e repetia, que sua própria felicidade pessoal nada significava para ele, porque o tudo eram suas ideias sobre a fraternidade de todos os homens e o amor dum Deus de bondade.

Em vez de insistir naqueles mandamentos revelados entre relâmpagos no alto do Sinai, Jesus pregava às massas, que o atendiam nas risonhas colinas da Galileia, que o Deus de quem ele falava era um espírito de amor que não distinguia entre raças e credos religiosos. Em vez de dar conselhos práticos sobre o como adquirir riquezas e economizar dinheiro, ele prevenia seus amigos contra os inúteis tesouros acumulados nas arcas dos avarentos, e estimulava-os a fazerem das próprias almas uma imperecível arca de nobres pensamentos e atos de bondade.

E, finalmente, resumiu suas ideias sobre a vida num sermão, o famoso sermão da montanha, cujo trecho principal é o que vamos transcrever:

"Bem-aventurados os pobres de espírito, porque deles será o reino dos céus. Bem-aventurados os que choram, porque eles serão consolados. Bem-aventurados os pequeninos, porque eles herdarão a terra. Bem-aventurados os que têm fome e sede de justiça, porque eles serão satisfeitos. Bem-aventurados os puros de coração, porque eles verão Deus. Bem-aventurados os pacíficos, porque eles serão chamados filhos de Deus. Bem-aventurados os perseguidos por amor à justiça, pois deles será o reino dos céus."

E como um guia prático no caminho da vida, deu-lhes uma curta oração, que desde esse dia vem sendo repetida por milhões de pessoas:

"Pai nosso que estais no céu, abençoado seja o vosso nome. Venha a nós o vosso reino. Seja feita a vossa vontade assim na terra como no céu. Dai-nos o pão de cada dia. E perdoai os nossos pecados como perdoamos aos que pecam contra nós. E livrai-nos das tentações..."

Em seguida, tendo lançado as linhas gerais duma nova filosofia, tanto da vida como da morte, inteiramente diversa da velha e tacanha fé dos fariseus, convidou os doze homens, que eram os seus fiéis discípulos, a acompanharem-no pelo mundo a fim de mostrar a todos como havia rompido de maneira completa com os velhos preconceitos judaicos – preconceitos que haviam tornado essa raça a inimiga de todos os outros homens.

Jesus deixou a Galileia e visitou o território que desde tempos imemoriais era conhecido como Fenícia. Depois atravessou mais uma vez sua terra natal e deliberadamente cortou a terra das Dez Cidades, que os gregos (formadores da maioria da população) chamavam Decápolis, e onde a cura de uns tantos dementes provocou grande admiração.

Foi por esse tempo que Jesus começou a ilustrar as suas ideias com aquelas historietas tão simples e que tanto impressionavam a imaginação da gente que o rodeava – e acabaram incorporadas à língua de todos os países da Europa.

Seria absurdo, da minha parte, tentar reproduzi-las aqui ao meu modo. Não estou, como já fiz ver, produzindo uma nova versão da Bíblia. Estou apenas dando um lineamento geral dum livro que, sobretudo em certas partes, se mostra muito obscuro para os apressados leitores modernos.

Os evangelhos, entretanto, são simples e diretos. Ainda o homem mais ocupado pode lê-los facilmente.

E, por felicidade, foram passados para o inglês por um grupo de eruditos grandemente senhores da língua. Diversas tentativas foram feitas depois do século XVII para acomodar o velho texto grego à forma moderna. Nenhuma prevaleceu, e nenhuma conseguiu vencer a versão feita por ordem do rei Jaime, a qual brilha hoje com o mesmo fulgor de três séculos atrás.

Se com este meu ligeiro trabalho eu despertar no leitor o desejo de ler a Bíblia, estudar-lhe as parábolas, compreender a imensa visão do maior dos mestres, não o terei escrito em vão.

E é essa a minha esperança.

A MORTE DE JESUS

O governador romano, diante de quem foi levado o caso de Jesus, só se preocupava com a manutenção da paz entre os povos – e deixou que Jesus fosse condenado à morte.

O desfecho da luta era inevitável, como Jesus deduzia dos avisos que recebera dos discípulo e parentes, na sua última estada na Galileia.

Jerusalém já era, de muitos séculos, o centro dum monopólio religioso que não só trazia grande vantagens a todos os seus habitantes, como estava na dependência da estrita observação das velhas leis como foram fixadas no tempo de Moisés.

Depois do grande exílio na Babilônia, a grande maioria dos judeus espalhara-se pelos países estrangeiros. Sentiam-se muito mais felizes nas cidades do Egito, da Grécia, da Itália, da Espanha e do norte da África, nas quais havia intenso comércio e abundância de dinheiro, do que na estéril Judeia, onde o pouco que o solo produzia custava um labor imenso.

Quando os persas permitiram aos judeus o retorno à terra pátria, só com o emprego de soldados foi possível fazer que um certo número deles voltasse – e as condições daquelas terras não haviam melhorado. Não obstante, os judeus de toda parte continuavam a olhar para Jerusalém com o profundo respeito devido ao centro religioso duma nação; mas a "pátria prática" era onde se achavam e se davam bem, e só a violência os faria tornar à terra da raça.

Em consequência dessa escassez de gente na velha capital, quase todas as pessoas viviam do Templo e para o Templo, como hoje os moradores dos pequenos centros em que há universidade vivem da universidade, e seriam forçados a mudar-se, ou a morrer de fome, se ela fechasse as portas.

A aristocracia econômica e espiritual do grupo judaico de Jerusalém era composta de pequeno número de sacerdotes profissionais. Vinham depois seus auxiliares, com a incumbência do complicado ritual da queima das oferendas e outros sacrifícios. Não passavam de bem treinados carniceiros, pessoalmente interessados na quantidade e qualidade dos animais trazidos a sacrifício e de que se alimentavam.

E havia os serviçais encarregados da limpeza do Templo e das ruas. E os cambistas, ou os banqueiros, como poderemos denominá-los, que trocavam por moeda judaica o dinheiro trazido pelos peregrinos de todos os países do mundo. E havia os hoteleiros, alberguistas, taverneiros, cuja indústria era abrigar centenas de milhares de peregrinos que vinham todos os anos cumprir os deveres religiosos. E havia os lojistas e sapateiros, e alfaiates, e toda sorte de pequenos comerciantes comuns a todas as cidades, centros de turismo.

Jerusalém era isso, um centro de turismo.

Um centro de turismo religioso para onde os peregrinos afluíam, não para divertir-se, mas para realizar certos ritos que, segundo suas crenças, não podiam ser cumpridos em qualquer outro lugar, nem por pessoas que não fossem aqueles sacerdotes.

Temos de atentar neste aspecto de Jerusalém, se queremos compreender o ódio de que Jesus se viu objeto quando reapareceu na cidade.

Estava lá ele outra vez, aquele carpinteiro duma remota aldeia da Galileia, a ensinar um amor que abrangia todos os homens, mesmo os pecadores e os publicanos.

Duas vezes já fora intimado a sair da cidade. Ninguém o queria em Jerusalém. Viera agora para provocar mais desordens ou se contentaria com fazer umas tantas prédicas?

As prédicas que ele às vezes fazia aos seus companheiros eram inofensivas – mas perigosas. Sugeria coisas, e não nos termos dúbios que os escribas usavam para esconder a significação do que diziam sob a copiosa verbiagem erudita. Não. Jesus usava expressões entendidas de toda gente. Jesus dizia:

– Amarás ao Senhor teu Deus de todo o coração, com toda a tua alma e espírito. É esse o primeiro mandamento. E o segundo é: Amarás aos teus semelhantes como a ti mesmo.

E depois vinha com parábolas ao alcance dos mais pobres de inteligência, porém ricas de lições facilmente apreensíveis.

Algumas pessoas procuravam contraditá-lo, mas Jesus confundia-as com outras histórias que punham a multidão do seu lado. Até as crianças vinham ouvir Jesus; sentiam-se atraídas por aquele homem e sentavam-se-lhe nos joelhos. Jesus disse:

– Deixai que venham a mim os pequeninos, porque deles é reino do Senhor.

Em suma, o nazareno estava sempre a dizer e fazer coisas que um respeitável rabino nunca diria ou faria, mas dum modo tão suave que a polícia não tinha fundamento para interferir.

E as ideias daquele homem!

Não havia ele, em mais duma ocasião, estabelecido que o Reino de Deus era por toda parte, e dilatava-se muito além das fronteiras daquela Judeia habitada pelo punhado de homens da predileção de Jeová?

Não havia abertamente arrostado o tabu do sábado, a fim de curar uma mulher doente?

Não se dizia, na Galileia, que ele havia jantado em casa de estrangeiros e de oficiais romanos, e de mais gente impedida de transpor os limiares do Templo?

Que sucederia a Jerusalém, e ao Templo, e aos sacerdotes, e a todos aqueles carniceiros e parasitas do Templo, se todo o povo viesse a aceitar as palavras desse Jesus e admitisse que Deus podia ser adorado em qualquer parte onde estivesse o homem? A cidade cairia em ruínas, certamente, e com ela se destruiria a classe dos sacerdotes e seus auxiliares.

E – horror! – havia ainda a possibilidade do desmoronamento da complicada armação das leis mosaicas, ao embate do infame imperativo "amor ao próximo". Porque, no fundo, era isto que Jesus ensinava.

Jesus pedia, implorava às gentes que cessassem de odiar-se e se amassem uns aos outros. Jesus não suportava o quadro da crueldade e da injustiça que tinha diante de si. Era por natureza de boa disposição alegre. Para ele de nenhum modo a vida significava um peso, mas um prazer. Amava sua mãe, sua família, seus amigos. Tomava parte em todas as diversões simples da aldeia. Não era um eremita e não estimulava aos que pretendiam salvar a alma por meio da fuga ávida.

Mas como andava o mundo cheio de males, de dor, de violência, de desordem! Na simplicidade de seu grande coração, Jesus vinha com um remédio para tantos males: Amor. Numa palavra apenas resumia sua doutrina.

Não mostrava interesse pela ordem de coisas existente.

Não criticava o Império; não falava a favor dele nem contra.

Astuciosamente procuraram os fariseus comprometê-lo com perguntas sobre o Imperador. Mas Jesus, para o qual todas as formas de governo eram convenções, não se deixava apanhar. Mandava que seus seguidores obedecessem à lei da terra e pensassem mais nos defeitos próprios do que no dos governantes.

Não aconselhou ninguém a afastar-se do Templo, mas a todos aconselhou o fiel cumprimento das obrigações religiosas. Havia nele uma sincera admiração pela sabedoria do Velho Testamento, ao qual frequentemente se reportava em conversa.

Resumindo: Jesus evitou dizer, pregar ou advogar qualquer coisa que pudesse ser interpretada como franco desafio às leis estabelecidas.

Mas, do ponto de vista dos fariseus, aquela atitude era muito mais perigosa do que a dos francamente rebelados.

Fazia o povo pensar por si mesmo...

* * *

Tanta coisa já se disse e tanta coisa se sabe a propósito dos últimos dias de Jesus, que procurarei ser breve. Nenhuma parte da vida do grande profeta recebeu tanta atenção dos cronistas do cristianismo, como a dos poucos dias que precederam à sua morte. O eterno drama dos que se conservam de costas voltadas para o futuro e dos que corajosamente encaram o porvir, teve nesses dias a sua cena máxima.

A última entrada de Jesus em Jerusalém foi de natureza triunfal. Isto não quer dizer que o povo já estivesse conquistado pelas ideias novas; mas que, sempre em busca dum herói a quem adorar, começara a erigir em ídolo o profeta nazareno, que lhe seduzia a imaginação, não só pelo amável da personalidade, como pela serena bravura com que enfrentara os déspotas do Sanhedrim.

O povo de boa mente acreditaria em tudo quanto fosse dito de Jesus, contanto que tivesse um toque de extraordinário.

Simples curas não bastavam para saciar aquela sede. Estava apenas doente, o curado? Não! Estava à morte! Mais ainda. Já estava morto e enterrado, e fora tirado da cova, vivo e são, pela força do homem maravilhoso...

O caso de Lázaro causou enorme impressão nos camponeses da Judeia. Repetido de casa em casa, foi-se enriquecendo dos pormenores que tanto o popularizaram mais tarde, durante a Idade Média.

Pois bem: quando o autor de tantos prodígios apareceu em Jerusalém, não houve quem não quisesse vê-lo; e, ao penetrar Jesus na cidade, encavalgado num jumento, a multidão o aclamou e lhe lançou flores.

Infelizmente, a aprovação pública é como fogueira em cima de pedra. Dá grande chamejamento, mas apaga-se logo.

Jesus, que sabia disso, não se rejubilou com aquelas hosanas e aleluias. Jesus não ignorava o que é o aplauso público. Outros homens já o haviam recebido, e se fossem mais avisados não o teriam tomado a seno.

A primeira coisa que fez Jesus depois de chegar a Jerusalém foi procurar acomodação. Não se albergou no centro da cidade, mas no subúrbio da Betânia, situado no Monte das Oliveiras, onde, em anos anteriores, já estivera com Lázaro e suas irmãs Marta e Maria.

Ficava muito perto do centro esse bairro, e logo depois dum descanso, e de haver comido qualquer coisa, Jesus encaminhou-se para o Templo, donde, pela segunda vez, expulsou a chicote os cambistas e vendedores de gado.

No dia seguinte, muito cedo, teve a resposta. O Sanhedrim aceitara o desafio.

Quando Jesus reapareceu diante do Templo, foi detido por homens armados, e interpelado quanto ao sacrilégio cometido na véspera.

Imediatamente formou-se um ajuntamento. As opiniões se dividiram.

Alguém disse: "Este homem está certo".

Outros: "Deve ser linchado".

E já estavam a ponto de chegar a vias de fato quando Jesus se voltou para eles e olhou-os – e no silêncio que se fez contou-lhes mais uma das suas histórias.

Nada poderia causar maior irritação aos fariseus. Novamente Jesus tomava a iniciativa e falava à multidão diante dos sacerdotes – e sempre que tal acontecia os assistentes ficavam com ele. Jesus venceu nesse primeiro choque com as autoridades. Os soldados foram obrigados a soltá-lo; e, seguido de seus amigos, calmamente Jesus voltou para casa, sem ser molestado.

Mas o choque estava apenas no começo.

Quando os fariseus deliberavam destruir uma criatura, não descansavam até vê-la morta. Jesus não o ignorava e passou a noite triste.

Alguma coisa mais contribuía para a sua ansiedade. Até ali os seus discípulos tinham-se mostrado muito fiéis – os doze que sempre o acompanhavam – e realmente amavam-se uns aos outros, como bons irmãos. Menos um. Um havia, de nome Judas, filho dum homem da aldeia de Cariot ou Keritoth. Era, pois, um judeu, ao passo que os outros eram galileus.

Talvez isso influenciasse a sua atitude para com Jesus.

Judas ressentia-se todo o tempo, julgava-se diminuído pelos galileus; era vítima, pois, de seus antecedentes raciais. Nada disso era verdade; mas para os homens de espírito mesquinho, a menor observação ergue-se à altura dum imperdoável insulto. E Judas, que parece ter-se juntado a Jesus num momento de entusiasmo, não passava dum patife ganancioso, com todas as más qualidades duma criatura que se sente inferior.

Revelara grande disposição para contas, e o grupo o escolheu como tesoureiro e guarda-livros, com a função de distribuir por entre os doze, com igualdade, os magros fundos que traziam.

Mesmo nessas funções Judas não dera boas contas de si, tornando-se objeto de desconfiança. Vivia resmungando sobre as despesas feitas em benefício de Jesus. Mais duma vez exteriorizou a sua irritação quanto a gastos que ele considerava "luxo inútil".

Jesus falara-lhe disto e censurara-o pelos seus maus modos, mas Judas não se submeteu. Calou-se apenas.

E também não se desligou do bando. Continuou como um dos "doze", a ouvir com refalsado interesse as lições do professor. Mas lá por dentro uma ideia má o corroía. Sua vaidade fora ofendida e reclamava vingança. Judas ia vingar-se.

Ali em Jerusalém, em meio de sua própria gente, a oportunidade para a vingança não faltaria.

Depois que todos os discípulos adormeceram, Judas esgueirou-se da casa e dirigiu-se ao Grande Conselho, que estava em reunião. Tinha matéria importante a tratar, disse Judas, e os conselheiros o admitiram.

Judas foi direito ao caso. Queria o Conselho apoderar-se de Jesus?

Certo que sim, mas havia o receio das desordens, dada a grande popularidade do nazareno. Se Jesus publicamente fosse preso, e houvesse tumulto, os soldados romanos entrariam em cena, coisa fatal ao prestígio dos fariseus.

Logo, tudo devia ser feito às caladas, com o mínimo de repercussões.

Foi o que explicaram a Judas – e Judas o entendeu muito bem, pois sua resposta foi um plano para a captura de Jesus nas condições que os fariseus desejavam. Mas esse plano custaria alguma coisa.

Os conselheiros consultaram-se mutuamente.

Propuseram a Judas uma certa quantia.

Judas aceitou; fechou o negócio.

Estava Jesus vendido aos fariseus. Preço: trinta moedas de prata.

* * *

Jesus passou as suas últimas horas de liberdade na Betânia.

Era o dia da Páscoa, que os judeus comemoravam comendo carneiro assado e pão sem fermento.

Jesus pediu aos discípulos que fossem à cidade e reservassem acomodação e jantar para todos.

Ao cair da noite, Judas, com ar de inocência, deixou a casa em companhia dos demais. Dirigiram-se todos para o Monte das Oliveiras e na cidade encontraram a ceia pronta. Sentaram-se à mesa e deram início à refeição.

Mas não foi uma refeição alegre. O pressentimento de instante desgraça punha-lhes sombras no coração.

Jesus pouco falou, e os outros mantiveram-se em sinistro silêncio. Por fim Pedro abriu-se, confessando o que todos pensavam.

– Mestre – disse ele –, precisamos saber. Acaso suspeitais de algum de nós?

Suavemente Jesus respondeu:

– Sim. Um dos presentes nos trará desgraça a todos.

Os discípulos o rodearam, protestando inocência – e nesse instante Judas esgueirou-se da sala.

Todos pressentiam o que estava para sobrevir. Não podiam mais suportar o acanhado daquele recinto. Precisavam de ar livre. Deixaram a hospedaria e encaminharam-se para o Monte das Oliveiras, onde se detiveram num jardim de que tinham o uso.

Chamava-se Getsêmani, esse jardim, por causa duma velha prensa de óleo que havia a um canto.

Noite abafada.

Todos se sentiam exauridos.

Depois de alguns momentos Jesus afastou-se do grupo. Três dos discípulos mais chegados seguiram-no a distância. Jesus voltou-se a acenou-lhes que o esperassem, ele ia orar.

Chegara para Jesus o momento duma decisão suprema. A fuga ainda era possível, mas fugir seria confessar-se culpado e aceitar a derrota de suas ideias.

Jesus estava só entre as árvores silenciosas, a debater-se em sua última grande batalha íntima. Era um homem na plena pujança da idade. A vida prometia-lhe tudo – e se acaso lhe sobreviesse a morte às mãos dos seus inimigos, seria morte sob forma horrível.

Jesus fez a escolha. Ficaria.

Voltou então para onde estavam os discípulos. Encontrou-os dormindo.

Momentos depois, um tumulto. Guiados por Judas, os guardas do Sanhedrim lançaram-se sobre o profeta – mas qual, ali, entre tantos homens, era o profeta? Judas indicou-o, abraçando e beijando Jesus: era o sinal convencionado.

Nesse instante Pedro compreendeu o que se estava passando. Arrancou a espada a um da escolta e intrepidamente o golpeou na cabeça.

Jesus deteve o braço de Pedro. Nada de violências.

Os soldados estavam cumprindo ordens.

Um golpe atrai outro, e as ideias não se propagam, à força de armas.

Jesus foi algemado e, através das trevosas ruas de Jerusalém, levado à casa de Anaz, que, juntamente com Caifaz, seu sogro, ocupava o Sumo Sacerdócio.

Os dois fariseus deram gritos de alegria. Estavam com o inimigo nas unhas.

O interrogatório começou imediatamente.

Por que andava Jesus a pregar aquelas perniciosas doutrinas?

Que significavam os seus ataques contra as velhas cerimônias?

Quem lhe dera o direito de falar como falava?

Serenamente, Jesus declarou que era inútil responder. Os sacerdotes conheciam as respostas às perguntas feitas. Ele, Jesus, jamais ocultara nada a ninguém. Para que perderem tempo com palavras inúteis?

Um dos guardas, que nunca ouvira prisioneiro falar daquele modo a um membro do Sanhedrim, desfechou-lhe um terrível golpe; e os outros, apertando as cordas que o amarravam, conduziram-no à casa de Caifaz, onde iria passar a noite. Era muito tarde para a reunião do Conselho.

Mas logo que os excitados fariseus e os inquietos saduceus souberam da prisão, acudiram ao escuro recinto em que Jesus calmamente aguardava o seu destino.

Súbito, um rumor à porta. Os guardas traziam um pescador muito visto na companhia do réu.

Tratava-se de Pedro, que, retransido de pânico, negou que conhecesse Jesus. Os guardas, furiosos, expeliram-no dali a pontapés.

De novo estava Jesus a sós com os seus inimigos. Passa-se a noite. No dia seguinte, de manhã muito cedo, o Sanhedrim se reúne e, sem exame de provas ou audiência de testemunhas, condena Jesus à morte.

A tradição dá esse dia como uma sexta-feira, 7 de abril.

O principal estava feito. Os fariseus haviam libertado Jerusalém daquela grande ameaça. Mas faltava o resto – o "visto" dos romanos.

Seguem insistentes mensagens ao quartel-general dos romanos. Pilatos quis saber do que se tratava. Explicaram-lhe o incidente. Interessante,

A HISTÓRIA DA BÍBLIA

não havia dúvida, mas nem o Conselho, nem o rei dos judeus, tinham o direito de executar um homem sem a autorização do governador romano.

Muito contra a vontade, o Sanhedrim teve de levar Jesus ao palácio real, onde Pilatos os esperava para o interrogatório.

Os pios fariseus permaneceram fora. Era a Páscoa, tempo em que um judeu não podia tocar em nada que pertencesse a um pagão.

Pilatos mostrou-se grandemente entediado. Sempre aquelas perturbações na Judeia! Vivia aquela gente a aborrecê-lo com questiúnculas, cuja importância ele não alcançava.

Jesus foi introduzido na sala de Pilatos. O diálogo que se travou convenceu ao romano de que o caso não era de pena de morte.

As incriminações não tinham valor. O acusado devia ser solto. Pilatos mandou dizer à gente do Conselho que Jesus não era culpado da infração de nenhuma lei romana.

Foi um terrível golpe nos fariseus. A vítima estava prestes a escapar-lhes das unhas. Eles discutiram com o procurador romano. Alegaram que Jesus andava a semear a desordem, da Judeia à Galileia.

A menção desse distrito deu uma ideia a Pilatos.

– É este homem súdito judeu ou galileu?

– Galileu – foi a resposta.

– Nesse caso, levem-no a Herodes Antipas, que é o rei da Galileia – respondeu Pilatos, satisfeito de afastar de si a responsabilidade da decisão.

Mas o rei da Galileia também não queria assumir a responsabilidade. Tinha vindo a Jerusalém para celebrar a Páscoa e não para julgar acusados. O que tinha ouvido dizer de Jesus fazia-o supor um mágico.

Ao defrontar Jesus, pediu-lhe Herodes que exibisse alguns dos seus truques de feitiçaria. Jesus recusou-se a atender a tão absurda solicitação. A audiência foi interrompida nesse ponto.

Não havia motivo para que os fiéis fossem mantidos afastados de um dos seus compatriotas, e a multidão invadiu o palácio.

– Ele se diz rei – gritaram – e dá-se como acima da lei. – E todas as grotescas acusações que circulavam pelas ruas de Jerusalém foram repetidas com ênfase.

253

Herodes compreendeu que iria haver tumulto se uma decisão pronta não fosse tomada. Era melhor sacrificar um súdito impopular do que pôr em perigo o trono.

– Levai-o, ordenou Herodes. – Vesti-o como o rei que ele pretende ser e apresentai-o a Pilatos.

Um velho manto apareceu, que foi lançado aos ombros de Jesus – e os guardas, atravessando a multidão, levaram-no a Pilatos.

Um homem de coragem teria salvo Jesus, mas Pilatos era apenas bem intencionado. Havia conversado sobre o caso com a esposa, que lhe aconselhara a clemência; mas a guarnição romana em Jerusalém era pequena e os membros do Conselho se tornavam cada vez mais ameaçadores. Os saduceus estavam fazendo causa comum com os fariseus. Embora apenas políticos, receavam a ação religiosa daquele profeta e decidiram sacrificá-la para bem do estado. Fizeram ver a Pilatos que já havia um relatório pronto para ser enviado a Roma, explicando o caso como se o procurador da Judeia se houvesse posto ao lado dum inimigo do Império.

Pilatos vacilou. Aquilo poderia significar demissão. E por fim cedeu. O Sumo Sacerdote e seus amigos que levassem o acusado e fizessem dele o que quisessem.

O Conselho, vitorioso, reuniu-se para fixar o gênero de morte a infligir a Jesus. Em regra, os criminosos eram apedrejados até à morte, mas o caso de Jesus constituía exceção. Merecia morte mais humilhante. Os escravos fugidos costumavam ser pregados a uma cruz e nela deixados até que morressem de fome e sede. Bem, dariam essa morte a Jesus.

Quatro soldados romanos e um capitão foram incumbidos de executar a sentença. Tomaram Jesus e puseram-no de pé. Mais uma vez o sujo manto de púrpura foi lançado sobre seus ombros, e na cabeça puseram-lhe uma coroa – uma coroa de espinhos, trançada ali no momento. E pesada cruz, feita de duas traves, foi-lhe posta ao ombro.

Um momento de espera, até que chegassem da prisão mais dois condenados a sofrer o mesmo horror naquele dia.

Já tarde, a sinistra procissão tomou rumo do sítio dos suplícios, ou o Gólgota. Vinha a palavra de "gulgalta", ou crânios, porque havia muitas caveiras espalhadas por ali.

Jesus, fraco por falta de alimento e tonto com os golpes que havia recebido, mal podia ter-se em pé.

O caminho estava apinhado de povo.

Olhavam-no passar, a arrastar-se com a cruz às costas.

O tumulto popular cessara.

A cólera da turba já se esvaíra.

Um inocente ia ser supliciado.

Romperam gritos de perdão – mas era tarde. O terrível drama tinha de chegar ao fim.

Jesus foi pregado à cruz, e sobre sua cabeça os soldados romanos colocaram um letreiro com estas palavras – Jesus de Nazaré, Rei dos Judeus, escritas em latim, grego e hebraico, para que todos pudessem lê-las.

Terminado o serviço da crucificação de Jesus, os soldados sentaram-se para jogar. Em redor, o povo olhava. Alguns eram simples curiosos. Outros, antigos discípulos que se aventuraram a chegar até ali para estar com o Mestre em seus últimos momentos. Algumas mulheres também.

Desciam as trevas da noite.

Jesus, no madeiro, murmurava palavras que poucos podiam compreender. Um soldado ensopou com vinagre uma esponja e na ponta da lança chegou-a aos lábios de Jesus. O vinagre amorteceria a dor de seus pés e mãos lacerados – mas Jesus recusou.

Num supremo esforço Jesus murmurou uma oração.

Pediu que seus inimigos fossem perdoados pelo que lhe haviam feito.

– Tudo está acabado – disse por fim.

E morreu.

Nesse mesmo dia, um certo José, da aldeia de Arimateia, foi pedir a Pilatos permissão para tirar da cruz o corpo de Jesus e enterrá-lo. Era um homem rico, que de longo tempo vinha acompanhando aquele estranho profeta, e facilmente obteve do procurador romano a desejada licença.

Os fariseus souberam e correram ao palácio do vice-rei. Temiam que os discípulos de Jesus lhe removessem o corpo e depois espalhassem a notícia da sua ressurreição. Para evitá-lo, queriam selar o túmulo e pô-lo sob guarda. Pilatos fraquejou ainda uma vez diante daqueles homens e acedeu ao pedido, contanto que o não aborrecessem mais.

Mas quando, no terceiro dia depois do desfecho, duas mulheres foram chorar sobre o túmulo do amado Mestre, ai! viram os guardas por terra, e o túmulo aberto e vazio.

E nessa noite os trêmulos discípulos de Jesus confessaram-se uns aos outros que, na verdade, o Mestre era o Filho de Deus, pois que havia ressuscitado.

A FORÇA DUMA IDEIA

Mas as novas palavras de amor e esperança sussurradas aos ouvidos duma infeliz humanidade não podiam ser destruídas pelos atos dos invejosos padres judeus e dos governadores romanos. Além disso, nem o próprio Imperador podia evitar que os discípulos de Jesus levassem a mensagem do Mestre a quantos tivessem alma para atendê-la.

Os ensinamentos de Jesus eram a mais nobre expressão duma alma humana em procura da felicidade por meio do amor e da justiça. E isso explica e sobrevivência e o triunfo duma ideia que tanta gente, durante tantos séculos, tem procurado destruir.

O mundo em que Jesus viveu era muito mal equilibrado. Os poderosos tinham demais e os que viviam na escravidão, muito pouco – mas eram o número – eram mil para um.

Foi entre os extremamente pobres que as palavras de Jesus se fizeram ouvidas, e que a sua lição de bondade e a sua afirmação de que o Espírito

Supremo dominante no Universo era um espírito de amor passaram a ser discutidas e aceitas.

Essa gente simples nunca fora alcançada pela filosofia dos céticos ou dos epicuristas. Não sabia ler nem escrever – mas tinha ouvidos para ouvir.

Para os seus senhores essas criaturas eram ainda menos que o gado nos campos. Viviam e morriam sem que pessoa alguma se lembrasse deles. Súbito, os portais da escravidão escancaram-se e surge-lhes a visão de todos os homens como filhos dum mesmo Pai Celeste.

Como era de esperar, as primeiras criaturas a aceitarem a nova fé foram os judeus que viviam na mesma comunidade e puderam ver Jesus e sentir-lhe o encanto de suas palavras. Séculos depois, na Idade Média, ingênua em aceitar a tradição escrita, surgiu o tremendo ódio aos judeus pelo fato de alguns serem diretamente responsáveis pela morte do já considerado Filho de Deus.

Jesus era judeu. Sua mãe, judia. Seus amigos e discípulos, judeus também. E raramente deixou Jesus a comunidade judaica em que se formara. De boa mente se associava a gregos, samaritanos, fenícios, assírios e romanos, mas viveu e morreu dentro do seu próprio povo e foi enterrado em terra de judeus.

Foi Jesus o último e o maior dos profetas judeus, e um direto descendente dos intrépidos líderes espirituais que surgem a cada crise da nacionalidade.

Não. Aqueles fariseus e saduceus que mataram Jesus eram judeus apenas no sentido mesquinho e hipócrita da palavra. Eram os egoísticos defensores dum credo intolerante que já nada no mundo justificava. Eram os administradores dum ultrajante monopólio sacerdotal. Cometeram, sim, um crime horrível, mas como membros dum partido religioso e político, não como judeus; e se eram sem rivais no ódio ao novo profeta, outros de sua raça o amaram com todas as veras da alma.

E foi entre esses fiéis discípulos da Galileia e da Judeia que a primeira comunidade cristã, a primeira associação de pessoas que criam ser Jesus o Cristo ou o Ungido, se formou.

Não é correto falar aqui em comunidade cristã, porque esse nome só foi usado muitos anos depois, na cidade de Antioquia, na Ásia Menor. Mas a comunidade de discípulos subsistiu e prosperou, e seus membros se reuniam regularmente, quase à sombra da cruz, na mesma cidade de Jerusalém em que Jesus foi crucificado.

Breve, entretanto, surgiram dissenções, e pequenos grupos se formaram pelos que tinham certas ideias e não concordavam com as do vizinho. Alguns, como Estêvão, que era familiar com as filosofias gregas, admitiram que não devia haver ruptura entre o velho e o novo, havendo bastante lugar em sua igreja para o severo Jeová de Moisés e o Deus do amor que Jesus pregara.

Mas ao ser avançado isto, outros se ergueram coléricos e mataram-no, porque aquilo significava a supressão de todas as muralhas contra os estrangeiros – coisa horrível aos olhos dos que cresceram ao pé do Templo.

E a cisão alargou-se. Em menos duma dúzia de anos após a morte de Jesus, seus ensinamentos tomaram a forma definida que para sempre separou os cristãos dos judeus – como estavam separados dos maometanos e budistas.

Desse momento em diante foi comparativamente fácil dilatar a nova doutrina pela Ásia ocidental.

A sabedoria dos judeus da velha lei judaica ficou soterrada numa língua esquecida – o hebraico.

Mas tudo que se relacionava ao "Cristo" aparecia em língua grega, o idioma que Alexandre da Macedônia havia feito a língua internacional da época.

O mundo do Ocidente revelou-se pronto para receber a mensagem do Oriente.

Faltava aparecer o homem que levasse a Galileia à capital do Império Romano.

Esse homem apareceu. Foi Paulo.

O TRIUNFO DUM IDEAL

Uma coisa, entretanto, era necessária antes que o cristianismo se tornasse religião mundial – a ruptura com Jerusalém e os tacanhos preconceitos tribais da velha fé. Um brilhante expositor e organizador, de nome Paulo, livrou o cristianismo de perpetuar-se como simples seita judaica. Paulo deixou a Judeia, correu a Europa e fez do novo credo uma instituição internacional que não admitia diferença entre gregos, romanos, judeus ou que raça fosse.

Paulo nos é perfeitamente conhecido.
Do ponto de vista histórico nós o conhecemos muito melhor que a Jesus. Os Atos dos Apóstolos, quinto livro do Novo Testamento, devota dezesseis capítulos à vida e obras de Paulo. E, nas cartas por ele escritas quando viajou entre os pagãos do Ocidente, encontramos minuciosa exposição de suas ideias.

A HISTÓRIA DA BÍBLIA

Era Paulo filho de pais judeus da cidade de Tarso, no distrito da Cilícia, ao norte da Ásia Menor. Seu primitivo nome foi Shaul ou Saulo.

Homem de boas relações, com parentes em vários pontos do Império, ainda bem jovem foi mandado a uma escola de Jerusalém, onde a sua posição se revelou anômala, porque, apesar de filho de judeus, era cidadão romano. Esta honra parece ter sido conferida a seu pai em pagamento de serviços prestados a Roma – e naqueles tempos equivalia a um passaporte que dava direitos a muitos privilégios.

Depois de concluída a sua educação (a convencional educação dada a todas as crianças judaicas), entrou Saulo como aprendiz dum fabricante de tendas, e mais tarde estabeleceu-se com esse negócio.

Treinado na tacanha escola dos fariseus, o jovem Saulo esteve, de cabeça e coração, com o Grande Conselho, quando esse corpo decretou a execução de Jesus. Depois se juntou calorosamente ao grupo de patriotas que procuravam extirpar as doutrinas sediciosas que o odiado nazareno plantara na Galileia e na Judeia.

Saulo estava presente quando Estêvão foi lapidado, e não moveu um dedo para salvar o pobre homem, o primeiro mártir que deu a vida pela nova fé.

Mas como andasse à testa dum bando de jovens turbulentos, que em nome da lei viviam cometendo novos crimes, Saulo pôs-se em muito frequente contato com os seguidores de Cristo.

Esses primeiros cristãos contrastavam com a maioria dos seus contemporâneos pela conduta exemplar que levavam. Viviam sobriamente, não mentiam, davam liberalmente aos pobres, repartiam suas posses com os vizinhos necessitados e iam para o patíbulo pedindo a Deus perdão para os seus perseguidores.

Aquilo começou a surpreender a Saulo e fazê-lo compreender que Jesus devia ter sido mais do que um simples agitador revolucionário, para daquele modo inspirar tamanha devoção a pessoas que nunca o tinham visto.

Bela inteligência de aluno era Saulo – e Jesus havia sido um grande professor. Súbito, o aluno compreendeu o mestre – e entregou-se à vontade de Jesus.

261

Foi isso numa sua viagem a Damasco. As autoridades de Jerusalém foram informadas de que havia em Damasco um grupo de judeus com inclinação para as doutrinas de Jesus, e o Sumo Sacerdote mandou Saulo com carta ao seu colega de lá pedindo a entrega dos heréticos para que fossem julgados e executados em Jerusalém.

Saulo partiu nessa comissão sinistra com a alegre despreocupação dos moços, mas antes de chegar à capital da Síria teve uma visão.

Seus olhos, até então cegos, começaram a ver.

A verdade estava com Jesus, não com o Sumo Sacerdote – a mesma conclusão a que milhões de homens mais tarde chegariam. E, em vez de entregar a carta, Saulo foi ter com Ananias, chefe dos cristãos de Damasco, e fez-se batizar. Desse momento em diante passou a adotar o nome de Paulo, com o qual venceu grande fama como evangelizador dos "gentios".

Paulo mudou de carreira e a pedido de Barnabás (um converso da ilha de Chipre) dirigiu-se para Antioquia, onde pela primeira vez o nome de cristão foi publicamente dado aos que seguiam as ideias de Jesus. Lá ficou por pouco tempo, e entregou-se àquela vida de missionário errante que o levaria a todos os recantos do Império e por fim ao martírio em Roma.

A princípio trabalhou nas cidades costeiras da Ásia Menor, onde converteu muita gente. Os gregos ouviam-no com prazer. Seguiam facilmente o seu raciocínio e impressionavam-se com o seu tato em abordar as objeções.

Mas os pequenos grupos de judeus existentes nos portos do Mediterrâneo enfocaram seu ódio em Paulo e tudo fizeram para que sua missão falhasse. Preconceitos herdados de vinte gerações ortodoxas não podem ser suprimidos num minuto. Para aquela boa gente Paulo estava avançando demais – era demasiado amigo dos seguidores de Zeus e Mitra; o que primacialmente lhe cumpria era ser um judeu e fazer que seus ideais cristãos se aproximassem o mais possível das velhas leis mosaicas.

Quando Paulo experimentou provar-lhes que nada havia de comum nas duas ideias, que era impossível servir a Jeová e ao Deus de Jesus ao mesmo tempo, o ódio se lhes acirrou. Por diversas vezes tentaram destruí-lo – e por fim Paulo compreendeu que para sobreviver o cristianismo devia firmar-se num público inteiramente novo, rompendo de maneira absoluta com o judaísmo.

Ficou na Ásia Menor ainda por algum tempo, e em Troas (porto não longe das ruínas da Troia de Homero) deliberou encaminhar-se para a Europa. Cruzou o Helesponto e desembarcou em Filipi, importante cidade no coração da Macedônia.

Estava ele agora na terra de Alexandre, e como falasse perfeitamente o grego, pôde pregar as palavras de Jesus ao primeiro auditório ocidental.

Logo depois, entretanto, foi detido; mas as simpatias que inspirou facilitaram-lhe a fuga.

Estimulado, em vez de entibiado, por aquela má experiência, resolveu atacar o inimigo dentro de sua própria fortaleza. Encaminhou-se para Atenas. O povo de lá o ouviu com atenção, mas andava tão farto de novas doutrinas que já não se interessava por missionários.

Ninguém interferiu com a sua pregação, mas também ninguém se apresentou ao batismo.

Em Corinto Paulo obteve um grande triunfo, como sabemos pelas duas cartas que mais tarde escreveu à congregação coríntia e nas quais desenvolve algumas das suas ideias mais afastadas das dos judeus.

Paulo errou vários anos pela Europa e ao cabo desse tempo pôde regressar para a Ásia Menor. A semente do cristianismo estava bem espalhada.

Visitou Éfeso na costa ocidental, a cidade do santuário de Diana. Diana, ou Artemis, como diziam os gregos, irmã gêmea de Apolo, era algo mais do que a deusa da lua. O povo admitia que Diana influenciava todas as coisas vivas e era ainda mais poderosa do que Zeus. Também na Idade Média, Maria, mãe de Jesus, era objeto de mais homenagens que o filho.

Desconhecedor das condições da cidade, Paulo pediu licença para falar na sinagoga. Obteve-a, mas os judeus cassaram-na logo que souberam das suas ideias. Paulo, então, alugou a sala de conferências dum antigo filósofo grego, e durante dois anos manteve um curso, a que podemos considerar como o primeiro seminário teológico.

Éfeso, como Jerusalém, era uma cidade de monopólio religioso. Os serviços do templo de Diana ocupavam muita gente. Muitos peregrinos, muitas oferendas. Um vivo comércio de estatuetas da divindade, como hoje vemos comércio de imagens da Madona em Lourdes e tantos outros pontos.

Esse negócio sentir-se-ia ameaçado de ruína, se Paulo conseguisse abalar a crença dominante – e os sacerdotes do templo, os fabricantes de imagens de Diana e os mais fizeram a mesma coisa que seus colegas de Jerusalém: procuraram destruir Paulo, como Jerusalém destruíra Jesus.

Avisado do perigo, Paulo escapou a tempo – mas a sementeira ficou.

A comunidade cristã de Éfeso tornou-se muito forte para ser facilmente eliminada, e embora Paulo nunca mais para lá retornasse, ficou o mais importante centro de propagação do cristianismo naquele tempo. Vários dos Conselhos ali reunidos deram forma definitiva às novas ideias – como vemos pelas crônicas do 2.º e 3.º séculos da nossa era.

Paulo ia envelhecendo. Sofrera muitas privações e sentia-se próximo do fim. Mas queria antes de morrer visitar o cenário do drama de Cristo.

Seus amigos aconselharam-no que não fosse.

A comunidade cristã de Jerusalém não passava dum ramo da fé judaica, e o nome de Paulo era lá execrado pelos que não admitiam o seu amor pelos pagãos. Seus triunfos na Grécia de nada valiam num ambiente dominado pelo espírito dos fariseus.

Paulo desprezou os conselhos. Foi – mas logo que entrou no Templo foi reconhecido e ameaçado de linchamento.

A polícia romana o salva e o leva para o quartel. Não sabia o que fazer daquele homem. A princípio julgara-o um agitador vindo do Egito à Judeia a pregar a revolução. Paulo provou a sua cidadania romana; imediatamente pediram-lhe desculpas e tiraram-lhe as algemas.

Lísias, comandante das forças, viu-se na mesma situação de Pilatos no tempo de Cristo. Não tinha motivos para prender Paulo, mas cumpria-lhe manter a ordem – e enviou-o ao Grande Conselho. A cidade estava agitada.

Os fariseus e saduceus já haviam desfeito a precária aliança a que a atuação de Jesus os arrastara, e digladiavam-se com o maior furor, mantendo a cidade numa perpétua fervedeira religiosa. Em tais circunstâncias era impossível a Paulo esperar um julgamento equitativo – e Lísias de novo o recolheu ao quartel – e de lá o enviou às ocultas para Cesareia, residência do procurador romano.

Paulo permaneceu dois anos em Cesareia, no gozo da mais completa liberdade. Cansado, entretanto, das eternas acusações que contra ele levantava o Sanhedrim, pediu para ser remetido a Roma, a explicar-se diante do Imperador.

No outono do ano 60 partiu Paulo para Roma.

Foi uma viagem desastrosa. O navio naufragou nos rochedos de Malta. Três meses teve de retardar-se lá, à espera de transporte. Em 61 chegou a Roma.

Nessa cidade também se sentiu livre. Os romanos nada alegavam contra ele; só não queriam que se fosse para Jerusalém, a fim de se evitarem perturbações públicas. Ninguém se interessava pela teologia dos judeus, nem pensava em julgar um homem por crimes que em Roma não eram crimes.

Seguro da sua liberdade, Paulo viveu em Roma como quis. Alugou cômodo num dos bairros mais pobres da cidade e voltou ao missionarismo.

Sua coragem nos últimos tempos foi sublime. Estava alquebrado pelas durezas dos vinte últimos anos de vida. Mas as prisões, a flagelação, o apedrejamento (de que uma vez foi vítima, por parte dos judeus, e quase o destruiu), as intermináveis jornadas por mar, a pé ou a cavalo, a fome e a sede, tudo era nada diante do ensejo de propagar as ideias de Jesus na própria capital do mundo.

Quanto tempo levou nessa vida e o que lhe aconteceu, não sabemos. Só sabemos que no ano 64 ocorreu um daqueles levantes cristãos que iriam repetir-se, e contra os seguidores da nova fé. Nero atiçou a plebe.

Paulo parece ter sido uma das vítimas do *pogrom*.

Depois desse drama não mais aparece o seu nome na história – o que aparece é a sua obra: a Igreja que ele fundou.

Paulo foi a ponte que ligou a Galileia a Roma. Foi quem impediu que o cristianismo ficasse reduzido a mais uma pequenina seita judaica.

Foi o implantador do cristianismo no mundo.

A IGREJA ESTABELECIDA

Logo depois, outro discípulo, de nome Pedro, foi a Roma, em visita à pequena colônia de cristãos localizada às margens do Tibre. Lá pereceu num dos pogroms organizados pelos imperadores romanos, receosos da influência daquela nova organização religiosa; mas a igreja sobreviveu aos ataques. Três séculos depois, quando Roma deixou de ser o centro político do Ocidente, os bispos cristãos fizeram dessa urbe a capital espiritual do mundo.

De Pedro, cujo nome está tão intimamente ligado à transferência do nosso centro espiritual de Jerusalém para Roma, sabemos muito menos do que sabemos de Paulo.

Deixamo-lo no ponto em que foge, ou é expulso, da casa de Caifaz, depois de haver negado que conhecia Jesus. Vemo-lo depois, de relance, no momento em que o Mestre é pregado na cruz. Daí por diante, e por muitos anos, desaparece das nossas vistas para, por fim, reaparecer transfeito em missionário, a escrever cartas muito interessantes das cidades por onde passou, na tarefa de disseminar os ensinamentos de Cristo.

Homem de menos educação que Paulo, Pedro, um simples pescador da Galileia, não possuía o magnetismo pessoal que fez de Paulo a figura dominante em todas as cidades por onde andou, fossem judias, gregas, romanas ou cilícias. Mas a sua momentânea covardia durante o julgamento de Jesus não nos deve levar a vê-lo como destituído de coragem.

Alguns dos mais valentes heróis têm fraquejado em certos momentos; depois, quando retomam aos seus espíritos, resgatam a momentânea fraqueza com o redobramento da devoção à causa. Assim foi Pedro.

Além disso, era um homem capaz de trabalho eficiente. Conhecedor de suas limitações. deixou a empresa mais espetacular para Paulo, que passou a vida no estrangeiro, e para Jaime, o irmão de Jesus, que se tornou o reconhecido chefe da igreja nas terras judaicas.

Pedro contentou-se com um campo de ação menos importante nas regiões limítrofes da Judeia, e com sua fiel esposa percorreu as longas estradas da Babilônia à Samaria e da Samaria a Antioquia, transmitindo ao povo o que Jesus lhe ensinara em seu tempo de pescador no Mar da Galileia.

Não sabemos o que o induziu a ir para Roma.

Sobre essa viagem não temos nenhuma informação histórica de valor indisputado, mas o nome de Pedro está tão conexo ao desenvolvimento inicial da Igreja, que temos de devotar algumas palavras ao admirável velho a quem Jesus amou mais que aos outros discípulos.

As matanças em massa dos novos heréticos marcaram um novo ponto de partida na história romana. A primitiva indiferença de Roma para com os seguidores de Jesus foi gradualmente se transformando em ódio.

Enquanto os cristãos eram apenas uma "gente esquisita", que se juntava de quando em quando em algum bairro escuso para a troca de impressões sobre um Messias que morrera a morte dos escravos fugidos, nenhum dano deles era de esperar. Mas gradualmente as palavras de Cristo começaram a conquistar o povo – e as autoridades julgaram-se no dever de intervir.

A velha história.

Começavam a queixar-se, primeiramente, os que para viver dependiam do culto de Júpiter. Estavam começando a perder dinheiro. Os templos, cada vez mais desertos. O dinheiro dos romanos passara a canalizar-se para uma obscura divindade de fora; os prejuízos dos negociantes de gado para os sacrifícios tornavam-se sérios; os sacerdotes viam a ruína da sua profissão.

Depois de se assegurarem da proteção da polícia, os interessados deram início a uma campanha de difamação contra os seguidores de Cristo. A plebe semisselvagem dos subúrbios regalava-se de ouvir todas as infâmias ditas contra vizinhos que a humilhavam pela decência do viver. E as sórdidas criaturas piscavam significativamente, quando alguma mulher do povo dizia a outra que "aqueles tais cristãos matavam criancinhas aos domingos e bebiam-lhes o sangue, para agradar ao deus Cristo", e sugeriam que "alguma coisa precisava ser feita".

Pouco importava que todas as vozes dignas de fé acordassem na santidade de vida desses primeiros cristãos, e os dessem como exemplos aos romanos, que viviam chorando "os bons tempos antigos", mas não se arrancavam à prática de todos os vícios dos "maus tempos de agora".

Havia ainda outro grupo, e poderoso, que por motivos especiais se arreceava da vitória do cristianismo. Os nigromantes e mais místicos orientais "vendedores de mistérios" importados especialmente para o consumo do Ocidente sentiam depressão no lucrativo negócio. Como poderiam competir com a massa de homens e mulheres que por gosto viviam na pobreza e se recusavam a receber qualquer remuneração em troca das lições que davam sobre a nova doutrina?

Todos esses grupos de interesses entraram a fazer causa comum para a defesa dos respectivos negócios e denunciavam os cristãos como perigosos rebeldes em constante conjura contra a segurança do Império.

As autoridades romanas não se deixavam levar com facilidade, e por muito tempo não se moveram a nenhuma ação definida. Mas as estranhas histórias sobre os cristãos foram-se avolumando, e com tal riqueza de pormenores que assumiam todos os tons da veracidade. E no ardor do zelo evangélico os próprios cristãos ajudavam a campanha, com as sinistras referências ao Dia do Julgamento Final, quando a terra inteira seria purgada pelo fogo do céu.

Um dia Nero, no delírio da embriaguez, deitou fogo à maior parte da cidade – e isso trouxe à lembrança da plebe as profecias dos cristãos sobre a ruína de todas as grandes metrópoles. E, arrastado pelo pânico, o povo de Roma perdeu completamente o senso da realidade.

Judeus e cristãos eram caçados e arrojados aos calabouços. A tortura os fez confessar as mais incríveis conspirações contra o estado, e durante semanas os carrascos e as feras não tiveram descanso no trabalho de extermínio. Foi quando Pedro e Paulo pereceram.

Os romanos, porém, iriam verificar que o martírio é a maior força propulsora duma crença nova. Até aquele momento as doutrinas cristãs só coletavam adeptos nas cozinhas. Agora as salas começavam a interessar--se, e antes do fim do século muitos elementos das classes altas foram executados em virtude da simpatia que mostravam pelos cristãos e do desinteresse revelado para com os velhos deuses.

A perseguição determina reações; e os cristãos, a princípio tão humildes, começaram a defender-se. Impossibilitados de se reunirem ao ar livre, ou em casas, recorreram às catacumbas. A Igreja fez-se subterrânea.

Velhas pedreiras em abandono das vizinhanças de Roma foram transformadas em cavernas-capelas, onde os fiéis vinham uma vez por semana ouvir os sermões de algum pio missionário volante e reconfortar-se com as histórias do carpinteiro de Nazaré.

As autoridades romanas, por mil motivos, arreceavam-se, sobretudo, das associações secretas. Num país com oitenta por cento da população escrava, não era prudente permitir reuniões dessa ordem, não fiscalizadas pela polícia.

Informações começaram a chegar das províncias sobre o movimento cristão. Alguns governadores souberam agir e tranquilamente esperaram que a agitação se acalmasse. Outros silenciaram à força de suborno feito pelos cristãos. E outros promoveram *pogroms* e procuraram cair em graça perante os olhos do Imperador por meio de chacinas de homens, mulheres e crianças, suspeitos de ligação com o "mistério galileu".

E por toda parte, e a todo o tempo, as autoridades esbarravam com a mesma reação por parte das vítimas. Invariavelmente negavam qualquer atividade criminosa e comportavam-se no suplício de tal maneira que as execuções só serviam para acrescer o número de adeptos.

De fato, quando as perseguições chegaram ao fim, as primitivas congregações de cristãos, de pequeninas que eram, tornaram-se enormes, a ponto de ser preciso nomear procuradores que as representassem perante o estado e administrassem os fundos doados para fins de caridade.

No começo, uns tantos homens escolhidos entre os mais idosos – "os mais velhos" – eram indicados para esse trabalho de gerência. Depois, com o aperfeiçoamento do sistema, certo número de congregações, ou "igrejas", dum distrito acordavam entre si e nomeavam um "bispo", ou um superintendente geral dos interesses comuns.

Esses bispos, em vista da natureza de sua função, eram considerados os diretos sucessores dos apóstolos. E, muito naturalmente, à proporção que a igreja se foi enriquecendo, foram eles aumentando de poder. Claro, pois, que o bispo duma pequena cidade da Judeia ou da Ásia Menor tinha menor influência que o bispo duma grande cidade da Itália ou da França.

Era inevitável que todos os bispos viessem a considerar o colega de Roma com certo temor e respeito. Como era inevitável que Roma, a urbe já afeita a ter nas mãos o destino dos povos, graças a cinco séculos de predomínio mundial, dispusesse de maior número de homens treinados em estadismo e diplomacia. E lógico também era que durante o declínio do poder romano, quando para a mocidade enérgica poucas oportunidades havia no exército e na administração, ela se voltasse para a Igreja e nela descobrisse o caminho.

O Império estava caindo aos pedaços. O mau regime econômico havia empobrecido os pequenos agricultores que no começo da república formavam o alicerce das forças militares; a ruína os fez afluir para a cidade, onde só exigiam pão e diversões.

A HISTÓRIA DA BÍBLIA

Desordens no âmago da Ásia fizeram que ondas de bárbaros se lançassem sobre o Ocidente – e ocupassem territórios que por muitas gerações estiveram sob o domínio dos romanos. Mas a desorganização das províncias era pequena coisa comparada com a debacle política da capital. Os imperadores se sucediam no trono e eram mortos dentro do palácio pelas tropas mercenárias que realmente dispunham do Império.

A coisa chegou a ponto de não ser seguro a um Imperador romano residir em Roma. Os sucessores de César fixaram residência em outras cidades – e quando isso se deu os bispos de Roma automaticamente se tornaram as figuras mais influentes da comunidade – e passaram a dirigi-la. Representavam o único poder organizado existente, e os imperadores com residência fora necessitavam de seu apoio para manter uma aparência de prestígio na península italiana.

E tiveram de negociar.

No ano 313 foi promulgado um edito imperial pondo fim à perseguição religiosa. Um século mais tarde Roma era reconhecida como a capital espiritual do mundo.

A Igreja Cristã triunfara.

E desde então, por sobre o tumulto das batalhas e da luta de todos os dias, não mais deixou de ressoar a palavra do profeta de Nazaré, estimulando os seus seguidores à cura dos males do mundo com o remédio do amor que tudo perdoa e compreende.